中央民族大学"985工程"三期建设项目
ZHONGYANG MINZU DAXUE 985 GONGCHENG SANQIJIANSHE XIANGMU

混沌学与语言文化研究新思维

张公瑾 丁石庆 主编

New Thinking of Chaos Theory and Linguistic and Cultural Studies

中央民族大学出版社
China Minzu University Press

图书在版编目（CIP）数据

浑沌学与语言文化研究新思维/张公瑾，丁石庆主编.
—北京：中央民族大学出版社，2014.4
ISBN 978-7-5660-0695-0

Ⅰ. ①浑…　Ⅱ. ①张…　②丁…　Ⅲ. ①浑沌理论—应用—文化语言学—文集　Ⅳ. ①H0-05

中国版本图书馆 CIP 数据核字（2014）第 056606 号

浑沌学与语言文化研究新思维

主　　编　张公瑾　丁石庆
责任编辑　戴佩丽
封面设计　布拉格
出 版 者　中央民族大学出版社
　　　　　北京市海淀区中关村南大街 27 号　邮编：100081
　　　　　电话：68472815（发行部）　传真：68932751（发行部）
　　　　　　　　68932218（总编室）　　　　68932447（办公室）
发 行 者　全国各地新华书店
印 刷 厂　北京宏伟双华印刷有限公司
开　　本　880×1230（毫米）　1/32　印张：10.5
字　　数　265 千字
版　　次　2014 年 4 月第 1 版　2014 年 4 月第 1 次印刷
书　　号　ISBN 978-7-5660-0695-0
定　　价　32.00 元

语言与思维的同一性原则（代序）

张公瑾

语言与思维的同一性原则是我们文化语言学方法论的基本原则之一，是浑沌学中关于分形和自相似性原理的延伸。把浑沌学理论和方法运用于语言学可以有两种做法，其一是具体方法的应用，其二是其原理的应用。本文讲的主要是第二种。

哲学上有一个命题："辩证法、逻辑与认识论的统一。"讲的是客观规律、思维规律和认识规律的一致性。其中没有讲到语言，后来语言哲学讲到了这个问题。中医学有一个命题：五行、五常、五脏、五腑、五体以致五方、五色之间的和谐一致。其中也没有讲到语言，但音韵学家后来又讲到了。这两者讲的是事物之间存在同构性。今天我讲的是这两个命题的延伸，就是语言与思维之间的一致性，是以上命题在语言学中的应用。

我们立论的基本依据就是：人们是按自己说话的方式来思考的，人们是按自己所想的来说话的。这就是语言与思维关系的本质。这有点像鸡蛋与鸡的关系问题。这个比喻有两点启发：一、鸡蛋与鸡谈不上孰先孰后的问题；二、鸡蛋的基因与孵出的鸡的品种有直接的决定的关系。第一点是大家熟悉的，第二点是说什么种的鸡蛋孵出的就是什么种的鸡，例如乌骨鸡的蛋孵出的是乌骨鸡，三黄鸡的蛋孵出的是三黄鸡，云南茶花鸡的蛋孵出的是茶花鸡，即蛋和鸡之间存在一致性。这里想说的就是有什么样的语言就会有什么样的思维方式，有什么样的思维方式就会有什么样的语言。语言与操这种语言的人的思维方式存在一致性。

如何说明这种一致性呢？语言学界现在一般把语言分为屈折语、孤立语、黏着语和多式综合语四种类型。我现在把思维方式也分为原始浑沌型思维方式、综合型思维方式、组合型思维方式和分析型思维方式四种类型。思维方式与语言类型两者相互有关，虽不能达到一致，但存在一定的一致关系。

四种思维方式的类型基本情况如下：

一、原始浑沌型思维方式

这种思维方式的特点是：人尚未脱离自然界，主体与客体尚未分开，不会把客观存在从自己与它的关系中抽象出来。一般是将神灵拟人化，主张神人同体说。它表现于各种原始崇拜，特别是万物有灵、图腾信仰和神话世界当中。我在《傣族文化史》中有一章讲原始宗教，题目叫：神灵与我同在，① 就指的是这种思维方式。

这种思维方式是艺术——形象的，其最集中的表现是祭词、神话和史诗，持有这种思维方式的人，还无法区分知识和价值。在这种思维方式支配下，现实生活和理想的想象构成的相互关系中，没有价值的等级差异。由于尘世生活和阴间生活、现在和未来、现有和应有的对立尚未产生，因而价值是模糊穿插、衍射弥漫的，价值的体现者（现实和想象）也一样是模糊弥漫的。在神话和原始文化的其他成果中，现实和理想，实际和幻想，自然和超自然相互交织。比如在哈尼族、彝族、纳西族的父子联名制中，最早的祖先有栗子、蛋、幼鸟、麻雀、鹌鹑等。这时期，创

① 见李德洙主编《中国少数民族文化史》1395页起“傣族文化史”第十一章，辽宁人民出版社，1993年6月。

作想象的能动性尺度在已知的人类历史上是最大的。所以，马克思在讲到古希腊的史诗和神话时，曾说："某些有重大意义的艺术形式只有在艺术发展的不发达阶段上才是可能的。"这是与这种思维方式有关的。这是神人合一的一种思维意识。

二、综合型思维方式

这是一种整体思维方式，人的主体已与客体分离，但客体是作为整体而存在的。这种思维方式的特点是把对象作为一个整体来对待，来观察，并不看重它的结构细节，只是以整体的动态形象作为思考的主题和对象。季羡林说："这种思维方式是把事物的各个部分联成一气，使之变为一个统一的整体，强调事物的普遍联系，既见树木，又见森林。"其实这是加上了现代人的意识了。但整体把握考察的对象，自有它的长处，所以他举的例子如中国的医药、语言、文字、绘画、都是对的。依据这种思维方法，我们把人和自然界也看成是一个整体。歌德说过（1827 年 1 月 31 日）："他们（指中国人）还有一个特点，人和大自然是生活在一起的。"① 也正是有了整体性的思维方式，我们才能了解语言的文化气质。这是偏重归纳方法的思维方法。

有人说这种思维方式"有点'模糊'，但非不清不楚"。其实，这种整体观念在现代科学上已取得重要的进展。现代进化论者，胚胎学家，理论生物学家都在支持这种整体论。整体论肯定生物有机体是多层次的结构系统，但坚持整体的规律不能归结为其组成部分的规律，强调由部分组成的整体有新性质出现，这正确地反映了事物的辩证法。

① 艾克曼：《歌德谈话录》，112 页，人民文学出版社，1978 年 9 月。

综合型思维方式的特点是普遍联系和整体观念，这是一种天人合一的思维意识。

三、组合型思维方式

这种思维方式崇尚“唯一”观念，由“单一”演化为各种部件，宇宙万物皆回归到“唯一”的主体，万物与唯一合一，否认事物之间的因果关系和层次结构，对事物进行“片断的无联系的研究”①，即孤立地研究对象。这种思维方式的本质是它的“唯一”和“泛在”，认为万物殊异，“唯一”通过自显或外化为宇宙万物而得以表明自身的绝对和存在。

这种思维方式的特点是不讲层次，不讲因果关系，这是一种神本主义的思维意识。

四、分析型思维方式

这种思维方式是把事物的整体分解为许多部分，解决了部分的问题，也就解决了整体的问题。这就是我们所说的笛卡尔思维方式，或者叫还原主义、还原论。还原论强调分析，强调在整体的层次下研究其内部的分子、亚分子即下属结构体的机制，从微观结构中寻求宏观现象的说明。还原论本质上是所谓钟表匠的自然观。钟表可拆开、装拢，自然界也是如此。这种思维方式强调层次和因果关系分析，缺点是往往只见树木，不见森林，整体观点差一点，它较侧重演绎推理的方法。

---

① 恩格斯：《辩证法与自然科学》，第7页。

这种思维方式以人的实际利益为目的，是一种人本主义的思维意识。

不同类型的思维方式都有过不同的发展水平，而且都有不同阶段的鼎盛期，即在某一阶段特别符合时代的需要，它在这样的时机就能发挥出最大的光辉。如原始浑沌型最适合于人类文明的黎明期，综合型和组合型适合于比较停滞的社会，分析型最适合现代工业社会，而且各种思维方式在自身发展过程中彼此互相吸收，不断完善。而今，各种思维方式正遇到各自难以解决的困难。这些难题首先从分析型里感受到，主要是在自然科学中有许多问题无法进行分析，而综合型思维方式在经过长期的酝酿之后，正在等待着发展和突破，于是，双方遇到了一起，共同走向现代浑沌型思维方式。现代浑沌型思维方式以整体观为基点，研究事物的有序和无序状态，强调系统行为对初始条件的敏感依赖性。语言与文化中的浑沌现象，契合点的多样，不可分析的材料很多，这就是我们把浑沌理论引用到语言学中的由来。

语言是人们认识客观世界及其规律性的条件，因此，认识也反过来受到语言的制约。

认识论的关键问题是思维对存在的关系问题。马克思主义的认识论就是反映论。思维与存在的同一性是理解两者关系的基本前提。由于思维方式的不同，呈现在人们面前的客观世界也是不一样的，例如，分析型的思维方式看到的物质结构与综合型的思维方式所看到的物质结构就不一样。分析型的思维方式肢解客观对象，（在手术台上人像机器，在医生手中拆卸一个零件，再换上一个零件。）综合型思维方式看到的是客观对象的整体，医生要摸脉，看舌苔，望闻问切。组合型思维方式从主体看局部。因此同一性中存在相当大的差异，它们各有千秋。在一个民族的文化结构内部，存在各部分之间的系统平衡。就是说像综合型思维方式，它在文学、宗教、哲学、医学、绘画、文字，甚至语言等等各方面，都是属于综合性的，其他各种思维方式也大体如此。

综合型思维方式与组合型思维方式比较接近，这两种思维方式也较容易接受浑沌学理论和非线性分析方法，而分析型思维方式又在自我矛盾中走向浑沌理论，双方在这一点上又走到一起去了。

逻辑学中讲思维规律的同一性，即指各民族的思维活动都是按照概念、判断、推理的形式进行的。在文化语言学中我们讲思维的民族性，主要是讲思维方式是多种多样的，也是多元的。如今进行大体的分类，就是上述4种思维方式。

看来，思维方式的类型与语言类型存在某种若隐若现的一致性。由于语言类型的分类不是很严密，因此同一类型中常常包含着差别很大的不同语言，我们只能具体地去讲某一种语言了。对于原始浑沌型思维方式而言，它是一切人类群体在历史的早期阶段普遍有过的一种思维方式。至于综合型思维方式可以汉语作代表性范例，组合型思维方式可以阿拉伯语作为代表性范例，分析型思维方式可以拉丁语（包括俄语、德语、英语等）作为代表性范例。这就是我们下文要叙述的内容。

关于综合型思维方式与分析型思维方式的关系，以前我曾经在“语言的文化价值”中作过阐述，我还举过一个非常典型的例子，这是汉语中的一句话：“他从旧金山坐长途公共汽车经过芝加哥到纽约”，英文是 He came to New York from San Francisco through Chicago by greyhound bus。[①] 汉语直观性地表述了行为的全过程，英语则按照其复杂的语法习惯，词序在我们看来是颠三倒四的。至于俄语和德语，就显得更为错杂，更为胶结了。有人说德语是哲学的语言，指的就是这种富于逻辑演绎的语言了。[②]

---

① 这句话是从戴浩一的《时间顺序和汉语的语序》一文中转引的。

② 参见高宣扬《德国哲学概观》，（北京大学出版社，2011 年 9 月）及《光明日报》2011 年 11 月 27 日 05 版上相关文章。

在这两种情况下，语言与思维方式的关系就十分清楚了。

我们现在要多讲一点的是组合型思维方式与语言的关系。阿拉伯语在系属上属于阿非罗—亚细亚语系闪语族，也是一种屈折语类型的语言，但它与印欧语系的情况差别很大。

阿拉伯语通常由3个辅音搭成框架，填进不同元音或附加词缀，形成不同的词或赋予不同的语法意义。如阿拉伯语的“写”字，词根的基本音素是k－t－b，填上不同的元音后，形成了以下的词：

Ka：tib	作者、文书、写的人
Kita：b	书、写成的作品
Kataba	他写（过去时）
Ma－ktab	书房、办公室、书桌（单数）
Ma－katib	书房、办公室、书桌（复数）
Je－ktubu	他在写（现在进行时）①

在这里，k－t－b本身不独立成词，它是核心，是灵魂，它通过自显和外化为众多的词，来表明自身的绝对和存在。它说明词有不同，来源于自身的独一。多样化依然来源于独一，并终于返归独一，与独一合而为一。这只是就一组同源词来说的。再就语言词汇的总体来说，这可引维吾尔族作家尼扎米定·艾利希尔·纳瓦依（1441—1501）在《对两种语言的仲裁》中所说的一段话为例，他说：“词者……珠也，其源在海。心亦海也，犹明镜也，总摄万千之词。自有下海人，始有珠出世。珠之美在璀璨，词之贵，见诸谈吐，因学人之巧思而藻丽，因言者之机锋而完美。……美言之出，朽腐可以重生，恶言之来，生体须臾死

① 此材料转引自《中国大百科全书》“语言·文字”卷第6页，中国大百科全书出版社，1988年2月。

灰。”[①] 这是对语言的巧妙的描述。而从词汇总体来看，这也是说明心生万千之词的道理，说明心是语言的灵魂，语言的词汇是心之自显和外化。这些都是一个道理。

不同的思维方式又决定不同的文化结构，我在《语言的文化价值》一文中曾经说过：“语言能够帮助不同民族的人形成特定的思维和表达习惯，也制约着一个民族在进步过程中所构筑的文化结构的个性和特点。”[②] 这是我对语言与思维方式关系的见解。

在语言中探讨一种思维方式的特点，进而阐释这个民族文化的特点，这又为文化语言学打开一扇窗口。

研究思维方式的类型，是为了我们自己在研究工作中要注意思维活动的方式。我们的研究工作所遇到的问题是多种多样的，我们把握自己个人的思维方式也不能是单一的。针对不同的问题要使用不同的思维方式，多层次、多方面地去看问题，才能有针对性地得到满意的结果。这就是个人思维方式要不断地进行变换。我们有的时候需要逻辑地论证，有的时候需要贴切的比喻，有的时候需要材料的排比，不断转换思维方式才能使成果显得丰满，富有风采和说服力。

进一步说，即使对某一特定的问题，寻求解决方案过程的不同阶段，也需要使用不同类型的思维方式，因为各种思维方式有其最佳的时机和场合。因此，我们要注意各种思维方式的综合运用。

对比一下50多年前关于语言与思维方面的著作，我们发现情况已经变化很大。高名凯先生1956年写过《语言与思维》[③]，

---

① 张公瑾：《文化语言学发凡》，63 页，昆明云南大学出版社，1998 年 12 月。2007 年 10 月。

② 张公瑾：《文化语言学发凡》，63 页，昆明云南大学出版社，1998 年 12 月。2007 年 10 月。

③ 高名凯：《语言与思维》，生活·读书·新知三联书店，1956 年 11 月。

1963 年出版《语言论》。后者有了"'语言·思维'统一体"的提法。[①] 高先生的这些见解在当时理论语言学界是位居前沿的，只是我们现在考虑的角度与当时已经很不相同了。历史在前进，我们也要不断地进步。

① 高名凯：《语言论》，80－84 页，商务印书馆，2011 年 3 月重印本。

目　　录

语言思维同一性原则初探

——基于语言及语言教育的案例分析

吴 平

张公瑾（2010）提出了在语音、词汇、语法、语言属性、语言类型、语言的地理分布、文字和语言整体性八个平面上运用一系列具体的方法论原则来构建文化语言学方法论体系，这些原则包括：系统平衡性原则、异源联想原则、名实相关性原则、异物同构性原则、中心边缘依存性原则、语言思维同一性原则、初值延续性原则、演化随机性原则和整体性原则等。为此，基于语言思维现象尤其是二语教育的案例就语言思维同一性原则进行一些尝试性分析。

一、语言思维同一性原则

（一）同一性

同一性原则，包含着诸如“一物不能同时存在而又不存在”、“一物不能同时又是他物”、“一物不能同时是多物”等哲学意义。

人们在建立概念时，一般是先寻找对象的共同的本质属性，也就是对象的同一性，然后再去判断各对象是否具有这种本质属性或同一性，从而确定概念的外延和内涵。例如，人这个概念，其内涵是人（区别于动物）的共同的本质属性，包括能制造和使用生产工具、能思维、有语言等，这些就是人的同一性。而人这个概念的外延是一切人。一切人中的每个人，都具有能制造和使用生产工具、能思维、有语言等本质属性，即都具有这种同一性。

数学语言为什么具有普遍的表达能力?[①] 第一种回答是：数学语言是建立在集合论之上，而集合论是一种以个体为基础的表达语言，即一种物理语言表达方式，所以具有表达的普遍性。数学语言的界限，那就是集合论的表达界限。这具有相当强的解释能力。第二种回答是：传递函数使数学语言具有普遍的表达能力，因为信息处理的观点具有普遍的意义，而传递函数很好地表达了信息处理，所以数学语言有普遍的适用性。我们知道，系统论的研究方法就是采用这一表达方法，所以系统论和信息论广泛适用一切领域。第三种回答是：从哲学上看，计算的数学是在“做什么”，而语言的数学要求显示“是什么”。这样，计算的数学就获得了描述显示的普遍性，它同时就有了刻画差异的能力。这其实也是集合论的语言，即界定一个集合的特征函数法。这才触及数学语言的本质。

语言的作用是显示事物的差异，所以，数学要成为一种语言，从根本上讲，就是要具有显示差异的功能。这是语言的数学区别于计算的数学的关键要点。

语言是否有普遍特性? 一些语言学家提出，语言可以根据一系列规则演化，因此会产生相似的语法与结构特征。但爱丁堡大学的语言学家肯尼·史密斯（Kenny Smith）[②] 认为，语言的普遍特征可能表现在更高级的组织结构上，制造词汇并制定词汇排列

---

① 表达的探究的博克：http：//yushan58. bokee. com/1069305. html

② Lera Boroditsky. http：//alphatown. douban. com/widget/notes/1641239/note/130715383/

的法则，才是语言中最基本的功能。当代语言类型学的研究表明，世界各种语言其语法结构是具有普遍的类型学特征的，即世界各语言其深层语法结构还是具有很大共通性的，这正好是人类思维共通性的一个印证，即不管人类思维有多大不同，其一般的认知思维方式还是共通的。

对于所有语言来说，词语排列中的信息总量都是相同的，即使这些语言之间毫无联系。这种一致性暗示着人类大脑在处理语言时存在同一性。

（二）语言思维的关系

语言和思维一直是语言哲学领域的一个基本研讨课题，许多专家学者都曾对二者的关系提出过自己的见解。马克思认为“语言是思想的直接现实”。洪堡特认为“语言是构成思想的工具。语言是连续的精神活动，力求把声音转变为表达思想的工具”。黑格尔认为“语言是狭义的理性活动，因为语言是这种活动的外貌”。施莱赫尔认为“语言是思想的有声表达。它通过声音表现出思维的过程”。萨丕尔认为“语言是人类独有的、用任意创造出来的符号系统进行交流思想、感情和愿望的非本能方法”。

借鉴前人的思路，二者的关系可以这样表述：语言是人类形成和表达思想的手段；思维是人脑对客观事物能动的、间接的和概括的反映。思维是借助语言、表象或动作实现的、对客观事物概括的和间接地认识，是认识的高级形式。它能揭示事物的本质特征和内部联系，并主要表现在概念的形成和问题解决的活动中，是对输入的刺激更深层次的加工。人类借助于语言的帮助来进行思维，并且通过语言表现出来。而思维的主观性和局限性反映到语言“编码”上，造成语言“编码”的差异，也即语言系统的差异，从而形成了形形色色不同的语言。

（三）萨丕尔－沃尔夫假说

萨丕尔－沃尔夫假说是这个领域里至今为止最具争议的理论。关于语言和思维之间的关系，萨丕尔认为尽管二者的联系紧密，但实际上并不相同。语言是工具，思维是产品；没有语言，思维是不可能实现的。萨丕尔还注意到语言的普遍性。他说，人类的一切种族和部族，不论其多么野蛮或落后，都有自己的语言。除去形式上有所差别，各种语言的基本框架（即毫不含糊的语音系统、声音与意义的具体结合、表达各种关系的形式手段，等等）都已发展得十分完善。

沃尔夫首先提出，所有高层次的思维都倚赖于语言。说得更明白一些，就是语言决定思维，这就是语言决定论这一假设。由于语言在很多方面都有不同，沃尔夫还认为，使用不同语言的人对世界的感受和体验也不同，也就是说与他们的语言背景有关，这就是语言相对论。

萨丕尔－沃尔夫假说可以得出这样的结论：根本没有真正的翻译，学习者也不可能学会另一种文化区的语言，除非他抛弃了他自己的思维模式，并习得目的语的本族语者的思维模式。这项假说认为，人类的思维模式受到其使用语言的影响，因而对同一事物可能会有不同的看法。

这项假说引起了一些争议，也招致了一些批评。这种假说认为语言结构决定语言使用者对客观世界的看法，过分强调了语言对人的思维方式和文化的决定和制约作用，甚至认为人类实际上是受制于语言的，而忽视了思维对语言的影响作用，因而也具有许多不足之处。

借用这一假说，我们认为人类在学习或接触其他语言时，语言思维的同一性原则抑或受到若干影响，会发生迁移。

二、语言思维同一性现象

（一）人类认知的相似性与语言

认知（Cognition）在心理学中是指通过形成概念、知觉、分析、判断或想象等心理活动来获取知识的过程，即个体思维进行信息处理的心理功能。认知过程可以是自然的或人造的、有意识或无意识地使外界事物通过感官被人类认知时所产生的认知判断或结果。

不同语言之间有着数不清的不同，但仅仅因为人们讲的话不同，并不一定表示他们想的也不同。我们怎么能判定说俄语、印尼语、汉语或者 Pirah 语的人实际上因为他们所说的语言不同而以不同的方式处理、铭记或推理这个世界呢？人类生活在一个运动的世界之中，当人类试图用语言去描述这个世界时，由于民族、历史、地理和文化背景的不同，可能在表达方式上存在着很大的差异，但在这种表面的差异背后却存在着共性，即人类对世界的认知方式在很大程度上有很大的相似性。许多研究证实语言是如何影响人类经验中最基础的方面：空间，时间，因果记忆和与他人的关系。

时间和空间可以说是人类相同的认知领域，凡是运动必涉及空间和时间，当人类在描述运动事件时，不同的语言其实是有相似的组织原则的。Talmy（2000）在他的专著《走近认知语言学》（Toward a Cognitive Semantics）中认为，所有的运动事件都包括：图像/物体（Figure）、参照物（Ground）、运动（Motion）、路径（Path）四大要素。即运动事件是指一个物体，相对于某一参照物，从起点通过某种运动，以某种方式经过某一路径，到达目的地。

1969 年，美国人类学家柏林（Brent Berlin）和语言学家凯伊（Paul kay）通过对许多语言的研究，揭示出不同语言在色彩辨析与语码匹配之间的许多现象，提出了色彩语言普遍性原则：一是 11 个基本颜色词构成了自然语言色彩语码系统中最基本的部分；二是各种语言中的基本色彩词的数量，取决于其所处的特定历史发展阶段。

“具体使用哪种语言无所谓。”① 英国曼彻斯特大学系统生物学家马塞洛·蒙特穆罗（Marcelo Montemurro）说。他的研究发表在《公共科学图书馆》上。“即使是汉语、英语和苏美语这样复杂的语言，通过测量词语排列顺序也可以发现一些语言共有的特点。”

（二）不同语言具有各自的思维特性

一个调查案例则显示出不同民族在认知方面的差异性：调查者正站在一个五岁大的女孩身旁，她来自澳大利亚北部约克角西岸的一个叫 Pormpuraaw 的小型土著聚居地。当调查者要求她指出北方时，她立刻准确地指明了方向，指南针显示她是对的。接着，回到斯坦福大学的演讲厅，调查者向听众们提出了同样的要求，听众间不乏获得科学及天才奖项的著名学者们。他们中的一些人已经来这间大厅听演讲长达 40 多年了。调查者让他们在闭上眼（以防作弊）后指示北方。许多人拒绝了，他们并不知道答案。而那些顺从者们则在一段时间的思考后指向了四面八方。我又在哈佛、普林斯顿、莫斯科、伦敦及北京做了相同的实验，均得到同样的结果。一种文化里的五岁小孩可以轻易做到另一种

① http://www.guokr.com/article/36765/? utm_ campaign = rec&utm_ medium = banner&utm_ source = related

文化里杰出科学家们费劲应付的事。这是认知能力中的一个巨大差异。拿什么来解释这一现象呢？调查者认为答案也许正是语言。不同于汉语或英语的是，这种在 Pormpuraaw 说的 Kuuk Thaayorre 语并不使用如左右之类的相对空间表达。说 Kuuk Thaayorre 语的人总是用绝对轴方向来表达（北，南，东，西，等等）。当然，在汉语或英语中，我们也使用轴类方向表达，但仅仅是在涉及较大空间范围时。比如说，我们不会说，“他们把沙拉叉放到了主菜叉的东南方”。但在 Kuuk Thaayorre 语中，在所有情况下均使用轴式方向。这意味着有人会这么说“杯子在盘子的东南方”或者“在玛丽南边站着的男孩是我哥。”在 Pormpuraaw，每个人都必须保持方向感。

全世界的人们在相互交流时使用着多达几千种的语言，这的确让人眼花缭乱，而每种语言都对其使用者有着非常不同的要求。例如，假设说话人想要告诉听者说话人在某街区看到了王叔。用巴布亚新几内亚的一种叫 Mian 的语言来说，说话人使用的动词会显示出事件到底是在刚才、昨天还是很久以前发生的，但在印尼语中，动词甚至不会泄露出它是已经发生了还是即将要发生。俄语中的动词会显示出说话人的性别。而在汉语中，说话人则可以具体说明这个所谓的叔叔是母亲还是父亲这边的亲戚，以及他是血亲还是姻亲，因为这些不同的“叔叔”都有个特别的词来表示，（父亲的兄弟用叔伯，母亲的兄弟用舅舅，这在汉语中能清晰地指明。）

英汉两种语言的结构是不同的，汉语归结为主题结构性语言，而英语则是主谓结构性语言。所谓主题结构性语言，即首先讲事情而后表态，或讲话。而主谓结构性语言，即先谈主观感受，然后就对与主语有关的事情加以叙述、说明。英汉两种语言背后的思维模式也不尽相同，中国人在思维模式以及语言观方面都倾向于整体性、综合性和模糊性而异于英国人的思维模式和语言观。中国人表达事物总是由整体到具体再到局部，因而体现在语言表达方式上就是表达事物总是按时间和事情发展顺序由因到果，由先到后，由大到小，由具体到一般进行阐述。英国人习惯于分析事物、习惯于抽象思维和重形式逻辑的思维模式，以及求精确的语言观，在具体表达事物方面，总是先概括后分解，先表态后叙述，先总结后事例，先总体后具体，先结果后原因，先小后大。

（三）汉语思维的同一性

汉语作为中国的通用语，它承载了中国人的思维（直观性和模糊性），是表达中国人思维的工具。中国人更习惯于婉转含蓄地表达自己的思想，其思维的基本出发点乃是表达方式习惯于先做铺垫再说重点，这在语言的表达形式上得到了充分的体现。作为一种表达形式是灵活随意，缺乏形态约束的语言，汉语的一大特点是结构单纯。再者，汉语不讲究表达上逻辑的严谨精密性，不刻意追求细节上的准确性合理性，在理解上讲究意会，“小桥，流水，人家”是三个毫不相关的名词，不用任何连词、动词，就可以在中国人的脑海中构成一幅恬静的，而且有感情色彩的田园画卷。

汉语就意义的表达来说，主要采取象征的方式。所谓象征性，乃是指以具体事物代表另一事物的方式。这另一事物既可以是抽象概念、思想感情，也同样可以是具体事物。

汉字作为象形文字，是定性的意义与明确的形象的结合。很大一部分汉字本身即是象征的，即用实物形状来表达意义，表达的不是这实物本身而是与它相关联的一种普遍意义。会意字无疑是象征方式的范例，如“旦”，用日出于地的形象象征指称普遍意义“早晨”，以“止戈”这指称形象象征一抽象的道德属性“武”等。即便是象形，也是一种象征，因为它所画的形状并不是指某一具体的实物，而是实物抽象的属名。

即便是形声字，也必须对所表达事物的属性与分类有明确的了解与把握，如“河”属水，“株”属木，“轨”属车等，都表明了对这些事物属性的一种确定的理解。汉字虽然没有演变为纯标音的文字，但是由于形声造字法的发明和表声字的迅速增多，并很快在后来的汉字中占了绝对的优势（现今使用的汉字形声字占85%以上），这就在很大程度上加强了汉字的标声功能，也说明汉字同样是在遵循文字由表意向标音发展演变的共同规律。

另一种方法是与实物名称同音或谐音的字来表达所要表达的意义。这在中国的文字语言中也很常见。如以“丝”代表“思”，“葫芦”代表“福禄”，蝙蝠代表“福”之类。

三、母语思维和第二语言思维

（一）儿童的母语思维

儿童语言思维的获得可以经历几个阶段，过去的几十年间，儿童语言思维发展研究受到了许多心理学家及语言学家的重视，这方面的研究大致可以分为两种：一种是长期观察法（longitudinal studies），研究者对一个或一组儿童进行数年的跟踪观察，并将儿童的语言思维用最精确的方法记录下来。第二种叫跨年龄组比较法（crosssectional studies）。试验人员把不同年龄的儿童分成不同的组来比较儿童语言思维能力在不同年龄阶段的差别。下表是儿童语言思维发展过程的大致对比。

语言	思维
0岁到1岁，啼哭、咕咕之声、咿呀学语、语调规则、单字期，开始具有初步语言能力，属于发声练习和言语准备阶段。	0~2岁幼儿的思维主要是直觉行动思维。
1岁至两岁半左右，以主动方式参与言语交际活动，即不仅能听，而且能说。但是这个时期儿童所使用的语言还是不成熟、不完整的、属于幼儿的特殊语言，这种特殊语言的发展又可以划分为独词句、双词句和电报句等三个子阶段，属于言语发展阶段。	
两岁半至4.5岁或5岁，儿童对本族口头语言的掌握逐步熟练与完善，属于言语成熟期。	2岁至六七岁幼儿思维的主要形式是具体形象思维。具体形象思维是利用事物的形象以及事物形象之间关系解决问题的思维。这一阶段的幼儿虽然摆脱了对动作同步性的依赖，但仍受到具体事物的形象和动作的影响。
5岁至10岁，儿童能使用复杂结构，并逐步进入成人语言阶段。	在幼儿末期即幼儿6—8岁这一时期，幼儿开始出现抽象思维的萌芽。

许政援（1994）[①] 对语言发展和认知发展的关系，提出以下几点看法：（1）儿童在1岁前（前语言期）的具体思维阶段有认知（有感知、记忆、表象和思维），但还没有真正的语言。这说明语言不是先于思维，也不是所有的思维都与语言相联系。但是，人类特有的抽象思维却与语言有着密切的联系。（2）认知（思维）发展是语言发展的基础。（3）认知（思维）发展和语言

① 许政援：《儿童语言和认知（思维）发展的关系》，载《心理学报》，1994年4期。

发展的关系是双向的、辩证的，是复杂地交互作用的。

（二）二语思维

二语思维应该与一般思维有所区别，就其属性而言，实际上就是按照二语概念化模式的要求对内调控语言表达的能力。这种能力，从信息加工理论的角度来讲，属于程序性知识，更准确地说，是一种认知策略或策略性知识。这种思维是一种既不是母语思维，又非目的语思维的特殊思维。

第二语言学习不仅是学习一门新的语言，也是学习新的文化和思维体系的过程。该过程同时又是对原有思维体系的影响和重塑。语言、文化、思维模式这三维关系在外语学习过程中呈现互动关系。学习一门语言不仅要学习语言文字本身，同时也要学习那个民族整个的思维方式，而这种思维方式同时也深受民族文化的影响。

二语思维和母语思维在相互冲突、相互融合的过程中，最终在母语国家产生一种新的带有母语思维烙印的外语国别变体是非常自然的，如北美英语、澳大利亚英语、印度英语、牙买加英语等。同样，由于母语思维方式的影响，中国人在使用英语时，也表现出一些中国特有的方式，这就是英语在中国“本地化”的结果，汉语思维在词汇、句法以及语篇等方面对英语也产生了的影响，如“one country，two systems”、“Vegetable basket project”、“day day up”等具有显著中国特色的英语表达法得到广泛的使用和传播。

Danesi（1993）指出，二语学习者通常能够达到很高的二语口语流利度，但他们依然依靠母语概念系统进行思维，二语词汇和句型只是充当了表达母语概念的载体。可见，二语思维必须是对目的语概念系统的再认识，是用目的语概念系统来组织目的语词汇和句型进行表达的过程。

基于语言所具有的共性，二语学习者在学习和掌握母语的过程中对语言共性即“普遍语法”都有一定的了解，他在学习时，就会把通过学习母语而获得的对语言共性的认知，自觉不自觉地运用到二语学习中去，从而加深对所学语言的理解并提高语言学习的效率。

成人进行第二语言学习的同化过程中，学习者的大脑中已经有了强大的母语知识结构和认知结构，也存在着一定程度的目的语知识结构和认知结构，这种以两种语言为思维载体的知识与认知的双元结构，构成了第二语言学习过程中的特殊语言与思维方式，即这一学习过程始终存在着相互影响、相互制约的两种语言——认知结构。二语学习的成功，就在于尽可能地减少母语结构对外语结构的副作用，尽可能地利用母语结构对外语结构产生积极推动作用，而母语与外语在思维上的交叉使用，又形成了在对输入符号信息的加工过程以及知识和认知的同化过程中的思维模式，这便是二语学习心理活动的特殊机制。

思维模式并非是天生的，它是一定地域的人们在长期的劳动实践中，在社会生活的交际中逐渐形成的，它是一种语言文化的反映，而这种语言文化借助这种思维模式不断巩固原有基础。在二语教学中，教师常常要求学生学会用目的语思维，尽量排除母语思维以达到目的语表达的流畅，然而让一个已有强大的母语知识结构和认知结构的成年人完全排除母语思维，不通过内在翻译而达到语言通顺与流畅的目的是很难的。母语的思维在成年人认识事物、学习语言中起着至关重要的作用。例如在学习单词的时候，成年人都需要通过将单词的意义翻译成母语，再通过认知的转换达到对事物的理解。

四、结语：语言思维同一性原则给人诸多思考

语言思维同一性原则能够清晰地解释各民族语言思维的个性和语言思维的差异性，也能阐述人类语言思维的共性。

语言思维同一性原则便于对语言分类和进行语言属性研究，如语系之间、语族之间、语支之间、语群之间。这一原则也适应于共同（标准）语和方言之间的研究，在语言内部又适应于口语和书面语之间的研究。从语言内部要素来说，同样适应语音、文字、词汇和语法等方面的研究。这里还要补充的是，该原则也适应于语言教育研究，尤其是对二语教育和思维之间的关系研究还有很广泛的空间。

对语言作为非线性复杂系统的再认识

王　锋

非线性和浑沌理论的引入，有助于推动中国语言学界对语言的新认识，也就是形成一种新的语言观。半个多世纪以来，结构主义语言学、转换生成语法等把语言看成一个封闭、规则的系统，这种认识长期占据了主导地位。现在人们已经逐渐认识到语言是一个非线性的复杂系统。毕竟语言不是单纯的声音符号系统，它还有社会属性和文化属性。语言既是一个用于交际的符号系统，也是承载民族文化发展的信息系统。这个系统无论是在共时和历时的平面上，都表现出复杂的、非线性发展的特点。

Larsen Freeman（1997）讨论了复杂系统的十个主要特点：动态、复杂、非线性；混沌、不可预测、对初始状态敏感；开放、自组织、反馈敏感和自适应①。本文尝试从系统特性、演变条件、演变途径三个角度探讨语言作为非线性复杂系统的基本特点，并试图说明这些特点并非是零散的，而是有内在的逻辑关联的，它们从不同的角度，体现了语言的内在属性。这些具有内在逻辑关联的特点，共同构成了新时期对语言的新认识。

---

① Larsen－Freeman，D. 1997. Chaos/Complexity science and second language acquisition［J］. Applied Linguistics 18：141－165.

一、语言系统的复杂特性

（一）语言结构的复杂性：跨越多个层级的嵌套结构

语言堪称是人类创造的最复杂的文化和信息系统。其系统的复杂特性首先表现在语言结构上。作为人类社会进行社会交际、传递信息、传承文化的有声符号系统，其构成要素和结构形式之复杂，令人叹为观止。语言结构的复杂性有三个方面的表现：

1. 语言结构由多种层次的众多要素组成

语言系统有着多层次的众多构成要素。按不同的角度和层次，可以分析如下：

大的层面，语言系统分别由语音、词汇、语法三个子系统组成。三个子系统又分别包含不同层次的构成要素。

语音方面，有音节、音位（音位变体）、音素（元音、辅音、声调）；

词汇方面，有单纯词、合成词；

语义方面，有词义、语素、义位、义素；

语法方面，有句法、语义和语用三个平面；

语法结构方面，有语篇、复句、单句、短语、词组、词等不同层次。这些不同的层级，又都有各自丰富的结构形式。

2. 语言系统构成要素分属多个层级的嵌套子系统

语言的复杂性表现在它由很多嵌套子系统组成，即每个系统永远都是另一个系统的一部分①。如前所述，语言系统本身包括

① de Bot, K. 2008. Introduction: Second language development as a dynamic process [J]. The Modern Language Journal 92: 166 - 178.

语音、词汇、语法等子系统，而语音、词汇、语法等每个子系统又包括更小的子系统。

3. 语言系统的内部要素相互依存、相互作用

语言系统的子系统之间、构成要素之间是相互依存、交互作用的。没有语音系统，语言概念就会失去物质外壳，也就无法存在和传输；反过来，如果没有一定的语义，声音符号也就是无意义的声响。正因为语言各构成要素是相互制约和相互依存的，语言中一种要素的变化常常会以其他要素的变化为条件。例如，汉语声母的清浊导致声调分化为阴阳两类；白语的元音松紧对立则影响了声调的高低变化。在系统的层面上，一个子系统的变化会导致其他子系统的连锁反应，例如，古代汉语语音系统的简化，导致单音节同音词的大量增加，为区别词义，汉语开始大规模发展双音节词，这是语音系统简化引起词汇系统发展的典型案例，也是语言各子系统相互制约，相互补偿的内在机制的生动体现。

语言系统内部的相互依存、相互作用，使得系统的整体行为通过子系统的交互作用才能展现。因此，单纯地描写每个子系统，并不能从整体上把握语言的状况①。因此，复杂性理论倡导从整体上研究语言，因为要孤立地把某个因素的确切作用剔除出来是不可能的。在语言习得过程中，永远不能确切地预测某个特定的因素怎样影响某个特定的学习者，因为人们不可能知道到底牵涉了多少种因素，尤其是这些因素还是交互作用的②。

（二）语言结构的动态演变

在结构主义语言学和转换生成语法看来，语言的结构要么是

① Larsen－Freeman，D. 1997. Chaos/Complexity science and second language acquisition［J］. Applied Linguistics 18：141－165.

② de Bot，K.，W. Lowie & M. Verspoor. 2005. Second Language Acquisition：An Advanced Resource Book［M］. London：Routledge：3.

静止的，要么是由先天的语言器官通过基因决定的结构。把语言视为一个动态系统，这是一个带有根本性的认识改变。

语言作为一种动态系统，可以从两个大的方面来理解，一是语言更类似于一种生物体，而非一种机器，它自身具有生长性，能够随着时间增长，也会衰退；二是语言虽然可以被描述为静态要素的集合，但在实际使用过程中却涉及积极的言语动态过程。后者也即索绪尔所说的言语（parole）或乔姆斯基所说的行为（performance）。

语言的历时演变，是很好理解的。在历史的长河中，语言的各个结构（包括语音、词汇和语法）都处于变化之中。相比起语音和语法，词汇的变化尤为明显。新词的产生，词汇的替换，词义的扩大、缩小、转移、引申等，人们可以经常感受到。语音和语法的发展则要缓慢得多，短时间内很难觉察。但是，语音和语法也仍然是在历时演进的。在经过一定的时间段以后，人们就会发现语音和语法的变化也令人印象深刻。这一点，已经被大量的历史文献和语言材料所证明。特别是属于表音文字的拉丁文、英文、藏文等历史文献，都清晰无误地勾勒了语言历时演变的图景。如古藏文无声调，而现在藏语拉萨话有声调，就雄辩地证明了藏语声调从无到有的历时演变。

在浑沌/复杂性理论看来，对于语言作为动态系统的理解，还有第三种角度：使用语言即是改变语法系统的途径。“语言每次被使用，都会变化”。当说话者的语法被改变时，就调动了一个过程，这个过程可能导致全局的改变，“即系统行为作为一个整体是局部交互作用汇聚的结果”。这一动态观点主张，语言以一种有机的方式自下而上地增长和自我组织，“并不是使用规则来塑造语篇，而是规则本身在被语篇塑造”。（Larsen - Freeman 1997）。这一观点似乎有点极端，但它指出了个体的语言使用实践也会引起语言系统的变化，有其浑沌学和复杂性系统的理论基础。

二、开放性：语言系统复杂性的条件和源泉

如果一个系统是孤立的、封闭的，那它就处于平衡的、稳定的发展状态，这样的系统将会走向衰亡。而开放的动态系统，则在其演变过程中通过从环境中吸收能量和信息，从而远离平衡态，大规模的自发重组得以发生，并增加有序性和复杂性。任何一种复杂系统，只有在开放的条件下才能形成，也只有在开放的条件下才能生存和发展。因此，开放性是系统演变的动力来源。

洛仑兹通过多方位的阐述，强调了浑沌系统只是对内在变化敏感，而对于外来变化的敏感性本身并不意味着浑沌[①]。而就语言系统来说，语言并非严格意义上的浑沌系统，它还具有突出的开放性。

语言系统是开放的，意味着这个系统对新的事物和能量输入是开放的。它通过吸收环境中的能量而增加秩序和复杂性[②]。语言系统与其他系统之间有着密切而频繁的信息交换关系。这是语言得以生存和发展，同时复杂性不断增加的根本条件。

语言系统的开放性，有着多方面的表现。简述如下：

（一）语言系统之间的接触

语言的历史发展除了分化，还有接触和融合。语言之间的相互接触和影响，是语言发展过程中的常见现象。完全封闭和孤立发展的语言是没有的。不同语言之间的相互接触和影响，因特定

---

① E. N. 洛仑兹：《混沌的本质》，20页，气象出版社，1997年。

② Larsen - Freeman, D. 1997. Chaos/Complexity science and second language acquisition [J]. Applied Linguistics 18: 141 - 165.

的社会、历史和文化条件有所不同。有些语言接触和影响的程度极其之深，如汉语对周边日语、朝鲜语、越南语、白语等的影响就非常大，这些语言从汉语中输入的借词数量基本都在词汇量的50%以上，多的达到70%，其中很多是基本词汇；白语不仅输入大量汉语借词，并在语音上形成与汉语的大规模对应，语法系统也借用了汉语结构特征，如VO语序等。汉语的南方方言，大多为北方汉语分期南迁，并与长江以南的少数民族语言发生接触形成的，南方汉语方言中不同程度地都包含有南方少数民族语言的底层。语言系统之间的接触和影响，丰富了一种语言的结构要素，同时也使其语言结构特征发生不同程度的变化。

（二）社会因素与语言系统

1. 社会发展与语言结构

语言首先是一种社会交际工具，它随着社会的产生而产生，随着社会的发展而发展，随着人类社会交际的需要而变化。语言系统开放性的一个重要表现就是它时时受到所处社会的深刻影响，社会发展变化的信息，都会反映到语言系统中。最常见的例子就是随着社会的发展，大量的新概念不断形成，新词不断产生。而旧词要么发生意义的引申、转移，要么逐渐减少使用，甚至被淘汰。语言的表达形式也会随社会发展而变化，如随着互联网的发展，网络语言新形式层出不穷，从各个层面尤其是表达形式上丰富和发展了语言，但也给传统的语言系统造成很大的冲击。

2. 社会因素与语言交际、社会方言

研究表明，语言交际行为会受到社会因素的影响。语言交际的特定社会环境，会造成敬语、行业语、儿语、隐晦语、禁忌语等语言现象以及语码转化等言语行为。此外，不同的社会和文化群体，包括社会阶层、性别、种群等，在使用语言时会有不同的特点，甚至还影响语言结构的变化，形成语言的社会变体，即社会方言。

3. 语言规范与语言系统发展

语言有着自己特有的发展轨迹，但一定社会的语言规范和统一，也会对语言的发展产生重要的影响。例如，历代中央王朝推行的读书音系统，极大地推动了汉语各方言区的语言统一，进而造成不少方言区的文白异读现象。当前我国实施的推广普通话工作，不仅使汉语各方言区的语言使用状况发生了很大变化，同时对各方言的语言结构也产生了深远的影响。

（三）历史文化因素与语言系统

语言的发展是一个历史的过程，而语言本身又是一种重要的文化现象。各民族在历史上积累的文化成果，不断地沉积在语言系统之中；而特定的历史条件，又使语言的发展呈现出不一样的特点。例如，由于蒙古族和满族先后定都北京，因此，北京话里留存了为数不少的蒙古语和满语词汇。又如，自汉代以来，佛教传入中原地区，佛教文化的影响不断扩大，同时给汉语、日语等语言输入了大量的佛教词汇。再如，明代以来中央王朝在云南实行军屯制度，大批内地汉族人口进入洱海地区，极大地改变了白语的语言系统。这样的例子不胜枚举。

（四）语境与语言系统

语言的主要功能是社会交际。社会交际总是处于一定的环境中。研究表明，特定的语境（此处主要指非语言性语境），对言语交际活动的影响也是极为突出的。在语言交流过程中某一话语结构表达某种特定意义时所依赖的各种主客观因素，包括时间、地点、场合、话题、交际者的身份、地位、心理背景、文化背景、交际目的、交际方式、交际内容所涉及的对象以及各种与话语结构同时出现的非语言符号（如姿势、手势）等，都会影响对语言形式的运用和理解，事实上也进一步增加了语言系统的复杂性质。

（五）语言的自然属性与语言系统演变

语言除了社会和文化属性以外，还有自然和物理属性。其自然和物理属性也会使语言发生变异和发展。语音的发声和传播不仅是个物理过程，语言的发音、传达以及语言信息的接收，还与大脑的神经活动机制相关。沃尔夫冈·维尔德根指出："语言利用大脑的神经动力，并不像电脑的硬接线和编程，而更像是一种自发的、复杂的、可适应性强的大脑运行过程"①。人们早就注意到，语言的发音和传播机制会造成语音的变异和发展。当前，对语言音变的解释也开始关注心理和神经领域。如耳聋、戴麦克风对发音的影响，充分说明发音与听力神经密切相关，体现了大脑神经系统的发音机制。相关的研究还表明，大脑神经对某些语音的辨别容易产生模糊，从而导致一些特殊的音变现象，很多用历史语言学无法解释的音变，可以通过神经系统的语音反应机制得到解释。

三、语言系统复杂演变的形式和途径

（一）语言系统的非线性演进

人们已经普遍认识到，非线性是产生复杂性的必要条件，没

① 沃尔夫冈·维尔德根著，张磊译：《认知语言学的"动力学转向"》，载张公瑾、丁石庆主编：《浑沌学与语言文化研究新动态——国外相关研究译文集》，中央民族大学出版社，2011 年 12 月版。

有非线性就没有复杂性。复杂系统都是非线性的动态系统。线性指两个变量之间按简单比例、成直线的关系，在空间和时间上代表规则和光滑的运动，某个定量构成的原因会产生一定比例的结果；而非线性则指不可叠加、不按比例、不成直线的关系，代表不规则的运动和突变，结果和原因是不成比例的。

非线性说明了系统的整体不是简单的各组成部分之和，即每个组成部分不能代替整体，每个层次的局部不能说明整体，低层次的规律不能说明高层次的规律。各组成部分之间、不同层次的组成部分之间相互关联，经过系统内部和系统与环境的相互作用，不断适应、调节，向更高级的有序化发展，并呈现出独特的整体行为与特征。

从历时的角度看，语言的发展是一种非线性变化。语言不仅包含许多非线性要素，如语言信息的发送（包括发音和传达）、语音的声学传播、语言信息的接收、语言交际的特定语境、语言的社会和文化属性（包括语言群体的社会文化心理）等，而且这些要素是相互作用的。这些系统组成成分之间的相互作用，是未来可能出现不可预知结构的重要基础。例如，特定社会心理因素也会造成语言的特殊变化。例如，汉字认读中“有边读边，无边读中间”、“同偏旁字则同音”的认读心理，造成汉语语音系统独特的非线性发展。如“谱”字，正音是 bǔ，现在读 pǔ，实际上是北京话因为汉字形声字造字规律即“有边读边”而导致的误读，但这一误读现在已发展成为全部汉语方言的共同标准音。类似的还有：孪，生患切或所眷切，应读 shuan 去声。柯，古俄切，应读 ge 平声。祉，敕里切，应读 chi 上声。溪，苦奚切，应读 qi 平声。屿，徐吕切，应读 xu 上声。这些字的读音没有按照汉语语音的历史发展规律来演变，属于受汉字认读模式和社会心理影响造成的误读，现都已成为汉语标准音，这就是汉语发展中的非线性发展。

作为非线性发展的结果，语言系统的演进是难以预测的。开放的非线性系统是波动的。当涨落迫使一个系统远离平衡态，并在临界点发生分叉。分叉所引起的分裂致使一个新系统的产生。但这个临界点和分叉的形式又是难以预测的。如语音演变中常见的元音高化现象，当演变到达舌位最高的临界点时，元音将会“高顶出位”，朝不同的方向随机演化，这样的突发行为是难以提前了解的。

萨丕尔在《语言论》中，对语言非线性演变的性质作了深刻的阐述。他指出，语言沿流流向的形成是无意识的，“它是由说话人无意识地选择的那些向某一方向堆积起来的个人变异构成的。”语言“即使不分裂成方言，即使每种语言都像一个稳固的、自给自足的统一体那样保持下来，它仍旧会时时离开任何可以确定的规范，不断发展新特点，逐渐成为一种和它的起点不大相同的语言，一种实际上的新语言。”① 因此，语言的发展也具有不可预测性。正如拉森·弗里曼所指出的，“新语言形式的进入和保留方式都是不可预见的和非加和的。不同的说话人可能使用不同的形式，但表达的意思却是一样的。我们能做的最好的事情就是解释发生了什么变化，而不能准确地预测下一个变化”②。这正是语言系统非线性发展的重要特征。

（二）语言系统演化的浑沌性质

浑沌是复杂性的一个子领域。所有的浑沌现象都出现在非线性系统中，但非线性系统不一定都产生浑沌。非线性系统只是在某些临界点才产生浑沌，形成奇怪吸引子，即系统总体稳定性和

---

① 爱德华·萨丕尔著，陆卓元译：《语言论》，134页，商务印书馆，1985年版。

② Larsen－Freeman，D. 1997. Chaos/Complexity science and second language acquisition［J］. Applied Linguistics 18：141－165.

局部不稳定性共同作用的产物。

语言作为一种非线性动态系统，在其演进过程中具有突出的浑沌性质。主要表现在：

1. 历时浑沌：语言系统的发展对初值敏感，具备产生突发行为的能力

初值敏感性，即所谓的“蝴蝶效应”或积累效应，是指在浑沌系统的运动过程中，如果起始状态稍微有一点改变，那么随着系统的演化，这种变化就会被迅速积累和放大，最终导致系统行为发生巨大的变化。

研究表明，语言的历时发展对初始条件非常敏感。初始条件的细微变化可能对未来的行为有重大含义：具有不同初始条件的系统行为，不管开始多么相似，都会随时间流逝以指数方式歧变。萨丕尔也指出：一种沿流，从语音的轻微调整或扰动开始，会在几千年的历程中引起最深刻的结构变化。在语言的历时发展继承中，这样的例子不胜枚举。本文仅以汉语的例子来加以简单说明。

汉语的二等介音 -r- 来自上古由塞音和 -r- 构成的复辅音声母。尽管 -r- 的发音强度很弱，在汉语复辅音序列中属于要脱落的部分，但是否有 -r- 这个初始条件，以及它的轻微调整，都可以让我们看出初始条件的细微差异如何造成了重大的语音变化。

以“江”字为例。“江”从“工”得声，二者上古同属东部字，细微的区别只在于“江”多了一个颤音辅音 -r-。“工”字的读音中古以来没有大的变化，而“江”字因多了一个 -r- 介音，整个音节因此发生了重大变化：kroon > krɔŋ > kɣoŋ > kɯoŋ > kiɐŋ > kiaŋ > tɕiaŋ。在这一发展过程中，介音不仅成为韵母的一部分，使韵母的结构发生了变化，它还扭转了后面主元音长元音高化的固有趋势，使之成为低元音。同时，原来的舌根塞

音声母也在其影响下，变为了舌面塞擦音。由于汉语原来没有舌面塞擦音，因此可以说，介音 -r- 的发展还推动了新的辅音音类的产生。可以看出，-r- 作为一个初始条件，它对汉语的语音系统的影响是重大而深远的。

语言在历时演进中表现出来的浑沌性质，使其发展途径和形式不同于以往的理解。“进化并不像达尔文所想象的那样是无限缓慢连续的过程，而是被急剧的非连续性的突然转变分隔开的。这种急剧的非连续性的突然转变，产生于作为一种生物系统的奇异吸引子的突然出现，经历了一系列的急剧变化，最后形成了新的稳定形势。”① 这是语言历时发展的一种重要形式，也是语言历时发展具有浑沌性质的表现。

2. 共时浑沌：分形和自相似性

在浑沌系统的演化过程中，系统经过历时的发展，因空间分布、社会条件及其他各种因素的不同，会发展成为与母系统整体相似的子系统。这就是共时平面上的浑沌现象，共时浑沌的主要表现就是分形和自相似性。客观世界中的许多事物，具有自相似的层次结构，这些层次结构就是分形。分形的基本特征之一就是具有自相似性。所谓自相似性是指局部与整体在形态、功能、信息、时间、空间等方面具有统计意义上的相似性，称为自相似性。

历时浑沌与共时浑沌之间有着非常密切的联系。假设有一个单纯的区域，随着时间的推移，该区域将会缓慢地发展为一个分形。该分形随时间的推移而逐步成长。但反过来，每个分形也可以看作是时间浑沌长期表现下的结果。这种关系在语言的发展演

① 罗伯特·K·罗根·阿索克著，戴红亮、张金生译：《延展的心智——用复杂性和浑沌学理论解释语言和思维的关系》，载张公瑾、丁石庆主编：《浑沌学与语言文化研究新动态——国外相关研究译文集》，中央民族大学出版社，2011 年 12 月版。

变中可以理解为语言的历史演变和方言的地理分布。表现在地理空间上的方言差别实质上是语言发展历史的反映。如汉语各大方言，包括闽南话、粤方言、吴方言、客家话、官话等，在很大程度上代表了由秦汉以来汉语发展的不同历史阶段。按复杂系统理论，地域方言首先可以视为汉语在共时的地理空间上的分形，但这些分形又体现了时间序列上的自相似性。

除了空间浑沌造成的分形（地域方言）以外，与语言系统发展相关的还有各式各样的分形。如萨丕尔所指出的语言的个人变异："仔细考查一下每一个人的言语，就会发现无数细节上的差别，存在于词的选择，句子的构造，词的某些形式或某些组合的相对使用频率，某些元音、辅音或二者合并时的发音等方面，也存在于快慢、轻重、高低等给口语以生命的方面。可以说，他们说的不是完全相同的一种语言，而是这种语言的各种稍有分别的方言。"[①] 又如，维拉·露西亚指出，语言习得有因生物认知、信息输入、互动模式、社会历史语境、自动性、所属、情感、动机等不同而对应于不同的分形[②]。这些分形，实际上代表了语言发展的无限可能性。

（三）语言系统的自组织和自适应性

所谓自组织系统，是指能自行演化或改进其组织行为结构的一类系统。这类系统能在与环境相互作用的条件下，通过反馈进行自控和自调，形成新的结构和功能，保证系统结构稳定和功能稳定，具有不断复杂化和完善化的演化能力。

1968 年，普里戈金提出的耗散结构理论指出：一个开放体

① 爱德华·萨丕尔著，陆卓元译：《语言论》，商务印书馆 1985 年版，132 页。

② 维拉·露西亚著，孔艳译：《语言习得的分形模式》，载张公瑾、丁石庆主编：《浑沌学与语言文化研究新动态——国外相关研究译文集》，中央民族大学出版社，2011 年 12 月版。

系在达到远离平衡态的非线性区域时，一旦体系的某一个参量达到一定阈值后，通过涨落就可以使其体系发生突变，从无序走向有序，产生振荡一类的自组织现象。这一认识指出了自组织系统的四个必要条件：

1. 系统具有开放性。开放性系统才能同外界交换物质与能量，并形成有序结构。输入负熵以消耗外界有效物质与能量，输出正熵以发散系统的无效物质与能量，从而使体系的总熵量增长为零或为负值，以形成或保持有序结构。

2. 系统远离平衡态。远离平衡态，才能使系统具有足够的反应推动力。

3. 系统内部各要素之间发生非线性作用。即系统内各要素之间具有非线性作用，才能使系统具有自我放大的变化机制，产生突变行为和相干效应、协同动作，通过质变方式重新自我组织，实现有序。线性叠加即量的增长不能达到这一效果。

4. 涨落作用。系统具有涨落或起伏变化，才能启动非线性的相互作用，使体系离开原来的状态，发生质的变化，跃迁到一个新的稳定的有序态，形成耗散结构。涨落主要是由于受到体系内部或外部的一些难以控制的复杂因素干扰引起的，带有随机的偶然性，但却可以导致必然的有序。

自组织系统的发展包括两种形式：第一，子系统或结构要素的交互作用会引起自组织；第二，外部因素通过和内部子系统的交互作用引起系统重组。

语言作为一种非线性系统，其自组织和自适应性特征是突出的。这首先是因为语言系统具有反馈敏感性。积极的反馈机制促使语言系统自我组织，自我适应。其发展形式也可分为两类：其一，语言系统内部要素自身发生轻微扰动，导致系统的发展和变化，使系统远离平衡态；其二，由于语言系统具有开放性，外部环境的影响引起语言系统内部的扰动和变化，导致其远离平衡态。上述两种形式都使语言系统发生平衡破缺，系统因此作出反应，进行重组。

以语音系统的内部调整为例。语音的演变不是突发的、大规模的，也不是零散的，不成系统的，而是从语音的轻微调整或扰动开始，之后通过类化移动的方式，将语音发展扩展到整个语音类别，实现语音格局的重建。汉语北方话中声母的清浊对立消失，通过语言内部的自我调整，清浊对立的区别功能转由声调各分阴阳两类来代替，实现了语音系统的重组。

又如因系统外部影响而产生的重组，白语中原有“比较主体+形容词+基准+方位后置词+（度量成分）”的固有比较句式，但后来受汉语的影响，借入了汉语借词“比”，由此又进一步产生了新的比较句类型“比较主体+比较标记‘比’+基准+形容词”，后者正逐步取代白语的固有形式。

在语言习得方面，一些学者认为语言习得的机制和其他发展中的现象一样是自组织的，语言对外部输入进行反应，并通过自组织引起复杂语言系统的浮现（emergent），并不需要先天机制的存在[①]。正是这种自组织性可以解释语言学中的一个经典话题：人们可以说出从来没听到过的复杂句子。具体的语言交际活动也是一个自组织和自适应的过程，拉森·弗里曼指出，自组织的语言系统会自动对外部环境进行自适应，在同一社团中，语言使用者的语法彼此适应[②]。可见，语言系统无论是在历时的发展过程中，还是在具体的语言习得和语言交际过程中，都在不断地进行自我重组，这是语言演变的基本形式。

---

① van Geert, P. 2003. Dynamic Systems approaches and modeling of developmental processes［A］. In J. Valsiner &J. Conlolly（eds.）. Handbo ok of Developmental Psychology［C］. London：Sage：659.

② Larsen – Freeman, D. 1997. Chaos/Complexity science and second language acquisition［J］. Applied Linguistics 18：141 – 165.

以上是本文基于复杂系统理论，尝试从系统特性、演变发展的条件和形式三个角度，对语言作为非线性复杂系统的特点及其演变所作的粗浅讨论。文中力图对语言系统的特点和演变性质有一个新的认识和理解，并且归纳了相关特征和性质的逻辑联系，但其中的很多思考尚不成熟。此外，在这样一篇小文中，涉及了非线性、浑沌、初值敏感性、动态开放、自组织等多种理论和观点，相关的理解和阐释难免单薄和肤浅，敬请方家指正。

从文化语言学的发展看文化语言学的定位

吴东海

文化语言学作为一门学科，是随着社会历史的发展逐步建立起来的。20 世纪 50 年代，罗常培的《语言与文化》是文化语言学的先导；20 世纪 80 年代，陈建民、游汝杰等首次提出“文化语言学”的概念；20 世纪 90 年代初，邢福义、申小龙等正式论述了文化语言学的学科理论；20 世纪 90 年代末，戴昭铭、张公瑾等又陆续阐明了关于文化语言学的理论和方法。

如果我们把这些学者的观点加以梳理比较，也许对我们认识文化语言学的学科性质有所裨益。

一、语言与文化的联系为中国语言学研究指明了方向

1950 年，罗常培的《语言与文化》出版。该书被公认为是文化语言学的“开山之作”。该书的主体是从六个方面阐述了词的文化内涵，在最后的总结中，作者对语言与文化的一般性关系作了阐述，并自信“这本小书对于中国语言学的新路已经把路基初步地铺起来了”。作者还郑重地建议人们应该集体地注意三件事：对词义的研究，应该用历史唯物论的方法，推究词义死亡、转变、新生的社会背景和经济条件；对于现代方言的研究，特别着重词汇的搜集和整理，要注意各地的活方言，深入调查各行各

业的惯用语；应该认真研究国内少数民族语言，国内少数民族语言在学术上、政治上都有重要性①。

其实，传统的中国就十分重视语言与文化关系的研究。早在春秋战国时期，老子、孔子、墨子、荀子、公孙龙子等都对语言与文化的关系有所论及，《易经》、《左传》、《尔雅》等书中都有不少具体用例。此后直至民国时期，有关语言与文化关系的文章和专著更是数不胜数。不过，传统的中国，对语言与文化关系研究的目的只是研究文化，语言不过是被当做研究文化的手段和工具，是“小学”。

《马氏文通》是中国第一部真正系统地研究汉语的语言学著作。该书用当时西方盛行的结构主义语言学观点和方法分析汉语，从而建立了现代的中国语言学。不过，该书和西方结构主义语言学一样，只见语言，不见文化。在他们的视野中，文化内容是被有意排除在语言研究之外的。

受西方功能人类学的启发，罗常培把自己的研究和中国少数民族语言调查结合起来，利用云南这块语言学的黄金地，写出了开创性的专著《语言与文化》。这是首次在语言学内把语言与文化联系起来，罗常培先生的学术感觉是十分敏锐的。早在1943年夏，在昆明西南联大主办的文史学演讲会上，罗常培先生就曾用“语言与文化”这个题目进行过一次公开演讲，《语言与文化》的间架在那时就建立起来了②，而具有近似性质的社会语言学直到1964年才在美国正式形成。

然而，该书只是以词为例，目的想从理论上对语言与文化的关系作出论述，从而引起人们对语言与文化关系的重视。这种论述是从语言出发的，因而属于语言学。由于作者只是“给语言学

① 罗常培：《语言与文化》，第117页，北京出版社，2004年。
② 罗常培：《语言与文化（一版）·自序》，第1页，北京出版社，2004年。

和人类学的研究搭起一个桥梁来”[①]，只是“把路基初步地铺起来了”，作者没有也不可能对语言与文化的关系作出全面系统的阐述，更不可能对文化语言学作出理论定性。

二、正确认识语言与文化的关系是文化语言学作为独立学科的必要前提

1985年，陈建民为中科院研究生首次开设了“文化语言学”课程，1987年发表《文化语言学说略》，提出对文化语言学的设想。陈建民先生之所以研究语言与文化关系，主要是因为他是一位语言教学工作者。他认为，在语言的研究和教学中，要注意交际，特别是跨文化交际的重要性，研究的目的是解决交际和教学中的文化问题。他认为文化语言学的语言观突出表现在“重视语言的交际价值”等。重视语言的交际价值是社会语言学的重要观点，正因为如此，陈建民先生认为“语言与文化的研究属于社会语言学范畴”，他认为社会语言学的内部还可以派生出文化语言学[①]。

实际上，社会语言学关注的是语言与社会关系，文化语言学关注的是语言与文化关系，这两种关系并不完全一样。对于语言来说，社会是“地”。“地”就是环境，语言就是生长在这个环境里的生物。环境与生物之间是互动的，环境变化也会造成物种变异；社会与语言也是互动的，社会的变化也会造成语言的变异。但是，语言与社会在本质上毕竟是不同的事物，社会不是语言，语言也不是社会。对于语言来说，文化是“天”。“天”即为宇宙，语言仿佛是茫茫宇宙中的地球。地球乃宇宙中的一员，

① 陈建民：文化语言学说略，载《语文导报》，1987年，第6期。

但又是特殊的一员，因为我们还可以在地球上仰观天象，研究宇宙的其他成员；语言也是一种文化，又是文化的特殊组成部分，它能记载、反映其他文化现象。因此，语言尽管有其特殊性，但是它与文化在本质上是相同的。如果我们把文化语言学看成是社会语言学的一部分，不仅抹杀了文化语言学的独立性，也完全忽视了语言的文化性质。

1990 年，邢福义、周光庆主编的《文化语言学》出版。该书首次建构了一个比较完整的文化语言学的理论体系。该书把语言与文化的关系概括为："语言是文化的符号，文化是语言的管轨"，其研究模式是"从语言看文化，从文化看语言"。认为文化语言学既不专门研究语言，也不专门研究文化，而是研究语言和文化的关系，因此它不是本体学科，而是关系学科，它"既不是语言学的一个分支，也不是文化学的一个分支"①。

正如戴昭铭所说，"本体学科"和"关系学科"的概念划分是很有问题的。"因为一方面作为研究对象，事物的本质及其规律只有在关系中才得以呈现，才能被观察和认识到……，另一方面，世界上没有能够脱离事物本体而存在的纯粹关系……，因此科学研究也不可能单纯注意关系而不顾事物本身。"② 邢福义先生把文化语言学看做语言学与文化学的交叉学科，可是，他的所谓交叉，实际上是语言学与文化学的杂烩，即文化的语言学加上语言的文化学，这样的处理没有看到文化语言学的独特价值，只会给文化语言学的定性带来混乱。

1990 年，申小龙的《中国文化语言学》出版③。该书着力思考汉语的文化哲学，探讨汉语的人文性和语言的文化功能，指出文化语言学就是语言的本体学科。作者反复强调人文性是语言的

---

① 邢福义、周光庆：《文化语言学》，第 4 页，湖北教育出版社，1990 年。

② 戴昭铭：《文化语言学导论》，第 35 页，语文出版社，1996 年。

③ 申小龙：《中国文化语言学》，吉林教育出版社，1990 年。

本质属性，并具体指出了汉语人文性的各种表现，提出汉语语言规律的揭示应全面向中国文化认同，实现中国语言学由科学型向人文型的转折。

与邢福义相反，申小龙突出了文化语言学的独特性，并且强调语言与文化的一致性，认为文化语言学就属于语言学。作者观点深受萨丕尔——沃尔夫假说影响，认为语言具有世界观和本体论的性质，本质上是一个民族的意义系统和价值系统，是一个民族的世界观，而中国的语言文化在这方面的表现尤为明显，因而具有的特殊价值。问题在于，作者过分强调语言人文性与科学性的对立，中国语言文化与西方语言文化的对立。这样的观点对于文化语言学本身的建立可能有些狭隘。

从上面的叙述我们可以看到，陈建民、邢福义、申小龙三位之所以对文化语言学的性质有不同认识，是因为他们对语言与文化关系的理解是不同的。陈建民把文化现象看做社会现象之一，主张把文化语言学看成社会语言学的分支，这是从事语言的应用来研究语言与文化的关系，而不是从理论上对语言与文化关系的全面认识。邢福义虽然认为语言是一种文化现象，但是他主张文化语言学是“关系学科”，可以“从语言看文化，从文化看语言”，这实际上是把语言与文化当作有密切联系的不同事物来对待。结果，文化语言学就“既不属于语言学的一个分支，也不属于文化学的一个分支”。申小龙强调语言与文化的一致性，认为语言能很好地反映一个民族的意义系统和价值系统。这样就自然把文化语言学归于语言学。

按陈建民观点，文化语言学就不是一门独立的学科，这样的认识与文化语言学的发展现实是不相符的。按邢福义的观点，文化语言学虽然是一门独立学科，可是它部分属于语言学，部分属于文化学，如此，这门学科的学科属性就很不明确了。只有确认文化语言学的语言学性质，才能使文化语言学成为一门真正的独立学科，也只有这样，才更有利于文化语言学的建设和发展。

三、浑沌学方法的引进是文化语言学发展的有力支撑

1996 年，戴昭铭的《文化语言学导论》出版。作者指出，“文化语言学是解释性语言学”，“文化语言学是交叉性学科”，“文化语言学是语言学的分支学科”①。该书把语言与文化的关系这个总题目划分为若干小题目，对语言同各个文化领域的关系逐一进行讨论。作者把文化语言学的方法分为总体方法和具体方法两部分。从语言的文化属性归结出“语言的文化阐释法”这一总体方法，并把它分解为“文化符号解析法”、“文化思维认同法”、“文化背景考察法”、“文化差异比较法”、“文化心理揭示法”等五种具体方法。

戴昭铭先生科学地阐释了文化语言学的学科性质，使我们认识到文化语言学既归属于语言学，又是一门有独特内涵的独立学科。戴昭铭先生对文化语言学的研究方法进行了整合，既使我们认识到文化语言学研究方法的层次性，又使我们认识到文化语言学的各种具体研究方法可以统一于“语言的文化阐释法”这一总体方法。

1998 年，张公瑾先生的《文化语言学发凡》出版②。该书认为文化语言学是一门研究语言的文化性质和文化价值的综合性的语言学科。文化性质指语言本身就是一种文化现象；文化价值指语言包含着丰富的文化内容，是体现文化和认识文化的一个信息

① 戴昭铭：《文化语言学导论》，第 36 – 38 页，语文出版社 1996 年。
② 该书后来改编为张公瑾、丁石庆主编《文化语言学教程》，2004 年出版。

系统。该学科从理论到方法都是以语言为基点的，所以说是一个语言学科，同时也具有广泛的综合性。

尤为重要的是，该书把浑沌学的方法引进文化语言学，认为浑沌学方法是文化语言学的新的方法论基础。浑沌学[①]最初是从物理学、数学等学科中发展起来的，后来被人们运用于生物学、经济学、医学等领域。把浑沌学方法引进语言学，张公瑾是第一人。

浑沌学虽然是在20世纪70年代正式兴起，但是在中国古代的《易经》、《庄子》中以及古埃及、古希腊都能找到它的渊源。浑沌学与量子论和相对论在本质上是相同的，它们的研究对象都是事物复杂的非平庸行为，它们的研究方法都是把理性和直觉结合起来强调从整体去把握事物。浑沌学现象与量子论现象和相对论现象也都是在19世纪末、20世纪初，同时被人们发现的，它们本应同时成长起来。量子论研究的是微观层次的事物，相对论研究的是宏观层次的事物，在这些领域，以精确的观察实验和逻辑论证为基本方法的传统科学的局限性十分明显；而在我们日常生活所熟悉的中观层次，伴随近代科学形成的机械观使经典物理学获得极大成功，人们更重视事物的局部性、有序性、确定性等，忽视甚至排斥事物的整体性、无序性、不确定性等，这就使浑沌学的兴起推迟了几十年。

浑沌学方法对文化语言学之所以必要，是因为浑沌学的方法特别适合于认识事物的复杂性。客观事物是多种多样的，它们的性质也是多种多样的，有的事物简单性比较明显，有的事物复杂性比较明显。文化语言学研究的是语言与文化的关系，语言现象、文化现象都是典型的人文现象，与自然现象相比，人文现象

---

① 有关浑沌学的背景和理论请参阅苗东升、刘华杰著《浑沌学纵横论》，中国人民大学出版社，1993年。

的复杂性更为突出，语言与文化的关系，更不是简单的一一对应关系。文化语言学首先要对这些研究对象的复杂性有充分的认识，这就需要用浑沌学的方法来理解和解释这些研究对象，前述一些学者之所以对文化语言学的性质没有正确认识，就是因为他们对语言与文化关系的理解简单化了。

浑沌学方法对文化语言学之所以必要，是因为浑沌学改变了科学世界的图景。从浑沌学的观点看，我们的世界是有序与无序的统一，确定性与不确定性的统一，自相似性与非自相似性的统一，也就是充满了辩证法规律的世界。要认识这个世界，就必须把理性和直觉结合起来。以前人们总是强调局部分析的方法，现在我们还要突出从整体去把握世界。这样的认识，对我们构建文化语言学学科体系也是很有意义的。文化语言学，既可以从语言看文化，也可以从文化看语言，但二者必须隶属于同一个整体，张公瑾用语言的文化性质与语言的文化价值把二者统一于语言学。语言与文化关系的具体表现是复杂的、多层次的，因为语言、文化都包含着多元素、多层次。因此，我们既要看到语言与文化在内部要素之间的关系，也要看到语言与文化在局部与整体之间的关系。张公瑾认为，我们应该从语音、词汇、句法、系属、类型、地区分布和文字等七个层次去研究语言的文化价值。

浑沌学方法对文化语言学之所以必要，是因为与传统的研究方法相比，它既有一定的继承性，又有更好的理论性和科学性。对于文化语言学的研究方法，邢福义提出实地参与考察法、共层背景比较法、整合外因分析法等三种方法；申小龙提出文化镜像法、文化参照法、常态分析法、多元解析法、心理分析法、异文化范畴借鉴法、从抽象上升到具体的方法、传统阐释法等八种方法；戴昭铭提出文化符号解析法、文化思维认同法、文化背景考察法、文化差异比较法、文化心理揭示法等五种方法。浑沌学的方法具体内容有很多，就文化语言学来说，我们可大体归结为以吸引子为特征的语言浑沌结构观，以自相似性为特征的语言浑沌功能观，以蝴蝶效应为特征的语言浑沌发展观。把前述各位学者所提方法与浑沌学方法相比较，在实质内容上，除了少数方法因针对领域不同外，多数方法都能在浑沌学方法中找到身影，只是具体层次、使用概念有所不同罢了。浑沌学的方法把各种方法统一于浑沌学这一前沿思想，既突出了各种方法的整体性，又体现了一定的理论深度，与之相比，前述各种方法就显得有些随意和零乱。

总之，文化语言学之所以引进浑沌学的方法，不是标新立异以吸引人，更不是装腔作势来吓唬人，而是因为浑沌学的方法更适合文化语言学的本质，浑沌学的方法是文化语言学发展的有力支撑。

文化概念的层级与语言研究的关系

张卫国

语言是文化的重要载体，文化是语言表述的主要内容。在文化与语言长期互促共进的过程中，文化在影响着语言特点的形成与发展，同时语言也在一定程度上影响着文化特点的形成与发展。因此，在双语研究中经常会涉及语言与文化的关系问题。语言学习会牵涉到文化的学习；双语教育、民族教育会牵涉到多元文化教育与民族文化的传承；双语现象与社会诸因素（地理条件、人口条件、经济、政治、文化）的关系其实就是语言与广义文化的关系。社会诸因素中的观念文化与双语的关系其实就是狭义文化与双语的关系。

一、文化人类学层面上的文化概念：含义最广的文化概念

（一）文化人类学层面上的广义文化概念

以研究人类文化形态为中心任务的文化人类学要研究一定地理环境中的人类群体物质生活、制度生活、精神生活上的特点。因此文化人类学层面上的文化概念包含的内容最为广泛。它对文化的定义就是我们常说的广义的文化，指人类在社会实践过程中所获得的物质的、精神的生产能力和创造的物质财富、精神财富

的总和。[1] 人类学经常用到的广义文化概念，实际上指的是“文明”。在这个层面上，作为文化重要载体的语言文字显然被包括在文化概念中。中国出版的《辞海》对“文化”有广义和狭义两种解释，“从广义来说，指人类社会历史实践过程中所创造的物质财富和精神财富的总和；从狭义来说，指社会的意识形态，以及与之相适应的制度和组织机构，”并进而指出文化是历史现象，具有阶级性、民族性和历史连续性。这一定义首先用物质文化和精神文化把文化成果包罗无遗，其次又把制度文化放到适当的位置上。

各种社会群体在文化上表现出来的差异，最鲜明地表现在民族间的差异上。因此，要对“文化”这个概念从民族特点的角度进行概括，还可以下这样的定义：文化是各个民族对特定环境的适应能力及其适应成果的总和。

（二）广义文化概念与民族文化概念[2]

“民族文化”是指具体某一民族所拥有的文化总体，是文化的具体存在形式。就世界范围来说，从大的范围着眼，首先可划分为东西方文化，然后有地区性的文化或观念文化（如宗教文化），国家作为一个整体也有体现国家特点的文化。再分下去就是各民族的文化。每一个民族的文化都有自己所独有的特征，显示出与另一民族的文化的明显差异。具体到某一民族来说，它的文化都具有为这个民族成员所普遍接受的固定模式，这就叫文化模式，或者叫文化结构。这种结构是一个有机组合的整体，其中各个部分彼此适应，处于一种系统的平衡之中。例如汉族有汉语、汉字、格律诗、戏剧、国画、中医药、天文历法以及特殊的

---

① 《哲学大辞典》1534 页。

② 部分观点来自张公瑾：《文化语言学发凡》，24 页，云南大学出版社 1998 年。

道德观、法律和各种独有的风俗习惯、信仰和价值观念等，此外，还具有自己特点的生产、生活方式，还有与本民族情况相适应的制度和机构等。

但是，民族文化内部的系统平衡并不是一成不变的，它总是处在不停地变动之中，所以所谓“传统文化”是一个动态概念而不是一个静态概念。但变动常常是在局部范围内进行的，它受到周围整个文化环境的制约，哪怕是变动面牵涉范围很广，它也是在原有的文化基础上进行的，仍会受到原有条件的制约，仍会在动态中保持自己民族的特色，这就是民族文化内部结构的稳定性。由于存在这种稳定性，民族文化才值得我们重视。也正因此，中国多民族的国家经历过数千年风雨沧桑，仍保持着民族文化的多样风采，这就是所谓中华民族文化的多元一体格局。

文化的多元性在互相接触中会有两种关系，一种是互相排斥和冲突，现在讲东西方文化碰撞就是这个意思，一种是互相吸收和补充。这两种关系过去历史上都存在过，但在一定的历史时期，一般总有一种趋势占据主导地位。人类的自觉程度越高，后一种趋势就会越强烈。

（三）人类共同文化与民族文化的关系

文化是各民族对环境的适应能力及其成果的总和。人类生存的自然环境和社会环境有其共性，也有其特性，这就决定了各个民族的文化有其共性也有其特性。人类作为一个整体，他的生存状态、发展过程具有一定的相似性，但作为不同的民族，在人类生存状态、发展过程共同性的基础上其生存状态、发展过程又具有一定的差异性。在这里，我们之所以要从广义文化概念讨论到民族文化的概念，是因为民族文化是广义文化存在的具体形式，同时，民族语言也是人类语言存在的具体形式。民族文化与民族语言有较强的对应性，要讨论文化与语言的关系，只有在民族文化、民族语言对应的层面上才能探讨得清楚，谈得具体。

二、宏观文化语言学层面上的文化概念：相对于语言的广义文化概念

（一）宏观文化语言学层面上相对于语言的广义文化概念

语言学的任务是研究语言的结构、功能，及其历史、现状与未来，研究语言与文化的关系是语言学研究的重要内容。因此尽管文化人类学把语言文字看作是文化的载体，文化的积淀，文化的映像，是文化不可缺少的重要组成部分，语言学在研究语言与文化的关系时还是要把语言与文化分别对待，否则，语言学将无法定位自己学科的研究对象。宏观文化语言学层面的语言概念是广义的语言，它涵盖语言的结构、使用及其变迁。宏观文化语言学层面的文化概念涵盖除语言之外文化人类学广义文化概念所包含的所有内容。在语言与文化的关系研究上，宏观文化语言学做了系统性的理论探索。

（二）宏观文化语言学关于语言与文化关系的理论探索①

如果说哲学的基本问题是思维与存在的关系，那么，宏观文化语言学的基本问题就是语言与文化的关系。宏观文化语言学在这个层面上做了从语言到文化、从文化到语言的系统研究，试图揭示文化与语言形成、使用、发展的规律，为系统解释语言与文化关系做了理论上的探索工作。如，关于语言与文化关系的研究

① 部分观点来自张公瑾：《文化语言学发凡·理论篇》，云南大学出版社，1998年。

(从语言到文化的研究)，宏观文化语言学认为：

宏观文化语言学中的语言是广义的语言，它不仅包括语言的本体（语音、词汇、语法、修辞、篇章，）也包括语言的功能，及其他们的产生、现状与发展。宏观文化语言学的研究内容是：研究语言本体与功能的共时状态及历时演变与外部世界即文化的关系。宏观文化语言学与以往语言学流派最大的不同在于，不是就语言研究语言，而是把语言放入外部世界这个大的文化背景中，去全面考察它各个要素与文化之间的互动关系。在研究方法和理论的来源上，所有的语言学流派（历史比较语言学，结构主义语言学，人类语言学，类型语言学，转换生成语言学……）的理论与学说，以及这些流派得以产生、发展的原因及条件，都可以放入外部世界这个大的文化背景中去系统考察，成为文化语言学研究的内容和理论方法来源。

关于文化与语言的关系研究（从文化到语言的研究）上，宏观文化语言学认为：宏观文化语言学中的文化是广义的文化，它包括文化的各个组成部分（物质文化、制度文化、精神文化），以及这些部分之下的所有分支。宏观文化语言学研究这些文化现象的立体结构，以及它们发生、发展、变化的过程及规律。与普通文化学不同的是，宏观文化语言学必须把这些文化现象和与它们相对应的语言现象（这些文化现象相对的语言表叙形式和对语言本体、语言功能的影响）相联系，从另一个侧面揭示语言与文化的关系。在理论与方法上，几乎所有文化学研究流派的内容和方法、理论与观点都可以引入宏观文化语言学领域，探讨它们与语言现象的关系。这是宏观文化语言学理论与方法的另一个来源。如：进化论带来了人们对语言谱系树的认识，文化传播学说带来了语言传播说、语盟说，马克思辩证唯物主义带来了马克思主义语言观，文化相对论、多线进化论、协同进化学说带来语言价值相对论，亨廷顿《文明冲突论》带来人们对语言冲突的关注，等等。

在文化对语言结构的影响上，很多专家学者做了具体的研究，基本结论可做如下概括：

社会存在和人的实践（广义文化）会以语言的形式来表达与交流，具体的文化会影响具体的语言要素（语音、语法、词汇、修辞、文体、语用……），同时，语言在人们思维与社会实践的使用中，又在一定程度上影响人们的思维与实践。具体关系详述如下：

1. 文化对语言的影响：

（1）文化对语音的影响：不同人类共同体的体质与社会环境特点塑造了他们各自语言的音位体系。音位体系在不同的语言中各有特点，在不同语言中的功能与规律也不相同，一个语言的音位体系会影响该语言音节与语义的结合特点，进而可能影响该语言的语法形式。

（2）文化对语法的影响：每个语言都有自己的语法形式，同一客观现象在不同语言中的语法记录形式是不同的，但语法形式与语言其他要素的结合可以表达任何意思。语法的意义与形式是可以变化的，语法形式的共性与特性是在社会文化特点及语言自身结构特点的共同作用下发生与发展的。

（3）文化对词汇的影响：语义系统受社会实践影响最大，是语言中最易变的部分。语义与语言的其他要素结合，共同行使语言的交际功能。语义系统能使语言表达带上文化的色彩，但并不决定思维的方向。语义系统的研究是文化史研究的绝好材料，也是语言规划、语言学习研究的重要领域。

（4）文化对修辞的影响：每一种语言都有与其他语言相同的修辞手段，也有建立在自己语言（语音、词汇、语法）特点之上的特殊修辞形式，它使语言表达带上民族的特色，但不决定思维。

（5）文化对文体的影响：每一个语言的文体都可分为韵文和散体文。韵文与语言的语音、语法、词汇特点密切相关，而散体文的特点主要表现在文化的传统和社会发展阶段上。对文体共性与特性的研究在文化研究、语言教学研究中有实用价值。

（6）文化对语用的影响：一个民族的价值观念、是非标准、社会习俗、心理状态、思维方式等文化因素会隐含于一个语言的语用中，本族人往往“习而不察”，只有通过语言和文化的对比研究才能发现其特征

2. 语言对文化（思维与社会实践）的影响：

（1）语言与概念：人们依靠语言固定认识活动中产生的概念。

（2）语言与逻辑：人们运用语言进行逻辑推理、深度思维。

（3）语言与实践：语言伴随着人们的实践活动，促进着人们的实践进程。

（4）语言与文化：文化是人类实践的过程与成果，语言是文化形成过程的重要工具，是文化成果的重要载体，但语言对思维、对文化的影响不是全程的、全方位的，语言不决定文化。

三、政治经济学层面上的文化概念与双语社会化研究

（一）政治经济学层面上的文化概念

政治经济学的研究核心是研究经济基础与上层建筑的互动关系。二者互动的基本规律是：经济基础决定上层建筑，上层建筑反作用于经济基础。上层建筑分为政治上层建筑（政治、法律制度与设施，核心是国家政权）和社会意识。社会意识分为社会意

识形态（与经济基础关系密切的思想基础：政治法律思想、艺术、道德、宗教、哲学、科学……）和社会心理（情感、风俗、习惯……）。政治经济学所研究的所有对象（地理、人口、经济、政治、文化）属广义文化概念，其中特指的文化概念指社会意识，包括社会心理和社会意识形态，属狭义的文化概念。

在共同地域生活的不同语言族群，在长期的经济接触、社会接触、语言接触过程中，学习或习得了对方的语言，我们称之为双语现象。双语学习行为导致双语教学活动的出现，双语教学活动的出现导致双语学习行为质与量的提高，双语学习质与量提高到一定程度会导致社会的双语化。这中间的每一个过程都是在一定的社会环境中发生的，与社会诸因素有着密切的关系。

（二）社会诸因素与语言生活的基本关系

斯大林从对西方资本主义上升时期的民族研究中得出结论："民族是人们在历史上形成的一个有共同语言、共同地域、共同经济生活以及表现在共同文化上的共同心理素质的稳定的共同体。"这一论断"是对资本主义时期形成的西方民族的科学总结"。我们称之为斯大林关于民族四个特征（或称四个要素）的著名理论。在这一著名理论中，我们可以看到语言在民族特征中的重要性，也可以体会到语言要素与其他三要素之间的关系。联系辩证唯物主义社会发展基本理论，我们可以得出以下结论：

1. 地理环境与语言生活的关系

在共同地域共同生活的人们共同体，在长期共同的经济生活、社会生活过程中，选择、发展、形成了统一的语言，最终形成了有共同语言、共同地域、共同经济生活以及表现在共同文化上的共同心理素质的稳定的共同体。比如，在中华大地上，西有帕米尔高原的阻隔，西南有喜马拉雅山脉的屏障，北有蒙古荒漠的隔离，东南有太平洋的环绕，形成了一个相对独立的地理单元，为中华民族的孕育发展提供了地理上的条件，在这个地理单元内，占人口 93% 的汉族的语言成为主要的通用语言。再如，由于青藏高原地势较高，形成了藏民族占 98% 的藏族聚居区，藏语成为当地区域性通用语；新疆因为与内地之间大漠的阻隔，在新疆南疆也形成了维吾尔族相对聚居的区域，维吾尔语成为当地主要的地区性通用语。

2. 人口因素与语言生活的关系

人的存在是这个世界有意义的前提。在一定的地理条件下生存的人是人类社会得以存在的第一条件。人在一定地理条件下的数量、质量、分布，都将影响某一语言使用的人口数量、语言的传播能力、语言文字的发展水平、语言对信息的承载量。

3. 经济因素与语言生活的关系

生产力的发展是人类社会发展的根本动力，同时也是语言发展的根本动力。一个民族的经济发展水平决定了该民族语言的地位与传播能力。在农业社会，中国高度发达的农业文明使汉语成为中华大地及其周边区域传播能力最强的语言，直到今天，汉语仍是作为母语使用人口最多的语言。在工业社会，中国曾远远地落后于西方，所以英语成为当今作为第二语言使用人口最多的语言。中国改革开放以后，经济有了较大的发展，汉语在世界上的地位也有所提高。

4. 政治因素与语言生活的关系

政治指由一定物质经济结构的基础所决定的政治上层建筑及其结合方式，它的核心是国家政权，本文中所说的政治因素指政治结构状况。政治因素是经济基础的反映，同时，又对经济基础产生强大的反作用，对语言生活也同样发生着强大的影响力。国家政治秩序的有序与否影响着语言生活的有序与否，混乱的政治秩序往往导致混乱的语言生活。比如苏联解体前后的政治生活与语言生活。

5. 文化因素与语言生活的关系

文化因素是一定经济、政治基础上形成的社会意识，同时又对前者产生强大的影响，对语言生活也产生着重要的影响，其中宗教和文学与语言的关系尤为密切，因为，宗教在精神文化中处于十分重要的地位，对民族心理的塑造与维系发挥着重要作用，而宗教活动与语言活动是不可分离的。文学本身就是语言的艺术，离开语言无所谓文学。

犹太人被遣散到世界各地一千多年，基本上都转用了当地的语言，但当1945年以色列建立，他们从四面八方汇聚到以色列时，又重新恢复了自己的语言——希伯来语。原因是希伯来语一直是犹太人诵读犹太教经典、向自己的神祈求祷告的语言。

从以上概括中，似乎可以得出以下简单的因果链，地理环境+人口→经济结构→政治结构→社会意识结构，而这每一个因素都对双语现象发生着影响，但现实生活中它们的运动方式则可能复杂的多，在这里可以至少提出两条：

（1）所有结果都不可能是它前面那一种原因的直接反映。双语现象的发生与发展也一样，往往是不止一种原因造成的，而是由多种原因综合起作用导致的，当然，在具体双语现象的发生发展过程中、各种因素所起的作用与彼此的搭配形式则可能互不相同、各有特点。

（2）后果往往对前因产生强大的反作用，一定程度上又成为前因继续发展变化的原因，当我们探讨社会因素对双语的作用时，不要忽略双语对各社会因素的反作用。

弄清楚社会诸因素与双语现象之间的互动关系，会帮助我们对双语的社会化问题有较为具体详尽的了解。当我们运用这些规律认识双语问题，处理双语问题时，就会有全局的意识、系统的观念，避免表面化与片面性。

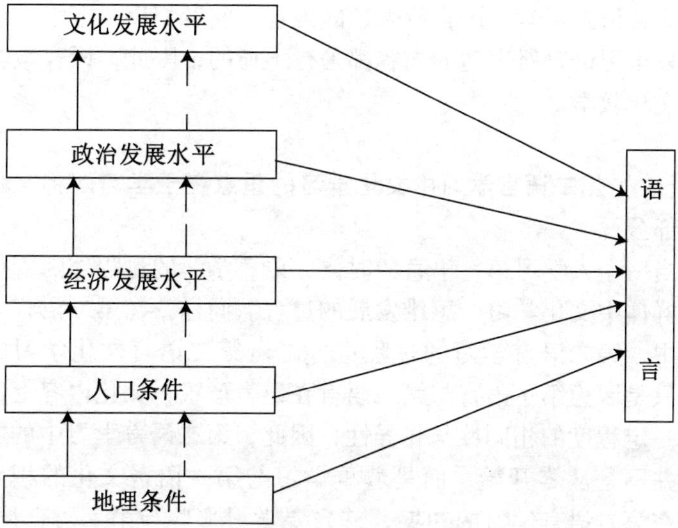

社会诸因素与语言的关系

四、双语教学中文化教学与文化概念的关系

语言教学中语言与文化的关系表现为以下方面：

（一）语言的形式与语言所表达的内容就像一张纸的两面，是不可分割的

语言分为语言形式与语言内容两个部分。在语言的实际使用中，没有零形式的语言内容，也没有零内容的语言形式。语言的形式与语言所表达的内容就像一张纸的两面，是不可分割的。语音、词汇、语法这些纯语言形式，只是表达内容的载体，剔除语言所承载的内容、文化含义，文化背景，语言所表达的信息就难以形成，即使语言很规范，也未必能有效传递信息。语言学习光

学习语言形式不学习语言所表达的内容，或者相反，不学习语言形式只学习语言所表达的内容都是行不通的，因此，语言教学离不开文化教学。

（二）第二语言学习中文化学习的重点在于学习两种文化的差异部分

当一个人学习第一语言的时候，语言学习的过程伴随着他在所处群体中文化学习、思维发展的过程。同样，在第二语言学习过程中，第二语言学习的过程也伴随着第二语言文化学习的过程。只是因为第一语言与第二语言在语言形式、文化内容上都存在着一定程度的相同性与相异性，因此，第二语言学习中的文化学习并不是从零开始，而是着重学习与第一语言文化的相异部分。在第二语言学习的初期，首先要学习那些与第二语言词汇、语法、语用密切相关的第二语言文化因素，我们称之为交际文化。在第二语言学习进入中高级阶段以后，学生将面临在目的语社会中真实的生活、工作与发展。在这一时期，与目的语社会相关的知识文化将发挥重要作用。

（三）第二语言学习的目的在于通过语言交流进行文化交流的实践

提起第二语言文化的学习，人们不免会首先把它与关于第二语言文化的知识、理论学习联系在一起，其实，第二语言学习的最大魅力在于通过语言交流达到文化交流的实践，而不是首先在于第二语言文化知识与理论上的学习。关于第二语言文化知识与理论的学习很重要，但目的是更好地指导语言交流、文化交流的实践。关于这一点，长期脱离目的语环境的第二语言学习者和第二语言教学工作者尤其要有清醒的认识。

（四）语言交流、文化交流实践所涉及的文化必然是广义的文化

语言交流的目的是文化交流，而文化交流所涉及的文化概念必然是广义的文化概念。要通过语言了解另一个民族的文化，必然要了解这个民族的人种体质、自然环境、社会环境，了解他的经济基础、上层建筑、社会意识、社会心理，了解他的过去、现在、与未来。专家学者可能采取正式的、书面的、系统的方式来了解。专业人士可能倾向于了解与自己专业相关的知识，普通人可能更多地通过口头交谈、实际接触，非正式、非系统地了解这些内容，但他们都有一个共同特点，那就是他们一定是从社会存在、社会意识的角度，从广义文化的角度来了解这个民族。所以在第二语言教学的过程中，除了教学生目的语以外，还要让学生了解目的语民族的人口、地理、经济、政治、文化，给学生介绍这个民族的宗教、文学、艺术……。第二语言教学所教授的第二语言的知识文化属于目的语社会的广义文化范畴。

（五）文化教学中的交际文化属于狭义文化概念

在第二语言教学中所进行的文化教学分为两部分：知识文化教学与交际文化教学，知识文化教学介绍与目的语、目的语民族相关的一切背景知识，属于有关广义文化的系统知识与理论。交际文化教学主要介绍与词汇、语法，尤其是与语用联系紧密的文化因素，主要与政治经济学层面的社会意识与社会心理相关，属狭义文化概念的范畴。吕必松先生在新加坡华文研究会主办的世界华文教学研讨会（1989 年）上曾指出：“所谓交际文化，我们也可以理解为隐含在语言系统中的反映一个民族的价值观念、是非标准、社会习俗、心理状态、思维方式等的文化因素。这种文化因素因为是隐含着的，所以本族人往往‘习而不察’，只有通

过语言和文化的对比研究才能发现其特征并揭示出‘文化差异’规律。”①

在这里我们援引周思源教授《对外汉语教学与文化》一书中的例子②：有一个中国人在作报告时开场白这样说：“今天我来谈一谈汉语句型研究的问题。我对这个问题的研究还刚刚开始（事实是已经搞了好几年），水平也不高（其实他的研究是国内领先的水平），今天随便来讲一讲（其实作了充分的准备），恐怕会耽误大家宝贵的时间（心里想听众肯定会有收获）。他真是觉得自己水平不高吗？他真是觉得“耽误”听众的时间吗？如果不是，他为什么这么说？这么说的含义是什么？潜台词是什么？这是一种什么样的思想观念和心理特征？这就是文化的差异要研究的问题。此类问题绝不是一个两个，它贯穿在整个汉语语言体系中。文化差异的基本内容至少应该有思想观念、心理特征、生活方式、风俗习惯四大方面。

① 吕必松：《关于教学内容与教学方法问题的思考》，载《语言教学与研究》1990年2期。

② 周思源主编：《对外汉语教学与文化》，20页，北京语言大学出版社，1997年。

语言模糊性理论的浑沌学解释

梁　婕

一、语言模糊性理论概述

语言的模糊性，是语言学的一个重要研究领域。过去几十年里，国内学者在语言模糊性研究领域取得了丰硕成果，发表了大量专著和论文。这些成果的研究对象十分广泛，包含人类语言的语音、语义、词汇、句法、语用等方方面面，已经形成了一个较为系统的模糊语言学研究体系。

国内学者也比较重视模糊语言学的理论研究，对语言模糊性的定义、产生根源等问题纷纷进行解析。但是，对于上述问题，一些学者持狭义模糊观，另一些学者则持广义模糊观，并没有形成统一的认识。

例如，对于语言模糊性的定义，有的学者倾向于对模糊性作狭义的理解，即主要探讨语义界限的游移。而有的学者则认为这些人是受查德模糊集理论①的影响太深，故而仅把模糊性限定在边界状态模糊这一范围，他们认为应该拓宽语言模糊性研究的领

① 1965 年美国加州大学教授查德（L. A. Zadeh）在《信息与控制》上发表了“模糊集”一文，并提出了“模糊”（fuzzy）这一概念。自此以后，模糊理论广泛应用于多种学科，语言中的模糊性也越来越受到人们的重视，模糊语言学也渐渐发展成一门独立的学科。

域，把边界模糊仅当作模糊的一种类型，而把概括性、随机性、歧义等语言现象包括在自己的势力范围之内，因为这些现象之间相互联系、相互渗透。还有学者认为模糊性是人类思维的本质特征之一，作为人类“思维的直接现实”的语言不可避免地带有模糊性的特点。有的学者还对语言模糊性做出了符号学解释，认为模糊性必须从符号（词）、符号所指对象和符号使用者这三方面来考虑，进而对模糊性所下的定义是：模糊性就是符号使用者所感到的他使用的某个符号的所指同他所指的一个或一个以上的对象之间的关系的不确定性。也就是说，模糊性既非客观事物的属性，也非符号的属性，而是这二者之间的关系上的一个特点。

与此相对应，对于语言模糊性的产生根源，一部分学者认为，语言符号的模糊性来源于事物的模糊性；另一部分学者认为，语言的模糊性源于人类认识的局限性；还有一部分学者认为，模糊性是语言符号本身的基本属性。有的学者则认为以上三种观点本身都有失片面，认为语言之模糊性的产生，与这三方面都有必然联系，但这三方面的地位作用是不等同的：客观事物的连续渐变性是语言之模糊性产生的条件；语言符号本身的属性是语言之模糊性产生的直接原因；人类认识的局限性是语言符号产生的根本原因。

二、语言模糊性理论的浑沌学解释

在各种模糊学科竞相登场的今天，关注一下语言领域里该建立一种什么样的模糊理论，肯定是很有意义的。在上述“意见不一”的研究成果基础上，我们不妨转换角度，尝试对语言模糊性理论做浑沌学的解释，期待能够引出新的思考。

在西方，最早注意到模糊现象的是公元前 4 世纪的古希腊哲学家尤布利德斯（Eublides），他提出了著名的“连锁推理悖论”（Sorites Paradox）。尤布利德斯的“连锁推理悖论”以很多种形式流传下来，其中最常见的两种是“麦粒堆问题”（Paradox of the Heap）和“秃头问题”（Paradox of the Bald）。“麦粒堆问题”讲述的是：麦堆是一个模糊概念，一粒麦子自然不能构成一个麦堆，但是要多少粒麦子才能构成一个麦堆，这是谁也无法判断的事情，因为数字是精确概念，而麦堆却是模糊概念，用精确概念衡量模糊概念，自然构成悖论。古老的秃子悖论的性质同麦堆悖论类似：假定一个人原来不是秃子，他的头发一根根地脱落，最后才变成秃子。于是有人争辩说，一定有一根头发，由于这根头发的脱落，便使他变成秃子。这种说法自然是荒唐的：秃头是一个模糊概念，有一些人肯定是秃子，有一些人肯定不是秃子，而处于这两者之间的一些人，说他们必定要么是秃子，要么不是，显然是不对的。英国著名哲学家罗素深入分析了“秃子悖论”，指出“排中律用于精确符号时是正确的；但是当符号是模糊的时候，排中律就不合适了”。至此，以亚里士多德所提出的排中律为基础的认为事物非此即彼的二值逻辑受到了挑战。

可见，模糊理论之所以适用于语言模糊性的研究，其根本原因在于语言范畴实际上就是某一个论域中的模糊集合。我们认为，语言本质上是一个特殊的浑沌系统，而浑沌是具有确定性的非线性系统，所以语言的模糊性研究，应立足于对主观世界和客观世界、宏观世界和微观世界的模糊性研究的全方位多维结构，而不应只满足于局部的平面性的线性的研究，应避免成为只注重争论言语内涵与外延的“界限”的理论。

语言的模糊性已经引起了很多人的关注，其存在也越来越受到大多数人的认同，人们对于模糊性的根源这个有争议的问题也变得热衷起来。虽然很多学者都对此发表了自己的观点，但是对语言模糊性形成的原因始终未能达到统一。可以肯定的是，模糊性的形成不是单一原因引起的，笔者认为，也应从多维度诠释语言模糊性的原因。

客观世界是复杂和多样的，人类的思维具有模糊的特点，语言与操这种语言的人的思维方式具有自相似性，语言就不可避免地会带上模糊的色彩。从自然语言的内部机制看，不论从语音、语法，还是从词汇上考察，我们都可以得出“模糊性是自然语言的一个重要属性”这一结论。由物质组成的世界在本质上是连续的、动态的，但是用来表示这些物质的思想却是零散的，当语言反映这些思想时就出现了模糊不清的现象。

另外，语言是以符号系统承载人们的交际和思维。系统虽然是非线性的，但是系统自身又具有适应性和自组织性。一个复杂性系统往往在没有外界的特定干预下就可以获得空间的、时间的或功能的结构。系统的自组织性是涌现现象[①]的源泉，也就是浑沌学所认为的，当一种旧的平衡被打破时，系统总是借助于内外的能量进行自我调节，使平衡破缺趋于新的平衡，这种新的平衡会吸纳平衡破缺中与原有平衡里的许多要素，使新的平衡更为复杂。这显然也是语言模糊性产生的根源之一。例如一种词语之间内在的语法关系的变化，会导致成分之间边界的创立、转移或消失，并改变句法结构的深层关系。

最后，如果说语言的模糊性是绝对的、普遍的，那么语言的精确性是相对的、有条件的。浑沌学认为一个动态开放性系统中既包括有确定性的系统，同时又包括不确定的系统，两种子系统在系统运行中相互作用、转化和影响，在系统范围内进行重组和调整。语言的模糊性和精确性这一对矛盾中的双方也在一定的条件下向它的对立面转化。当然，这种转化也只是一种相对的转

① 所谓涌现是指因个体的自发行为而导致系统整体行为或新的结构、功能出现的现象。

化，因为模糊与精确本身就是相对的。需要肯定的一点，精确化的追求是人类语言发展的必要阶段。但我们应该看到，试图对客观事物进行清晰和条理分明的范畴化和系统化描述，会因为描述这些复杂过程的自然语言本身无法达到清晰和精确而无法实现。

习语形成过程中的浑沌学视读

韩江华

习语的形成过程也就是习语喻意的形成过程。在这一过程中涉及一系列的语义运作。在这一系列的语义运作中表现出了诸多的浑沌特性。对这些浑沌特性的解读将有助人们全面而深入地了解习语的形成过程。本文将从以下几方面来对习语形成过程中表现出的浑沌特性进行深入的解读。

一、耗散结构模式：习语喻意的形成模式

习语的产生过程是一个字面意义不断耗散、熵值不断增加、致使字面意义的使用频率无限接近消失的临界点；同时喻意使用频率不断提高、熵值不断降低，从而逐渐取代字面意义成为习语语义中心的过程。在这一过程中，在远离字面意义这个固有语义平衡点的非线性区域里，喻意通过不断地和外界进行能量交换，即不断地应用于人们的日常交际中，逐渐被使用该语言的人们所认可。与此同时，在语义涨落的作用下，突破习语语义的平衡态，使习语的语义从平衡态到近平衡态，再向远离平衡态推进，最终导致习语语义的非平衡变相，从而使喻意逐渐取代字面意义的主体地位而成为习语的语义中心，形成一个新的语义平衡点。习语的主体语义从字面意义移向喻意，并以喻意为中心点形成一个新的有序的语义平衡点，是习语从字面意义转向喻意的语义转

换过程。概念整合是实现这一语义转换的重要手段，而这一过程的实现则是一个框架转换与语义跳跃的过程。这整个过程是一个典型的耗散过程，而在此过程中形成以喻意为核心的新的语义中心的模式则是一个典型的耗散结构模式。

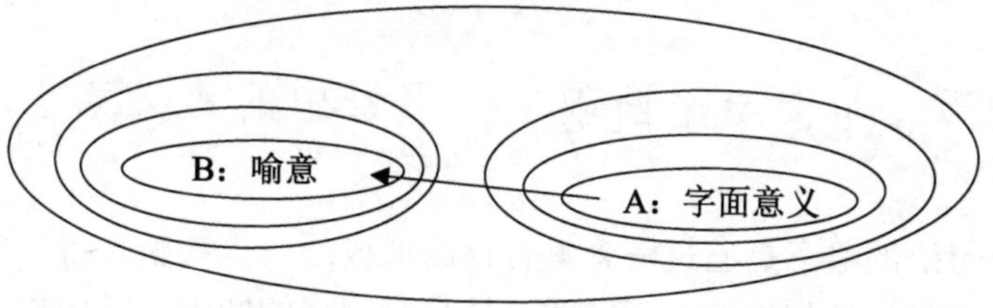

耗散结构模式

在习语的形成过程中，习语的字面意义不断被耗散，熵值不断增加；同时，喻意被不断使用，熵值不断降低。这一过程导致习语的语义中心从字面转向喻意，最终形成以喻意为核心的新的语义中心。

二、内部随机与外部干扰：习语喻意的形成

习语喻意的产生和形成过程是一个内部随机与外部干扰共同作用的结果。所谓内部随机是指，单从语义发展变化的角度看，喻意的产生和形成，具有多种可能性，一个特定的语言单位可能产生和形成这样的喻意，也可能产生和形成那样的喻意。一个喻意可以赋予这个语言单位，也可以赋予那个语言单位。所谓外部干扰是指民族文化模式和认知模式对习语喻意产生和形成的导向性作用。在这些诸多可能性中，在文化模式和认知模式的作用下，最终只有一种可能性成为了现实性。如同样是黑色，在汉语中被赋予了非法的喻意，但在彝语中则被赋予了高贵之意。同是

红色，在汉语被赋予了喜庆，美好的喻意，而在英语中常常表示警告。同样是表示吉祥，汉语选择龙，而泰语则选择大象，同样是表示用于套住别人的利益，汉语选择金链子，而英语选择金手铐，等等。

三、平衡与平衡破缺：习语中的语义竞争

习语的喻意是通过概念整合得以形成的。概念整合得以实现的关键是构建相应的心理空间，从长时记忆的知识表征中提取出符合某一特定语境的信息，在整合空间中形成有别于输入空间的新显结构，从而实现话语的在线理解，最终完成概念整合，形成一个新的认知概念。通过概念整合过程形成的新的认知概念即为习语的喻意。习语的喻意刚产生时带有随机性和不稳定性，它的发展也就具有浑沌性。

语言是开放的非自足的平衡系统。习语的喻意产生后，使语言中的意义表达出现了新的可选形式，这必然打破语言内部原有的语义平衡局面，导致语义竞争。通过语义竞争，语言内部各表达单位会出现语义的调整与重新分工，从而达到新的语义平衡以保持语言系统的稳定性与生命力。

语义竞争中，首先习语喻意和字面意义之间会产生一种竞争。在二者的竞争中由于喻意富于表现力和吸引力，往往成为竞争中的胜利者。习语喻意表现出极为强势的生命力，当人们提到某一习语时，在大脑中首先想到的是它的喻意。如当人们提到汉语习语“铁饭碗”时人们首先想到的是它的喻意：在一个好的单位或部门上班，工作稳定，收入无忧。只有在特定的语境中，如眼前放着一个真实的用铁铸造成的碗或看到相关的图片录像亦或说话人特别指明时人们才会想到“铁饭碗”的字面意义。换

言之，习语的字面意义只有在特定的场合才会被使用，而喻意的使用范围和频率则远远高于字面意义。

除此之外，习语的喻意还会和语言中表达和习语喻意相同意义的固有语言单位之间产生竞争。在这一语义竞争过程中，往往会因不同的习语而导致不同的竞争结果。

一是习语喻意完全胜出，习语的使用率远远高于固有语言单位的使用率，固有语言单位几乎不被使用。如习语“下岗”一词出现后，便被应用到了各种场合，无论是法律文书还是政府公文，无论新闻报道还是文学作品都在使用“下岗”一词。而固有语言单位“失业”一词则很少被使用。

二是习语和固有语言单位实现表达的分工，各自使用于不同的领域或语境中。如习语“炒鱿鱼”一般被用在口语交际、文学作品以及新闻报道中。而在正式的法律文书和政府公文中则会使用固有语言单位“解聘”。换言之在这种情况中，习语与固有语言单位存在一种互补分布状态。

三是习语和固有语言单位在竞争中势均力敌，各自使用与否取决于语言使用者的偏好。如习语“黑市交易”与固有语言单位“非法交易”，二者的使用取决于语言使用者的偏好，使用者偏好于黑市交易则使用黑市交易，使用者偏好于非法交易，则使用非法交易。换言之，二者可以自由替换。

四、整体把握原则与习语意义的理解

传统的语言分析都是采用组构的观点来分析现实中的语言。在组构观的导向下，语言学家们认为一个语言单位的意义是由构成这一语言单位的各成分所含的意义以及这些成分的组合方式决定的。但在现实中很多语义的表达单位并非是组构性的。这些非组构性的语言表达单位的意义是不能用传统的线性分析方法通过解析构成这些语言单位的各个成分的意义和分析它们的组成关系来得出的。这就需要我们采用整体把握的方法来进行审视。

习语喻意就是一个非组构过程的产物。我们不可能通过对习语构成成分的语义的解析以及对这些成分的组合方式的分析计算出习语的喻意来。习语的喻意是通过将不同输入空间中的有效信息进行整合，并唤起大脑中长时记忆的相关知识表征，在整合空间中形成新显结构而形成的。各类参与新显结构形成的相关信息是通过一种非线性整合方式形成为一个新的整体。因此要正确理解和掌握习语的喻意就必须要把这些信息看成一个整体，从整体上来进行把握，而绝不能采用组构性的线性分析方法来分析。如习语“金融鸦片”，这一习语是由金融和鸦片两个语言单位组成的。金融是指价值流通，而鸦片属天然麻醉抑制剂。如果按传统的线性分析法很难得出习语的喻意：用于骗人的金融衍生品。因为这一喻意是通过概念整合以非组构性的方式形成的。我们只有从整体上来把握，了解金融衍生品和鸦片之间的共同特点，即都会给人带来危害与损失。在这一共性的基础上，人们长时记忆中的相关信息被唤起，构建了相应的心理空间，在整合空间中形成新鲜结构，从而完成概念整合，形成新的概念。

五、语义涨落与近平衡态：习语语义的表现常态

语言是一个开放性系统，是在使用过程中随着实体世界的变化发展而不断演进的。因此作为语言子系统之一的语义系统并不是一个凝固不变的系统。随着原有所指的消失，新的所指的产生，语义系统将会不断地调整，以适应实体世界的不断变化，从

而保持语言的活力度，确保交际功能的有效性。语义的不断调整最为典型的实现方式就是语义的涨落，语言单位的语义围绕其语义中心上下波动，呈现出一种近平衡态以维持语义系统的稳定性。但是一旦受到来至语言内部或外部的某种力量的干扰，语义的涨落突破一定的阈限出现非平衡变相时，便会产生语义的转向，进而引发语义系统内部新一轮的重组。经过重组后语义系统将重新回到相对稳定的状态。

习语喻意形成后并不是一个绝对稳固的语义单位。它也会随着实体世界的变化而逐渐调整其所指，出现一种围绕其喻意中心上下涨落的近平衡态。有时会出现所指范围缩小的现象，有时则会出现所指范围扩大的现象。

浑沌学视界中的新感觉派

雷　蕾

浑沌学是继相对论和量子力学以来20世纪科学的第三次革命。伴随计算机等技术的飞速进步，浑沌学已发展成为一门影响深远、发展迅速的前沿科学。

浑沌学研究方法已经被广泛应用于物理、医学、经济、气象、艺术等领域，并取得了瞩目的成果。自然界是统一的整体，在自然科学中有确定论及概率论两套描述体系，牛顿以来的科学传统比较推崇确定论体系，而统计力学着重于概率描述。但完全的决定论和纯粹的概率论都是抽象的极限情形，真正的自然界介于二者之间。

对浑沌的研究帮助我们从更为实际的角度认识世界，使我们从确定论和概率论的根深蒂固的人为对立中解脱出来，人们对偶然性和必然性这些哲学范畴的认识也会随之深化。浑沌是决定性动力学系统中出现的一种随机运动，是非线性系统的普遍行为和通有运动体制。浑沌不是个别的，偶然的事件，而是普遍存在于宇宙间的各种各样的宏观及微观系统，万事万物，莫不浑沌。浑沌是关于过程的科学，而不是关于状态的科学，是关于演化的科学，而不是关于存在的科学。

浑沌学研究的是无序中的有序，是确定论中的不确定性，是整体的方向性和局部的非方向性，是在稳态与失稳中不断演化、原因非常简单，而结果又极为复杂的一类运动。浑沌运动在不同的时间和空间标度下，表现出相似的变化模式，在一个尺度上表现的随机现象，会以同样的形式在不同尺度上重复出现。浑沌系统在相空间总是收敛于一定的吸引子，由于对初值的极度敏感性，同宿点有无穷多个，系统演化沿方向和沿方向的结果将不一致，在一个无穷小区域内，物理规律对时间的方向具有选择性，即出现了可逆行为。20 世纪以来的中国文学是一个巨大的浑沌系统，新感觉派作为其中一个支系显得尤为突出。本文从浑沌学说出发，试图对诞生在中国 20 世纪 30 年代的新感觉派做出相应的阐释。

第一，任何一种新的文学流派的产生背景是错综复杂的，但只要揭开神秘的面纱总能发现其敏感地依赖于某种初始条件。初值的十分微小的差别在后来的运动中被不断放大，以指数的形式分离，导致未来状态极其巨大的差异，用惯用的语词描绘，就是“差之毫厘，失之千里”。这种对初值极度敏感的依赖性，就是美国麻省理工学院教授、浑沌学开创人之一洛伦兹讲的浑沌中最为本质、最为重要的特征蝴蝶效应。在 30 年代，中国社会矛盾加剧，阶级斗争风起云涌，文学直接表现社会生活形成了以左联为核心呼应“红色的 30 年代”的左翼文学，题材是描写现实革命斗争，着力表现无产阶级与其他劳苦大众生活的痛苦不幸和走向革命的必然历程，形成“革命 + 恋爱”的主题模式。此时远在东洋的以横光利一、川康端成为首的几个日本青年作家，接受欧洲现代派文学的影响，张起了现代主义的旗帜，这一微小的初始条件来到中国后“被夹在越来越剧烈的阶级斗争的夹板里，感到自己没有前途”的小资产阶级知识分子紧紧抓住，形成了 30 年代海派小说中不可忽视的一个组成部分——新感觉派。事实上日本的新感觉派于 1925—1926 年发展到高峰，后来由于本国的无产阶级文学运动蓬勃兴起，横光利一、川端康成等新感觉派的青年作家纷纷转向左翼文学，日本新感觉派的活动遂告结束。但就是这样微不足道的影响漂洋过海来到中国，为如火如荼的阶级斗争时代保留了弥足珍贵的文学声音。文学不再单纯地描写外部现实，而要力图把主观的感觉印象投注到客体中去，以新奇的感觉来创造“新现实”。而这些未受所谓主流文学影响的文学潜在队伍恰是最富于生命力、最有可贵远见的文学力量。80 年代中后期，以马原、余华、苏童为代表的“先锋派”的崛起在艺术手法方面做了积极的尝试。中国乃至世界文学中有无数的例子可以说明任何一种文学流派的出现都存在对其初值的敏感依赖性，“蝴蝶效应”在文学领域里屡见不鲜。

第二，文学创作作为一种浑沌运动，它是非线性系统的典型运动体制，是奇异吸引子上的运动。所谓奇异吸引子，它是通过微小的条件差异诱发系统的活力，使其变为非周期模式，从而创造了不可预测性，新感觉派的创作表现得尤为明显。对系统行为运动范围的控制和限制体现为三种不同的吸引子（Attractor）：不动点、极限环和奇异吸引子。前两者称为收敛性吸引子，起着限制系统运动的作用，使系统呈现出静态的平衡性特征；奇异吸引子则不同，它通过微小的条件差异诱发系统的活力，使其变为非周期模式，从而创造了不可预测性。以“新感觉派圣手”穆时英的《夜总会的五个人》为例，作者将五个人物聚集到周末的夜总会，展示了他们不同的命运：破了产的金子大王胡均益，失去了青春的交际花黄黛茜，研究《哈姆雷特》的怀疑主义者季洁，失恋的大学生郑萍，失业的市府秘书缪宗旦，在周末晚上走进夜总会，戴着快乐的面具，寻求疯狂的刺激。这五个人在出现在夜总会之前的生活轨迹中没有任何交集，但在奇异吸引子——“从生活里跌下来”的作用下，把他们的命运牢牢地捆在一起。小说写到第二天黎明出门时，胡均益开枪自杀。几天后，其余的四个人为他送葬。再以《上海狐步舞》为例，作者以速写的笔调，连缀了所扫描的从入夜到天明八个片断：林肯路暗杀、刘有德畸型家庭、刘小德与母亲（情人）舞场狂欢、工地砸死一人、华东饭店赌场龌龊，街头妓女拉客、珠宝掮客与刘颜蓉殊厮混、天明之前的街道。这篇小说的奇异吸引子是小说开头写下的“上海，造在地狱上的天堂!”，正是在其作用下，八个看似互不相干的场景同时出现在一篇小说中也就合乎情理了。文学创作中不乏奇异吸引子，也正是在奇异吸引子的作用下，作者可以突破传统思维的局限，把读者领入一个充满奇思妙想的艺术殿堂。

第三，新感觉派在文字表达方面表现出浑沌学所提到的“有序与无序”。在浑沌学中，“有序”与“无序”这对范畴是同确定性与随机性相对应的一对范畴。有序与确定性相对应，无序与随机性相对应。如果确定性和随机性是从人类可控角度描述现象的话，那么，有序和无序则是从现象的时空结构客观表征上加以考察研究的。还是以穆时英的《上海狐步舞》为例，其中关于舞场的描写是这样的：“蔚蓝的黄昏笼罩着全场，一只 saxophone 正伸长了脖子，张着大嘴，呜呜地冲着他们嚷。当中那片光滑的地板上，飘动的裙子，飘动的袍角，精致的鞋跟，鞋跟，鞋跟，鞋跟，鞋跟。蓬松的头发和男子的脸。男子的衬衫的白领和女子的笑脸。伸着的胳膊，翡翠坠子拖到肩上。整齐的圆桌子的队伍，椅子却是零乱的。暗角上站着白衣侍者。酒味，香水味，英腿蛋的气味，烟除……独身者坐在角隅里拿黑咖啡刺激着自家儿的神经。”在这一段关于舞会场景的描写，规范有序的语法几乎看不到，看到的只是短语和词汇的堆砌。而且这些词汇和短语的排列组合，从内容上也表现跳跃无序的特点，放弃了场景之景的连贯性叙述模式，这种由无数个破碎的画面构成的场景，反映出了都市人浮躁的内心世界。

第四，新感觉派的发展也是一种浑沌运动体制，是非周期定态。非周期性是浑沌运动的必要的特征，浑沌必定是非周期运动，但浑沌不是任意一种非周期运动，而是确定性的非周期性，是一种定态行为，不是过渡状态的非周期性，是系统在一切周期运动均失稳后，进入周期无穷大也就是非周期的运动体制。最初的新感觉派小说，以刘呐鸥、穆时英为代表，把追求新奇的感觉当作创作的关键，擅长运用“新、奇、怪”的表现手法。受到新心理主义的影响，新感觉派的另一代表作家人物施蛰存在人物、心理、环境等多方面都流露出传统的审美倾向。以其《梅雨之夕》为例，展示的是一个男子在街头屋檐下同一个素昧平生的姑娘一起避雨及主动送她回家时的一系列心灵的历程。最初，这个美丽的姑娘出现在街头的屋檐下时，他先是注视着、欣赏着，继而又对姑娘产生的不安情绪寄予了奇特的怜惜之感。天色将晚时，他主动送姑娘回家。后来雨停了，姑娘向他致谢告别，他却怨恨老天爷“何以不再继续下半个小时雨呢”。小说一方面表现出了主人公潜意识倾倒于对美丽女郎的追慕，带有浓厚的现代心理小说的色彩；另一方面，主人公又能够“发乎情而止乎礼”，明显地带有传统文化的基因。心灵的自由跳动与强烈的自控意识相交叉，正是中西两种文化相撞击的反映，也是施蛰存新感觉主义小说的一大特色。新感觉派的全盛时期并没有维持多长时间，在刘呐鸥和穆时英弃“文”从政之后，施蛰存又于1935年2月离开《现代》杂志。到此，这个来去匆匆的文学流派则像彗星一样悄然而逝了。每一个时段的文学流派都是唯一的，随着时代的变迁一去不再复返，被新的文学潮流所替置，没有周期，没有回转，是典型的非周期运动体制。

以上凭借浑沌学部分理论对新感觉派进行了窥探，浑沌学理论在文学领域中显示出了其强有力的发展趋势。任何一种文学流派都是一种浑沌运动，用浑沌学的方法可以为我们在更微细的视角上研究文学提供一个更为辽阔的思维空间。

北方“七小民族”语言保持态势：现状简述与初步解释

丁石庆

一、引　言

历经数年的中国北方人口较少民族语言使用现状的专题调研工作暂告一段落，部分阶段性成果已陆续颁布，后续工作还将根据可持续研究计划继续进行。在前期课题进程中，课题组始终紧扣立项之主旨和基本思路，以北方“七小民族”（达斡尔、锡伯、撒拉、鄂温克、鄂伦春、俄罗斯、保安）语言使用现状与母语保持模式为主要线索确定调查对象、调查地点，采用“因族不同，因语不同，因地不同”的原则和方法采集田野调查数据，并视“七小民族”的不同情况进行具体方法上的变通。由于不同的居住格局、不同的民族接触关系等因素可能会影响语言的使用，我们将调查重点确定为“七小民族”较为聚居的城区、村落、嘎查（牧村）或猎民村等。限于时间、人力、精力等关系，我们主要将此次调研的重点集中在语言使用现状和母语保持模式这两个核心论题上。

在具体调查过程中，我们特别关注个体语言使用背景，包括个体母语、汉语、双语等语言文字使用能力及特征，并关注制约个体语言使用差异的主要因素；重点考察了“七小民族”聚居区的母语环境和双语环境问题和母语单语人及母语转用者的主要分布及其特点。“七小民族”均生活在多元文化的环境和氛围中，他们的语言文字观和文化观也是我们的一个重要观察点。我们同时还选择了部分典型的民族杂居城区、村落、嘎查等，以考察“七小民族”与邻近的兄弟民族的语言接触及民族关系。另外，我们还对民族政策落实情况进行了附带调查，以考察作为少数民族自治地方的政治社会环境及国家的民族政策到位情况。

二、现状简述

从调研点所获得语言调查材料综合分析，“七小民族”的语言使用现状较为复杂，不仅不同民族之间的语言使用情况有所不同，即使是同一个民族内部，也因不同方言区，不同居住格局等都存在一定程度的交叉重叠和不平衡现象，甚至不同年龄、不同职业、不同文化程度的母语人之间也存在一定差异。但从整体上，我们仍不难看出“七小民族”语言保持态势在以下几个方面的同质性。

（一）“七小民族”聚居区均有主要以母语为主要交际工具的人群，甚至数量不等的母语单语型人群。

课题组调研的范围主要集中在“七小民族”的聚居区，且以民族人口比例相对较大的居住区域为重点。在这些地方均有许多主要以母语为交际工具的个体，他们自幼生活在这个环境里，绝大多数是农民或牧民等，以中老年居多，其中也不乏母语单语型人群。母语单语型人群可分为以60岁以上无教育背景的老人、40岁以上虽有教育背景但因各种原因导致“复盲”的人群及部分学龄前儿童等三类。他们主要分布于“七小民族”聚居村落和个别杂居的村落，与汉族和其他少数民族接触极少。职业上以农民为主，文化程度普遍较低。母语型人群由于生活半径较小，语言交流主要限于家人或同胞成员之间。在他们居住的村落范围内民族语或为强势语言，或为族际交际语，即使是与村落范围内长期生活的少量其他兄弟民族村民接触，也因交际对方大多是一些兼通当地民族语的双语人，交流上仍使用民族语。这三类人群分别代表了母语型人群的三个亚型：第一类人群因为年龄较大等原因不便外出行动。他们大多数时间主要居住于村落范围内或家庭环境里。他们以母语为惟一的交际工具，母语口语水平较高，可看作是典型的母语型人群，同时也是传统文化的主要传承者。第二类人群的特点在于虽普遍具有汉语文或其他兄弟民族语文学校教育背景，但由于他们接受教育时间一般不长（平均三到四年），所学语言基础知识不甚扎实，加上后来毕业回村务农，长时间失去巩固所学语言文字基础和继续教育的条件，致使他们出现了“复盲”现象。由本来可能发展为兼用型潜质者重新“回归”到母语型人群行列。从语言使用特点上说，他们的母语能力因“童子功”基础，加上长期生活在母语环境较好的区域而获得了长足的进展，母语口语水平与第一类人群接近。他们可视为是在向兼用型发展初期就“回归”为母语型的人群。第三类人群主要包括部分学龄前儿童。他们普遍具有自幼主要生活在上述区域，上学前主要由属母语型人群的父母或祖父母抚养或监护的经历或相关背景。由于特殊的背景，他们从小在单纯的母语文化环境中自然习得民族语，并受到浓厚的母语文化的熏陶和洗礼，为他们母语水平的发展奠定了重要基础。与前两类人群不同的是，由于他们的年龄尚小，智力发育不甚完善，他们的母语口语水平还很低。但他们是具有语言能力发展潜质的群体。如果在上述居住区域和语言环境中继续生活，随着年龄的增长，他们的母语口语水平将会有极大的提高。另一方面，随着入学后接受汉语文教育时间的增加，他们会逐渐成长为极富发展前景的双语人。

他们可视为具有潜质的母语型向双语型过渡的人群。

从调查数据上看，“七小民族”中的母语人群的母语习得时间和习得途径都很一致，即基本上是自小由长辈口耳相传，并在母语交际环境中经常使用而逐渐自然获得的。众所周知，语言获得中属自然习得的基础最为牢固和扎实，在这样的环境下习得母语的人一般都具有较强的语言能力。我们设想，占一定比例的聚居区的”七小民族”居民从小自然习得本民族语言，打下一个牢固的母语基础，等他们成人后他们也可能会在家庭环境中将母语传承于自己的后代，形成一个母语传承的良性循环。因此，在这样的环境下成长起来的母语人对母语能力主观评价也较高。

（二）绝大多数母语人群均兼用母语与汉语两种语言，有的兼用两种以上的语言，甚至兼用多种文字。

综合田野语言专题调研数据，“七小民族”中兼用型人群是主体，占据绝大多数。“七小民族”的聚居村落都程度不同地存在着兼用本民族语言和其他兄弟民族语言尤其是汉语的人群。兼用型人群在语言使用上有许多共性，那就是都能够程度不同地运用两种或多种不同语言，并在不同语言之间进行语码转换。但各亚型人群也存在不同特点，因两种语言熟悉程度不同而以更熟练的一种语言为思维语言，在语码选择的深度和自由度上可能由于自己的语言能力也有所不同。如民汉型人群可能会更多地使用母语中的固有词，或交替使用固有词和汉语借词。汉民型人群可能经常使用与汉语相应的新借词，在固有词和借词之间更多地会选择借词；而在双语使用过程中，他们可能会更多地穿插某些汉语词汇或相应的言语形式。

“七小民族”均具有语言兼用的历史传统。如达斡尔族兼用满、蒙、汉语言文字，锡伯族兼用维吾尔、哈萨克等突厥语言文字的历史都可追溯至清代或更早时期。而自 20 世纪 50 年代以来，“七小民族”双语人的第二语言或多种语言习得途径也日趋多样化。多数人主要在学校里通过教育途径学得，也有部分人在自然环境中与汉族或其他少数民族接触过程中习得。

（三）“七小民族”聚居区内存在着数量不等的母语家庭和母语社区。

家庭是一种语言使用的最小场合，也是母语保持的最后堡垒。同时，家庭环境也是母语传承的十分重要的一个途径。对像人口较少，且主要靠口耳相传来达到母语保持与传承的民族来说，家庭的母语传承环境或家庭母语氛围，家庭的主要成员的母语能力，他们的母语认同感和母语保持意识，以及各家庭成员在家庭环境中母语使用频率等，均是我们非常关注的问题。

调查数据显示：母语人母语能力的获得绝大多数人基本上是家庭或社区环境中自然习得的。从语言习得角度来说，自然习得的语言在各方面都凸现出其优越性。其保证了语言的传承中失真度的减少和习得者的扎实的习得根基。

在“七小民族”中，鄂伦春自治旗和额尔古纳俄罗斯民族乡的两个民族的家庭内部环境的母语环境发生了一定的变化，即家庭环境内母语的使用比例远低于前几个民族，而母语与汉语双语的使用及汉语单语的使用比例则大于前几个民族。其中，俄罗斯族是由于“文革”导致的语言传承断代造成的一种特殊的语言失却现象，另外也由于“文革”造成的俄罗斯语言使用上的心理阴影和心理定式延伸至今也在一定程度上形成影响。此外，还有一个原因就是因为这里生活的俄罗斯族及华俄后裔家庭成员的一方大多是汉族，他们有习得汉语的良好的语言环境和交际条件，家庭成员中除了一些年龄较大的以外，一般都能够熟练地使用汉语，因此，在俄罗斯民族乡的大多数俄罗斯族及华俄后裔家庭内部已经形成了使用汉语的习惯，使用俄语的家庭则占极少数。鄂伦春族的情况是由于“团结户”（即鄂伦春族与汉族或其他民族组成家庭）的增多使家庭母语环境受到一定破坏所致。

“七小民族”的调研点主要分布于农村或牧区，我们设定了诸如村落、干农活、举行民族活动等几个社区环境。另外，我们还想通过诸如日常谈话、讲故事和通过其他媒体等语言传播途径来了解”七小民族”的社区母语环境。从调查数据看出，除了在集市之外，其他场合，只要对方是本民族同胞，使用的语言绝大多数是本民族语。尤其是锡伯、达斡尔、撒拉、鄂温克族聚居的社区环境中，母语使用的比率占绝对优势，甚至这几个民族聚居区还常遇到一些兼通这几个民族语言的汉族或其他少数民族成员。鄂伦春族和俄罗斯族聚居区的社区母语环境和上述几个民族不同。由于这两个民族的母语人年龄普遍较大，加上由于各种原因家庭母语环境也发生了语言重心转移即由母语为主向以母语和汉语为主（鄂伦春族）以及以汉语为主（俄罗斯族）等变化，因此，这两个民族的母语人只是在社区范围内彼此问候、聊天等场合时才使用母语。而俄罗斯族的情况更为特殊，由于“文革”期间，中苏两国关系严重影响了中国俄罗斯族的语言使用，语言传承和社区环境人为地受到了隔断。目前，能够使用俄罗斯语的个体老龄化趋势十分明显。70 岁以下的俄罗斯族中能够熟练使用俄罗斯语的个体也很少，出现了与俄罗斯联邦强势语言发展势头反差较大的“语言濒危”现象。

（四）对母语均保持着浓厚的感情和较强的忠诚度。

有关语言态度的调查数据显示，“七小民族”的母语人群绝大多数表现出对母语的强烈认同感，体现在自己坚持使用母语，并要求子女和交际对象使用双语交流。他们对母语的使用多数基于较为朴素的母语忠诚、母语感情的基础之上，且对自己民族的母语保持的历史责任感及使命感的主观意识的基础之上。这和母语人中大多数都长期生活在浓郁的母语文化氛围中，从小受到母语文化的熏陶和浸染密切相关。从调查表中我们也看出，”七小民族”调查者以本地且以农村或牧区出生者为多，他们从小生活在传统文化相对浓厚的民族自治地方，且自然习得和接触母语，在逐渐成长为一个自然母语人的同时，也逐渐内化了本民族传统文化和母语忠诚、母语感情等传统意识。在我们有关语言态度的专题调查中，对母语有深厚感情的数据较高，甚至还有人认为自己使用母语完全出于将母语更好地传承和保持下去的意识。其中还有相当比例的被调查者还希望自己的孩子继续使用本民族语，且应达到母语流利的水平。许多人还提出保持母语的方法，即家庭内部必须使用本族语、学校应专设本族语课、必须创制文字形式等。

（六）“七小民族”的语言保持模式各具特色，从规模上可大致分为：个体模式、家族模式、社区模式、精英群体模式等；从自主意识形态上可分为：朴素模式、自觉模式等；从语种数量上分为：单语模式、双语模式、多语模式；从母语教学的视角可分为：学校教学实验模式、语言训练班模式等。

综上，在“七小民族”聚居区，具有一定母语能力的人群已普遍为中老年化甚至老龄化。实际上，此类人群无形中担当了母语传承、强化、保持的历史“使命”。在“七小民族”聚居区内的母语家庭和母语社区为母语传承和巩固提供了一定的环境，但同样也是由于人口数量的不同而多少制约了家庭和社区母语环境的数量与质量。如莫旗达斡尔族和察县锡伯族均有众多的母语氛围较为浓厚的母语家庭，甚至在达斡尔、锡伯、撒拉、鄂温克这几个民族的社区范围内的其他民族均有兼通这些民族语言的其他兄弟民族。而在人口稀少的鄂伦春族、保安族聚居区内母语家庭环境所提供的语言传承和巩固功能相对有限。

在“七小民族”聚居区，绝大多数人对本民族语言与文化普遍保持深厚的感情，而精英群体则是积极倡导并摇旗呐喊自主保护语言和传统文化的主要力量。

三、初步解释

（一）对语言保持“态势”的认识

所谓“态势”指的是一种状态，一种模式，同时又是一种演化趋势。这种状态在表现形式上，以及在时间表达上貌似共时，但实际上是历时与共时的综合反映，同时又是发展演化的新起点。

语言保持包括语言社会功能的保持与语言结构形式的保持两种形式。语言功能的保持包括一种语言在使用个体、家庭、社区，乃至学校教育方面的使用范围、场域及分布密度、操用频率等。语言结构形式的保持则指的是一种语言对母语初值（音系、基本词汇、语法结构、语义）的保留与传袭程度。因此，语言保持是一个历时与共时结合的集合概念，就是母语在社会功能和结构上的一种历时的延续和共时的平衡与发展”态势”三个点的汇合点。

从浑沌学的理论视角来看，语言保持也是一种非线性运动态。语言保持“态势”本身的形成是多重叠加的因素造成的结果，具体可描述和解释为：某种语言的保持“态势”就是对其固有语言结构初值的延续和经与周围各种语言在社会功能上博弈后的平衡与平衡破缺的结果；而语言保持的未来演化“态势”则更加充满随机性，其何去何从也由多重因素所决定，具有深层的原因和解释空间。

（二）“七小民族”语言保持态势是诸多客观因素多重叠加的历时结果

从浑沌学的整体观来看，“七小民族”的母语保持态势彼此各异并存在内部不平衡的普遍特征，这是多重叠加的因素造成的历时结果。其中，人口数量与分布密度、传统生产生活方式、行政区划性质、时代背景等是诸多影响因素中较为重要的客观因素。它们或以其中的一个因素为主，或以几个因素为主并同时辅之于其他因素交叉形成合力影响母语保持态势。如“七小民族”聚居区人口分布密度较大，甚至某些民族的聚居村落本民族成员接近100%。这种人口居住格局对语言使用尤其是母语的保持，母语环境的营造，以及母语强势地位的形成都产生了关键作用：聚居程度直接对家庭母语的传承、沿袭以及使用起到了重要作用。同时，对母语环境产生了十分重要的保护作用。人口聚居程度高，也在一定程度上促使母语的广泛使用，并使得营造一种频率较高的母语使用场成为一种可能。由于该语言场的成员具有较高的母语使用频率和水平，使得母语获得使用和发展的活力。无形中对母语环境起到了一种保护作用。另外，这种居住格局也营造了一种具有显著而富有特色的母语社区文化氛围，这种氛围也使在这个氛围内生活和成长的人受到传统文化的熏陶和浸染，逐渐成长为一个地道的母语文化人。传统生产生活方式在母语的传承和发展方面也具有不可忽视的作用。以仅有近三万人的鄂温克族为例，其内部因生计方式的不同而分为“索伦”、“雅库特”、“奥鲁古雅”三个部族。其中，分别从事狩猎和游牧方式的“雅库特”和“奥鲁古雅”鄂温克族母语保持状态较好，而主要从事农耕生产方式的“索伦”鄂温克族大多转用达斡尔语、蒙古语或汉语。另外，由于自治地方具有民族区域和作为主体民族的特殊政策，一般自治地方的母语环境较之其他居住区要好，尤其是母语和传统文化的保护条件要优于其他居住区。在“七小民族”中，除了俄罗斯族及华俄后裔处于乡一级的辖区外，其他几个民族的聚居区都处于旗县一级的自治区域，相对来说，这几个地区都是“七小民族”各自相对聚居的民族区域。这也是“七小民族”聚居区普遍都存在母语单语型人群的一个重要客观条件。由于有文字，并曾有过学校双语教育，因此，新疆察县的锡伯族的中老年的母语水平相比其他许多民族来说相对较高。因此，锡伯族的母语保持除了与具有相对封闭的地理位置和民族自治环境等因素有关外，还与使用传统文字和双语教育等有着更为密切的关系。

（三）“七小民族”的语言保持态势更是诸多主观因素多重影响的历时结果

在语言保持态势的考察中，操用语言人数的多与少，该语言的地位强与弱和使用范围的广与狭，包括上述客观因素等均具有重要的考量价值，但语言群体的观念及其自觉意识等更是其中重要的因素。如果民族或语言集团的全民都具有浓厚的母语保持意识，并在此基础上着力营造母语环境，对母语的传承和沿袭肯定会有帮助。我们在母语使用动机的调查中发现，母语人主动使用母语，着力营造母语环境的努力和具体行为起到了关键作用。

“七小民族”普遍强烈地认同自己的母语和本民族的传统文化。尤其是对自己的子女的母语水平的主观愿望和要求也反映出较强的民族语言认同感。他们不希望本民族语言在后代中失传，并希望自己的子女的母语水平应该达到熟练的水平。这种高度自觉的母语忠诚态度对母语的传承和发展也起到了重要的保护作用。

婚姻在成年人的生活中占有非常重要的地位，选择族际婚姻就意味着一方需要接受、适应另一方的语言文化，以便顺利实现再社会化的过程。对族际婚姻的看法可以在一定程度上反映出一个民族对本民族文化的认同程度。但是在适应对方语言文化的同时，自己的母语文化必然会受到影响。除了俄罗斯族和鄂伦春族以外，其他几个民族的相关专题调查的数据显示，这几个民族的家庭成员中以同民族为多。另外，还有一个值得注意的现象，就是虽然普遍认为异族婚姻不会影响民族感情，但对自己孩子的配偶的民族则有一半左右的人希望最好还是本民族，或者起码应该是少数民族。

另外，从民族关系文献材料来看，“七小民族”和周边民族的历史关系一直以和谐共处、团结共进为主旋律，这种民族关系氛围也为作为主体民族的语言地位的确立及使用提供了较为宽松的社会环境。

四、结　语

1. “七小民族”语言保持情况极不平衡，也较为复杂。以上的讨论是基于“七小民族”聚居区的母语使用群体的语言保持专题调查材料基础之上的共性特征的概括，没有过多涉及杂居区、散居区以及其他不同人群的语言使用情况。实际上，各民族聚居区之间也因为各种因素的不同而在母语保持上有一定差异，即使同一民族的聚居区内部也会同中有异。

2. “七小民族”语言保持现状就是对其固有语言结构初值的延续和经与周围各种语言在社会功能上博弈后的平衡与平衡破缺的结果。

3. “七小民族”语言态势的未来演化与发展趋势充满随机性，其何去何从也由多重因素所决定，具有更为深层的原因。鉴于此，我们目前很难对“七小民族”的语言态势的发展进行具体预测。

中国蒙古语言文化变异之探源[①]

曹道巴特尔

一、蒙古语言文化变异之脉络

蒙古人及其语言文化的变迁，经历过两次重要的历史性转变。第一次转变是从游猎社会分离出来，来到草原地带，融入匈奴、突厥影响范围，发展游牧语言文化。第二次转变是在中国境内部分地区向农牧结合和蒙汉混合式方向转变。这种历史性变化不仅包括语言本体的语音、语法和词汇，也包括语言使用方面的变化，并且都导源于文化变迁和技术更新。一方面源于蒙古人的社会环境变化和物质文化变迁以及随物质文化变迁而发生的制度文化变迁和精神文化变迁；一方面源于技术革命对传统生活方式的冲击，尤其是电子革命时代以来的冲击越来越明显。技术更新对于全人类来讲是一种普遍意义的变革，而对蒙古人及其语言文化来说也有其重要而独特的意义。

众所周知的蒙古人的传统文化至今仍是一种以游牧经济为核心的文化，其根源与古代的匈奴、东胡、突厥等先民的文化传统有关。可是这并不是我们可以追溯到的最远的源头。在远古时

① 本文系中国社会科学院创新工程课题“北方边境地区民族语言文字使用现状与发展趋势研究”主要成果之一。

代，蒙古人尚未接触到上述草原群体之前的语言文化应该是位于西伯利亚森林地带的一种游猎的或者半游猎和半游牧的浑沌状态的文化。当时，偶像教或万物皆有灵的原始思维占据其整个的思维空间，人们极度依赖日月星辰和大自然。

自从进入匈奴、东胡、突厥等游牧人社会以来，蒙古人的语言思维方式、整个的词汇结构、语句中的情感表达方式等发生了相应的变化。随着经济文化类型的转变，逐渐形成了有意识地支配大自然和以有利于自身发展的方式适应周边环境的能力，同时也以驯化、饲养的方式支配一些特定的动物，借鉴学习使用或创造丰富的牧业文化词语。其结果，最终构建蒙古人一切文化词语都与传统的游牧文化紧密相连的基本格局。经过几个世纪的发展变化，蒙古人把古代匈奴人、东胡人、突厥人的遗产继承并弘扬，创造蒙古人自身的文化体系，其核心往往是马文化。原来手握弓箭，脚踏雪橇，飞速穿梭于林海雪原中的猎人后代，逐渐构筑草原上呼风唤雨的马背牧人的世界。

一个外来的偶遇改变了一个群体。匈奴、东胡、突厥等草原游牧群体对早期蒙古人的影响一开始时只是个微弱的扰动，它使其边缘地带发生了局部变化，产生了一个奇异的吸引子。随着时间的推移，对于游猎群体而言尚属微不足道的游牧文化这个外来因素或者其周边形成的一股沿流，慢慢变成了引发根本性演化的初始条件（也称初值），使一波一波蒙古人走出森林，汇入西伯利亚森林南沿草原地带的游牧文化的洪流。一开始，刚走出森林的蒙古人群体对崭新的领域尚不深知，长期漂泊于游牧文化圈北方边缘地带，历经好几个世纪。但是到了13世纪，蒙古人逐渐进入草原游牧文化核心地带，使蒙古人由游猎群体引诱出来的那个微不足道的沿流或者奇异的吸引子，即向游牧文化靠拢的迹象，使蒙古人群体逐渐带入游牧人的行列，最终使之变成了掌握13世纪人类风向的引领者。这种游猎→游猎游牧结合→游牧的渐进式变化是一个完整的非线性的、浑沌学意义上的发展过程。蒙古人走出森林没有其必然，但是一旦走出森林进入草原，要融入游牧文化是其必然。游猎和游牧没有因果关系，但是游猎人来到草原进行动物饲养业，有其先天优势，因为懂得动物，更是因为家畜最初也是由野生动物分离出来的。

就物质文化和语言文化的关系而言，古老的文化词汇总是代表着某一历史时期的或者某一经济文化类型区的物质文化信息。蒙古人和西伯利亚或者东北亚民族的远古渊源都在这些古老词汇上得到印证。

在西伯利亚森林深处，古老的“莫儿根”（神箭手，北方猎民的首领称号）最初只是一个让人羡慕的神箭手，因为能够给家族或者群体带来更多的食物和皮毛，在漫长的岁月里他们逐步成为公认的首领，所以在广阔的西伯利亚森林地带几乎所有的游猎部落都把神箭手称号“莫儿根”当作了他们部落首领的名号。蒙古人在森林地带狩猎时期，也有过很多以“莫儿根”命名的部落首领，《蒙古秘史》等记录蒙古人历史的古代文献的记载中出现过10世纪之前的“豁里察儿·篾儿干”“朵本·篾儿干”等很多的“篾儿干”。这个“篾儿干”就是“莫儿根”的另一种文献拼写变体，就是由神箭手称号引申而来的部落首领名号，是北方东北亚文化圈诸多民族共有文化所携带的共同源流信息来源。因为蒙古人在草原上继承和发展了游牧文化，部落首领名号不再是“莫儿根”而是以“伯颜”所替代了，因为游牧社会经济发达，出现贫富差距，智慧超群、驯养能力强的人构成了富有阶层，掌握了私有制社会部落及部落联盟的支配地位，本来只有“富有者”词义的“伯颜”一词成为游牧蒙古人部落联盟首领的称号，比如《蒙古秘史》中出现9—13世纪的“脱罗豁勒真·伯颜”“纳忽·伯颜”等很多部落首领名称。从而“莫儿根”一词在草原上发生了词义转移，演化成对智慧、知识的形容词。在

12—13 世纪的蒙古社会中，“伯颜”的地位也受到挑战，部落联盟产生了具有更为显赫地位的“汗”（君主）和“可汗”（皇帝）名号。从而“伯颜”一词又回到“富有、富饶、丰富”的词义上。纵览蒙古人社会历程，每个时期的称号都在代表着不同的发展水平。“莫儿根”对应于森林中的原始狩猎生活，“伯颜”对应于私有制初期的贫富分化的部落联盟时期，“可汗”称号对应于封建时期的有组织的统治政权。

蒙古人在 8—12 世纪建立了以游牧经济为核心的文化体系。直到 20 世纪，大部分蒙古人的语言文化仍然以马文化为核心的游牧人语言文化为主体。但是，20 世纪的科技进步和中国社会的风云变化，从技术革命和文化接触两个方面，改变了中国境内蒙古人的语言和文化。当今，我们所看到的中国蒙古语是发生了局部的、急剧变化的一种语言。

毫无疑问，蒙古人及其语言文化首先是由古老西伯利亚森林游猎群体分离出来的，后来再次由古代匈奴、东胡、突厥文化中分离出来。游牧文化是蒙古人作为一个民族群体所拥有的物质文化、精神文化、制度文化之所以有自身独特性的基础。这个基础导源于一个初始条件，即蒙古人在自己对动物的熟悉程度、草原所提供的饲养场所和先民饲养经验、蒙古人自己所处的森林和草原交错地带为文化过渡所提供的便利条件等基础上的第一次迈步。这个初始条件及其壮大决定了蒙古文化的个性和能够成为全民族普遍价值取向的定型。

近代中国蒙古语言文化发生了又一次的变化，蒙古族和汉族在蒙古地方的接触和汉族文化的影响向蒙古文化的扩散导致了一个重要的分叉，也是一个新的初始条件。另一个具有极大的普遍意义的作用因素是新技术革命，它是对人类具有普遍影响的发展动力。所以，蒙古人语言文化的变迁，尤其是近现代中国蒙古语言文化的变迁并非是线性的在单一的因素作用下的简单的变化，它是多种因素协同作用的结果，其中新技术革命的意义重大，还有民族语言文化接触的巨大影响。

二、游牧语言文化体系及其构件

我们能够勾勒出的或者可以看到的从古至今的蒙古族文化系统是以马文化为核心的牧业文化。其语言文化上的最重要的表现为蒙古语词汇基本以畜牧业文化词语为其词汇系统的核心部分。包括在生产、生活、心理、宗教、自然的任何方面，蒙古语都有着大量的来源上与畜牧业文化相关的极其丰富的词语。这些词语主要以名词、形容词、动词为主。

（1）姓氏人名词（蒙古语词语/音译/汉语词义）：

【1】malčinkü/玛拉沁夫/放牧的男孩

【2】angčinkü/安柯钦夫/狩猎的男孩

【3】buqandai/布汗岱/像牤牛一样的

【4】qarabars/哈日巴拉/黑虎

【5】bürgud/布日古德/雄鹰

【6】maγunoqai/木淖海/癞皮狗

在这里，只有【1】属于纯粹的牧业文化词汇，与草原牧业文化有关。在蒙古语中 mal 是“家畜”，在突厥语里是“家畜”和“货物”，蒙古语把“放牧人”或者“牧民”称作malčin。因为狩猎时代或者森林深处不具备动物饲养条件，就从来没有诸如“家养”“家畜”之类语义的词语。人名 malčinkü 是由 mal +čin + kü 构成，mal 是“家畜”，mal +čin（家畜 + 者） = malčin（牧者）是“牧民”，malčin + kü（牧者 + 男儿） = malčinkü（牧童），作家玛拉沁夫的名字就是如此而来。上述例子中【2】–【6】是游猎文化和游牧文化皆有的共有词。草原上的蒙古人至今仍然没有丢失狩猎传统，蒙古语中把“猎物”称作 ang，把“猎人”称作 angčin；人名 angčinkü 是由 ang +čin + kü 构成，ang 是“猎物”，ang +čin（猎物 + 者） = angčin（猎者）是“猎人”，angčin + kü（猎者 + 男儿） = angčinkü（猎童），作家兼学者安柯钦夫的名字就是如此而来。蒙古语中 buq – a 主要指“牤牛”或“种牛”，但同时也指“种鹿”等雄性野生动物。所以它是游猎文化和游牧文化的共有词。同样，qarabars（哈日巴拉，黑虎），bürgud（布日古德，雄鹰），maγunoqai（木淖海，癞皮狗）等中的动物名称词 bars（虎），bürgüd（鹰），noqai（狗）等词语当然也是游猎文化和游牧文化的共有词。

（2）植物名称词：

在蒙古语的植物名称词中有着大量的以动物词语命名的名词术语。一般都是根据该植物某一基本形状或者某一特征与动物某一器官之间的相似之处来给这些植物取名的。例如：

蒙古语植物名称/汉语直译词义/汉语植物名称

【7】temegen kuü kuü/骆驼的乳头/地梢瓜

【8】uüker uün niduü/牛眼/黑醋栗

【9】imaγan eber/山羊角/杠柳

【10】qonin niduü/绵羊的眼睛/歌仙草或柳叶旋覆花

【11】unaγan seguül/马驹的尾巴/远志草

【12】taulai yin boöger – e/兔子的肾脏/毛栗

【13】guüjegeljegen – e/毛肚子果/草莓

【14】noqai hosiγu/狗嘴/枸杞子

【15】qonin jangγuu/绵羊苍耳/苍耳

从下面对于一些蒙古语词语的来源的简单解释，可以看清楚蒙古语的语言思维同汉语思维之间的不同之处。

地梢瓜：生长在沙漠草原地带，temegen kuükuü 是常见的植物，其汉语名称是地梢瓜，还有地梢花、羊不奶棵、小丝瓜、浮瓢棵、地瓜瓢、驴奶头等不同名称，英文名称为 Cynanchum the－sioides（Furyn）K. Schum。地梢瓜外皮绿白色，内肉鲜嫩，内有乳汁一样的白色液汁，十分甘甜，是孩子们喜欢吃的一种野生水果类。因为其有极像乳头的菱形形状并且内有乳色液汁，蒙古人形象地称其为 temegen kuükuü，即“骆驼的乳头”。

黑醋栗：黑醋栗也是蒙古人所熟悉的野生果类，又名黑加仑，学名黑穗醋栗（Ribes nigrum L.），其成熟果实为黑色小浆果，形状如同眼珠，故蒙古人形象地称其为 uüker un niduü，即“牛眼”。

杠柳：杠柳的英文学名为 Periploca sepiumBge，汉语别名还有叫羊奶子、北五加皮、羊角桃、羊桃等，属萝摩科杠柳属缠绕灌木，具有极强的固沙作用。因为成熟时长出像山羊角形状的果实，蒙古人称其为 imaγan eber，即“山羊角”。

在蒙古语中，这种以动物词语形象地命名植物的词语很多，这一点与蒙古人的动物知识和畜牧业生产经验密不可分。

（3）自然景观的名称词：

【16】uüker cčilaγu/牛石/巨石

【17】temegen qada/骆驼岩/一个地名，因为远看形似骆驼而得名。

【18】aduγun cčilaγu/马群石/一个地名，因为远看形似一群马而得此名。

【19】qabirγan sara/肋月/月牙儿

【20】oögeken cčilaγu/脂肪石/鹅卵石

【21】ajirγan boroγan/种马雨/暴雨

上述诸例子都以动物词语形象地命名不同形状的自然景观，尤其是把月牙儿称为 qabirγan sara（肋月）是一种十分恰当的描绘。还有河道水中的鹅卵石的确很像一块儿一块儿的椭圆形脂肪块。另外，暴雨下的速度和力度，真的很像烈马狂奔，所以形容为“种马雨”是最恰当不过了。

（4）动物名称词：

【22】morin melekei/马蛙/青蛙

【23】uüker melekei/牛蛙/牛蛙

【24】uüker kedegen – e/牛蜂/大蜂

【25】kuümuün qar – a goöroögesuü/人黑猴/猩猩

【26】bup – a sšibaγu/牤牛鸟/苇莺

【27】qonin qariyacči/绵羊燕子/河滩燕

【28】temegeljegen – e/骆驼虫子/螳螂

上面的例子表明，蒙古语不仅有以动物命名的植物和自然景观，还有不少的以动物命名的动物名称词。其中一些词语是与汉语共同的，比如牛蛙，但是更多的还是蒙古语特有的词语，很有游牧文化味道，往往把野生动物联系到与家畜的某种关系或者相似之处来命名。比如，苇莺的鸣声很像牤牛的声音，蒙古语的“牤牛鸟”这个名称如此而来。又如，河滩燕是一种喜欢在河岸峭壁上打窝的草原燕子，一到春夏，很多河滩燕在河边吃草的羊群上边低矮处飞来飞去，所以每个人称其为“绵羊燕子”。

（5）器具名称词：

【29】morin sšil/马瓶/大瓶

【30】uüker puu/牛炮/大炮

【31】imaγan buüriy – e/山羊号/寺庙用的小型法号

【32】uüker buüriy – e/牛号/寺庙用的大型法号

【33】bup – a terge/牤牛车/火车头

【34】qonin dung/绵羊螺号/寺庙用的一种短粗的法螺

蒙古语还有很多以动物命名的器具。一般体积大的器具形容为牛、马，体积小的器具形容为绵羊、山羊等。上述例子中【29】和【33】值得谈一谈。20 世纪五六十年代，曾有过能装两三公斤酒的酒瓶，一方面由于其体积和容量大，一方面可以搭载在马背上，所以蒙古人称其为“马瓶”。把“火车头”称为“牤牛车”完全来源于对火车头的打鸣和牤牛鸣叫之间的一种联想。

（6）部落外号：

【35】uüker barγu/牛巴尔虎/对巴尔虎部人的外号

【36】imaγan cčaqar/山羊察哈尔/对察哈尔部人的外号

蒙古族各不同部落之间都有一些比较代表性的个性特征或者标签式的差异，这种特征往往是与他的文化背景、周边环境等有着密切的联系。上述例子所示蒙古语中的 uüker barγu（牛巴尔虎）、imaγan cčaqar（山羊察哈尔）等分别把巴尔虎人和察哈尔人的性格归纳为“倔强、执着如同牛一样的巴尔虎人”和“善变不定，冷热无常，如同山羊肉一样热得快、冷得也快的察哈尔人”。无论贬低还是褒奖，这种形容极其概括地反映出了这两个部落民众的较具代表性的个性差异。

（7）动词：

蒙古语的“光临”为 morila -（毛日拉），是“来到”的敬体，其词根 mori -（毛日）是蒙古语马名称词 mori（毛日）。“客人光临，皇帝驾到，天神下凡”等带有敬畏、尊重的语义都用这种词语。蒙古人称“启程”为 morda -（毛儿达），也是敬体词，其词根也是蒙古语马名称词 mori（毛日）。尊贵的人、长辈等的“谢世、归天、逝世”“离开、走开”等都用这种词语。

三、技术革命对传统语言文化的历史性颠覆

随着新技术革命，包括工业化、机械化、电子革命的推进，传统的畜牧业文化发生了巨大的变化，骏马在生产、战争中的重要地位早已被机械设备代替，草原上的牧民骑着摩托车放牧，开着拖拉机收割饲料，用卡车运输一切生活、生产用品，畜力运输

工具牛车和马车、畜力生产工具等也退出日常应用，草原上的马群越来越少。马的主要意义只剩下体育竞技比赛等狭小的用途，蒙古人的马文化面临新的挑战。如果说原来城里人不太懂得马和与马有关的文化，那么现在草原上的年轻牧民都不太熟悉马文化，马名称、马具名称、与马有关的一切文化词汇逐渐远离蒙古人的生活，其在日常语言中出现的频率也越来越减少。随着社会的发展蒙古人也改变游牧生活，开始了定居或者半定居的生活，与游牧文化相关的四季游牧生产、生活用语，与蒙古包生活相关的词语等也逐渐淡化。奶食品、肉食品的生产、加工方式方法也发生了改变，因此与之相关的词语同样也逐渐被淡忘。没有了固有的生产、生活方式，就没有了固有词语使用的基础，蒙古语逐渐向着新的方向发展变化。

从前，马鞍是草原上每家每户门外必备的一个重要器具，可是现在几乎见不到了。偶尔在定居以后蒙古人的堆积物品的储藏室里能够看到放在角落里的马鞍。也有可能在具有怀旧情结的城市蒙古人家庭能够看到被充当装饰品的马鞍，另外各旗县博物馆有着作为文物来保存的马鞍。这里谈到马鞍，目的是要讲与马鞍相关的词语即马鞍及其相关词语。因为马鞍淡出实际使用甚至进入了博物馆，这些词语也逐渐被未来的人们淡忘，逐渐退出日常用语之列。马鞍及其相关词语只是蒙古游牧文化词语的一个小小的组件，随着游牧经济的改变，蒙古语中一套一套的文化词语如同马鞍及其周边词语一样不断退出或者将要退出实际的应用，以马文化为代表的蒙古人传统语言文化大厦正在面临新的挑战和新的调适。关于马鞍及其周边词语我们在此至少能够列举 emegel（马鞍）、toqom（鞍屉、鞍垫）、goölim（鞍鞯、鞍韂）、qangγai emegel（鞍板）、鞍翅、buüguürge（鞍鞒、鞍峰）、emegel uün saγudal（鞍心、鞍座）、olong（马鞍肚带右身带扣环一方）、jirim（马鞍肚带左身带眼一方）、olongc č oq（马鞍上的毡垫）、

olongcčor（固定鞍板的鞍钉穿皮）、debse（鞍座垫）、degeli（鞍小韂）、baγabur（鞍韂上的镶边）、ogcčorγ－a（鞍板革纽）、qabtasu（鞍翅）、γanjuü－a（皮梢绳）、daruγulγ－a（大泡压钉）、toboruu（装饰小泡钉）、noqtu（笼头）、qajaγar（马嚼子）、jiloγo（马嚼控制绳索）、cčulbuγur（缰绳）、cčiduür（三腿马绊）、tusša（前腿马绊）、oöroögel（前后两腿马绊）、arγamjiy－a（绊绳）、tassiγur（马鞭）、tengse（马棍）、bilaγu（布鲁棒、甩棒），等等，这些词语将随着马匹用途的缺省，逐渐淡出日常使用。还有与马相关的特定的毛色词语、性别词语、齿龄词语等一整套的庞大的词语体系也一同淡出日常使用。除此之外，还有蒙古包及其周边词语也是蒙古人物质文化词语的重要的一面。还有蒙古人马文化思维所创建的把一切相关事物都要与马联想的思维方式也构成了更为庞大的文化词语链。新技术革命的到来和其向蒙古族地区的迅速铺开，正在改变着蒙古人生存方式，传统的畜牧业经济和以此为基础建立起来的庞大的游牧文化体系正在让位于新的生活方式。物质文化的改变导致了习俗制度文化以及精神文化的改变，物质、制度、精神文化的改变在蒙古族语言上引起了极大地变化，以马文化为核心的蒙古族传统语言文化正在朝着新的方向变异，这是新技术革命对马文化所产生的根本性颠覆。

四、文化接触、农耕化与汉语文化的影响

自清代中期开始，蒙古人居住的地方出现农业汉族人，开始改变蒙古地区的生产、生活方式。进入20世纪，尤其是新中国成立以来，向蒙古族地区大量迁徙汉族人口，中国蒙古人的社会环境发生了根本变化，与汉族人杂居的蒙古人完全或者局部地接

受农业文化，放弃了传统的牧业经济，蒙古语中增加了丰富的农业文化词语，从汉语吸收大量的相关农业、科技、政治词语，逐渐形成蒙汉混合式的方言土语，而且已经成为中国蒙古语在人口和应用上占有压倒性比例的科尔沁－喀喇沁蒙汉混合式蒙古语。这种语言在很多方面不同于传统的蒙古语，正在以自身独特的个性向着主导未来中国蒙古语的方向发展。

目前的中国蒙古人，几乎没有一个人在日常语句中不夹杂着使用汉语词语。穿梭于乡间的小商贩、承包湿地耕种的农民、衔接上级与农牧民的乡镇干部、上学回来的青年一代都是活生生的汉语词语的携带者和传播者。还有广播影视等各种媒体，每时每刻不向广大蒙古族群众传播着汉语文化影响。汉语影响在中国蒙古语中最突出的成功案例是使占蒙古族人口 50% 以上的科尔沁、喀喇沁蒙古人的语言变成了蒙汉混合式的语言。

大部分蒙古语言学家主张要保护蒙古语标准音和基础方言的合法地位，以现代蒙古书面语和标准音来规范已经发生严重变异的科尔沁－喀喇沁蒙汉混合式蒙古语。但是这种合情合理的主张和努力正在面临挑战。比起科尔沁－喀喇沁蒙汉混合式蒙古语人学用标准音，更多的蒙古人正在不同的方言区域里争先恐后地学用汉语词语，蒙古语句中夹杂着为数不少的汉语词语已经成为中国蒙古人语言的普遍现象。在这种局面面前，很多普通民众和知识界人士开始担忧蒙古语的未来前景，有的人迷恋经典蒙古语的心理越来越强。虽然形成于 17—18 世纪的中国现代蒙古语为人们留下了相当丰富的遗产，蒙古人用它创造了不少的经典作品，但是它有可能因为科尔沁－喀喇沁蒙汉混合式蒙古语的冲击而逐渐走向边缘化，甚至在不久的将来其主导地位有可能被科尔沁－喀喇沁蒙汉混合式蒙古语所替代。

无论使用人口还是适用范围，科尔沁－喀喇沁蒙汉混合式蒙古语正在逐渐壮大，以复合化词语为主的新的形式日趋取代蒙古语固有语法形态。尤其是在不断涌现的新词术语面前，蒙古语的造词能力显得非常吃力，虽然学院派的语言工作者们不断推出蒙古语翻译新词术语，但是其中很少有完全符合蒙古语原有表达式的术语，那些被命名为“新词术语”的冗长而难以理解的短语结构无法满足一般群众的语用要求，一次一次推出的新词术语没有被吸收到日常的语言使用当中，现在的蒙古人几乎都在原封不动地使用着汉语新词术语。也就是说，在蒙古语中吸收汉语词语已经是蒙古人语言交际的必不可少的一种重要途径。过多地吸收汉语词语会不会改变蒙古语的纯正、独立性质？这样的顾虑早已成为热爱民族语言文化的一般蒙古人和知识界精英人士的心病。可是在客观现实面前，这样的顾虑和担心还能够怎样呢？其实，蒙古语历来不是单纯的纯正的语言，世界上也从来不存在任何的纯正的语言，所有的语言都是程度不同地带有混合成分的语言。

中世纪以前的蒙古语是经过突厥语洗礼之后形成的，后来依次受到来自于汉语、藏语、满语的影响。蒙古语中应该有很多的古匈奴、古梵语、波斯语、女真语、契丹语的成分，真的很难说得清楚当今蒙古语中真正属于蒙古人自己的语言成分到底有多少。这样的一个大混杂物被所有的蒙古人指认为是地道的、纯正的民族语言，很多人不希望它有什么不太正常的变化，但是保持它的原样已经不太可能了。就这样，中国蒙古语将进入科尔沁-喀喇沁蒙汉混合式蒙古语时代。定居农耕的科尔沁蒙古人人口密集、使用着一口很不标准的蒙古语，而且口语中夹杂着的汉语词汇也失去了原来固有的声调，变成了蒙古式的无声调词语。科尔沁蒙古人的风土人情已定，语言文化风格也逐渐定型，民间文化、文学语言也形成了独特的科尔沁风格，使用人口占中国全体蒙古语人口的一半以上，已经是国内最大的方言，而且不断地扩大着影响力。科尔沁蒙古人遍布全国所有蒙古人居住地方的行政、科研、教育、服务、金融、生产等各个领域，各地蒙古人也逐渐接受科尔沁蒙古人的文化，包括语言在内。

科尔沁－喀喇沁蒙汉混合式蒙古语是一种地方话，广大农业化蒙古人所使用的语言，是一种具有雄厚群众基础的大众语言，它正在构成新的经典，经过一段发展过程，科尔沁－喀喇沁蒙汉混合式蒙古语有可能成为中国蒙古语基础方言。中国蒙古语将是一种以科尔沁－喀喇沁蒙汉混合式蒙古语为基础的，有点像韩国语、日本语、越南语那样的新型混合式语言。其特点是词汇中包含大量的汉语词语，语法形态仍然是阿尔泰式的黏着形式，是一种不同于传统蒙古语的新的形式。无论如何它还是蒙古人的语言，不大可能成为汉语的附属品或者特殊的方言。到时候全体蒙古人和今天的人们把传统蒙古语看作经典的标准一样，会加倍地热恋这种新的形式，通过它表达对生活的热爱之情，写诗歌、做文章、颁行政府文件，处理社会日常的一切事物。未来中国蒙古人的日常用语、教学语言、报刊语言、广播语言、电视语言都将是这种语言。

结　语

远古时期，人们在森林、山川奔波的原始时代，其生活与其它动物没有太大的区别。那个时候应该是一个动态存在的稳定态。但是人类潜在着别的动物所没有的创造性基因。事先他没有任何征兆，默默地潜伏着很长的时期，发展到原始社会时期人们学会了利用火，也学会了保存火种，这是一个飞跃，是重要的分叉，从此人类永远离开了其它动物，人类的智慧走上了发展的道路。第二次分叉是人类学会采集和狩猎，学会利用天然洞穴简单搭建住处的本领。第三个分叉是人类根据不同的自然环境开始有意识地适应和利用大自然，在不同的地方分别产生了不同的经营模式，例如狩猎、驯化动物、种植庄稼、海上捕鱼等。当然语言文化也得到了不同程度的发展。这些不同的发展阶段经历了不同长度的发展过程，越往后，所经历的时间越短，从上一阶段过渡到下一阶段的飞跃也很迅速。在第三个阶段人类发明了文字，记录了自身发展的历史，自青铜器以来进入冷兵器时代，骏马和铁器成为征服世界的最尖端武器，各种符合当时知识水准的发明遍布世界。当每一个稳定态结束时，都从自身内部孕育出下一个稳定态要发生的初始条件。取火和炼铁之间经历的过程可能是几十万年，但是人类最终还是会把火和矿石连接起来并且能够炼出铁来。同样，人类在火和铁的基础上，没有经历太多的时间，几千年以后就进入了工业革命时期，其标志是蒸汽机，到处奔跑着人造机器，骏马学农耕时代的器具最终进入弱势状态。这是第四个分叉。工业革命时代经历了短短几百年，人类在 20 世纪后期全面进入电子革命或者信息技术时代。这就是技术革命的力量。蒙古人在冷兵器时代曾经活跃过一段时间，他在北方草原继承和发展了匈奴和更为古老时期的马文化传统。但是进入工业革命以来，他的命运发生了变化，落伍了。尤其是当代，骏马完全退出生产和生活，只留下一个体育娱乐的消遣功能。因为蒙古人在包括工业革命在内的整个科学时代没有任何发明创造，所以其文化面临了整体性的挑战，甚至被颠覆。这是人类文明发展中一切文化所会面临的问题。就是新技术革命对旧文化的颠覆和旧文化如何适应新技术而得到新的发展的问题。本文只是试图通过蒙古语言文化为例探讨新技术革命和语言文化接触对语言文化发展变化的决定性作用。

傣语语料库中的现代汉语借词考察

戴红亮

新中国成立后，尤其是改革开放后，现代汉语借词大量借到傣语词汇中，形成现代汉语借词层。现代汉语借词与傣语之间语音整体上具有较为严格的对应关系。其中声调对应很严格，很少例外。声母对应则呈现出一一对应、一对多、多对一三种形式；韵母两者悬殊较大，当前有很多韵母对应存有多种选择的可能，内部尚处于竞争状态。现代汉语借词一般以双音节及以上为主，集中在名词、人名、地名、机构名等上面。现代汉语借词双音节词内部具有封闭性，对外具有排斥性，两者互相融合的可能性减少，这一定程度上加剧了汉语词汇替代傣语固有词汇的速度。

一、现代汉语借词与傣语的语音对应关系

现代汉语借词借到傣语词汇中，必须服从傣语的音节结构，因此现代汉语借词进入傣语词汇系统后，需要对两者不一致的音节结构进行调整和协调。

（一）现代汉语借词与傣语声调对应规律

傣语有六个调类，现代汉语普通话有四个调类，西双版纳当地汉语方言有五个声调四个调值。现代傣语借词进入傣语词汇系统后，主要是采用了当地汉语方言借词声调。我们标注了 4400

多个现代汉语借词的调类，其规律如下表（例外只出现在个别词中）：

汉语普通话声调	傣语的现代汉语借词声调①	举例
阴平 55	第五调 33	< [illegible] #ni#tseau5vui4#州委#hj >；< [illegible] #ns#tsong5ko6#中国#hj >；< [illegible]#v#seau5#收#hj >
阳平 35	第六调 11	< [illegible]#q#jian6#元#hj >；< [illegible]# v#saa6tsiat8#检查#dwhj >；< [illegible] #ns#jin6naan6#云南#hj >
上声 214	第四调 51	< [illegible]#q#mu4#亩#hj >；< [illegible]#n#taang4#党#hj >；< [illegible]#n#sean4#省#hj >
去声 51	第二调 35	< [illegible]#n#tsean2fu4#政府#hj >；< [illegible]#n#kaan2pu2#干部#hj >；< [illegible]#n#veai2sin5#卫星#hj >
入声	第六调 11	< [illegible]#v#tsi6nam4#指导，指引#dwhj >；< [illegible]#v#kaai4tse6#解决#hj >；< [illegible]#ni#phaai2su6soa4#派出所#hj >

从上表可以看到，现代汉语借词涉及的调类仅有 4 个，两者之间具有较严格的对应关系，例外非常少，仅有 < [illegible]#n#si5nia6#企业#hj > 中的“企”，应为 51 调，但语料库中都是 33

① 傣语有九个声调六个调值，分别是第一调、第七调：55；第二调，第九调：35；第三调：13；第四调，51；第五调、第八调：33；第六调：11。下划线表示该声调举例词。

调。如果不符合上述调类的汉语借词，可认为应是古汉语借词，如 < #a#ki3#急#hg >； < #v#po1kvaan4#保管；管理#hg > 的，< #v#faa3#发，罚#hg > 等，这些借词的调类与现代汉语借词有较大差别，且都可以单用，具有较强构词能力。

（二）现代汉语借词与傣语声母对应规律

现代汉语普通话声母与西双版纳傣语声母数量较接近，现代汉语普通话加上零声母有22个，傣语有21个声母。其中相同的有12个，它们之间具有严格对应关系。不相同的部分，主要有两种方式，一种是合并，如汉语的舌尖前音、舌尖后音傣语都用舌尖前音合并。一种是分化，汉语零声母，傣语采用五个声母表示，如下表：

现代汉语借词声母	现代汉语普通话声母	举例
ᦔ或ᦗ [p]	b	< #v#pang5pu4#帮补，补贴#hj >； < #v#pen2kai4#改变；改革#hj >
ᦘ或ᦕ [ph]	p	< #ni#phaai2su6soa4#派出所#hj >； < #q#phin6faang5mi4#平方米#hj >
ᦙ或ᦖ [m]	m	< #v；q#mi4#有；米#dw；hj >；< #n#min6tsin4#民警#hj >；< #v#xaai5 mo2#开幕#hj >
ᦚ或ᦝ [f]	f	< #n#tsean2 fu4#政府#hj >； < #n#xi2 fun2#屎粪；肥料#hghj >
ᦎ或ᦑ [t]	d	< #n#taang4#道路，党#dw；hj >； < #n#taai2piau4#代表#hj >

续表

现代汉语借词声母	现代汉语普通话声母	举例
[illegible]或[illegible]［th］	t	<[illegible] [illegible]#n#thaan2mi3#黑炭#dwhj >；<[illegible] [illegible]#v#thi6oak9#提出#dwhj >
[illegible]或[illegible]［n］	n	<[illegible] [illegible]#ns#nu2tsiang5#怒江#hj >；<[illegible] [illegible]#ns#jin6 naan6#云南#hj >；<[illegible] [illegible]#n#si6 nia6#企业#hj >
[illegible]或[illegible]［l］	l	<[illegible] [illegible]#v#hat9 lian2#锻炼#dwhj >；<[illegible] [illegible]#n#tho5 laa5tsi5#拖拉机#hj >
[illegible]或[illegible]［k］	g	<[illegible] [illegible]#n#kaan2pu2#干部#hj >；<[illegible] [illegible]#ns#tsong5 ko6#中国#hj >
[illegible]或[illegible]	k、h①	<[illegible]#v#xau4#考#hj >；<[illegible] [illegible]#n#xo5soa6#科学#hj >；<[illegible]#a#hiang3 xaan2#干燥#dwhj >；<[illegible] [illegible]#ni#xaa5feai5#咖啡#hj >；
[illegible]或[illegible]［ts］	j、z、zh	<[illegible] [illegible]#v#kaai4 tse6#解决#hj >；<[illegible] [illegible]#n # su5 tsi2 # 书 记 # hj >；<[illegible] [illegible] # n # tseau5hau4 # 我 州 # dwhj >；<[illegible] [illegible] # n # tsean2fu4 # 政 府 # hj >；<[illegible] [illegible] [illegible] # n # taang4 tsu4tsua6#党组织#hj >

① 傣语中［kh］［x］是自由变读，但书写一般写作［x］。

续表

现代汉语借词声母	现代汉语普通话声母	举例
ᦉ或ᦌ	q、x、c、ch、s、sh	<#n#se6xui2#协会#hj>；<#n#siang5tsean2#乡镇#hj>；<#n#sua2#市#hj>；<#n#tseau5tsean2 se6#州政协#hj>；<#n#nung6 saang4#农场#hj>
ᦊ或ᦍ [j]	r	<#n#jua6pau2#日报#hj>；<#ns#veng4ju2li2#瑞丽#hghj>
ᦊ或ᦍ [j]	齐齿呼、撮口呼①零声母（包括ε）	<#q#jian6#元#hj>；<#v#tsai6 jung2#使用#dwhj>；<#n#jin4#瘾#hj>；<#n#sea2xui2tsu4ji2#社会主义#hj>；<#n#jang6 ji2#洋芋#hj>
ᦀ或ᦁ	开口呼零声母	<#n#kung5 ʔaan5#公安#hj>；<#n#tea6 ang6#德昂#hj>；<#ns#aai2tsua5sian2#爱知县#hj>
ᦞ或ᦒ	合口呼零声母	<#n#taan5 veai2#单位#hj>；<#a#saang6 vu2#常务#hj>；<#ni#vu4tsin4#武警#hj>

① 西双版纳没有撮口呼，所有撮口呼韵母归入相应的齐齿呼中。

续表

现代汉语借词声母	现代汉语普通话声母	举例
[illegible]或[illegible]①	kv	<[illegible] [illegible]#ns#thung5kvaan5#通关#hj>；<[illegible] [illegible]#ni#kvaang4po5tsiu6#广播局#hj>；
[illegible]或[illegible]②	xv	<[illegible] [illegible]#v#jang6 xvaa5#氧化#hj>；<[illegible] [illegible]#ns#vean6 xvaa2kvaan4#文化馆#hj>； <[illegible] [illegible]#nh#xvaang6tsean2sun5#黄振孙#hj>

从上表可以看到，汉语借词借到傣语后，汉语的 b、p、m、f、d、t、n、l、g 与傣语相应的声母具有一一对应关系；汉语的 r 傣语用［j］进行转译；汉语的 k、h 两个声母傣语用［x］一个声母进行转译；汉语的 j、z、zh 傣语用一个［ts］表示，而汉语的 q、x、c、s、ch、sh 六个声母傣语归并到［s］一个声母中。与此相反，汉语的零声母字傣语分别使用了三个声母，并按四呼进行分类（当地方言只有三呼，没有撮口呼，所以用了三个声母）。同时傣语的［kv］［xv］两个复辅音声母分担了部分合口呼的字。这些对应关系相当严格。如不符合上述声母对应规律的汉语借词，应为古汉语借词，如<[illegible]#v#kiau5#交，交给#hg>，如按现代汉语借词，应拼写为[illegible]，而这个词声母为［k］，故应判断为古汉语借词，再如<[illegible]#n；v#xaa2#架子；嫁；招#dw；hg>，按现代借词应为[illegible]，而这个声母为［x］，与古代汉语声母更为符

① 这个音主要拼写 kua，kuai，kuan 和 kuang 四个音节，kuo、kui、kong、ku，kui，kun，kum，kuk，kut，kup 等则与[illegible]或[illegible]拼写。

② 这个音也主要拼写 ua，uai，uan，uang 四个音节，而 xuo、xui、xong、xu，xui，xun，xum，xuk，xut，xup 等与[illegible]或[illegible]拼写。

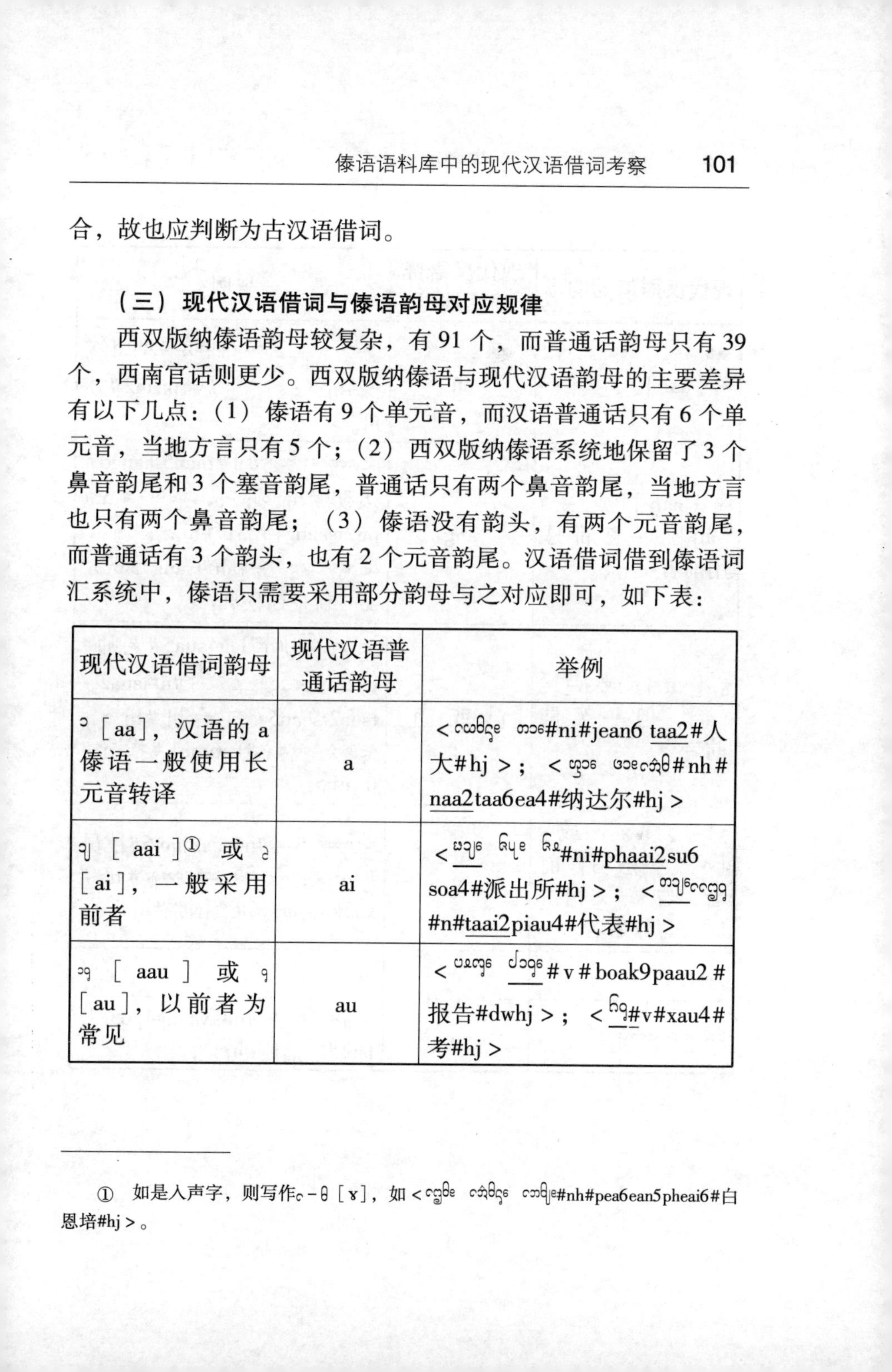

合，故也应判断为古汉语借词。

（三）现代汉语借词与傣语韵母对应规律

西双版纳傣语韵母较复杂，有 91 个，而普通话韵母只有 39 个，西南官话则更少。西双版纳傣语与现代汉语韵母的主要差异有以下几点：（1）傣语有 9 个单元音，而汉语普通话只有 6 个单元音，当地方言只有 5 个；（2）西双版纳傣语系统地保留了 3 个鼻音韵尾和 3 个塞音韵尾，普通话只有两个鼻音韵尾，当地方言也只有两个鼻音韵尾；（3）傣语没有韵头，有两个元音韵尾，而普通话有 3 个韵头，也有 2 个元音韵尾。汉语借词借到傣语词汇系统中，傣语只需要采用部分韵母与之对应即可，如下表：

现代汉语借词韵母	现代汉语普通话韵母	举例
[illegible] [aa]，汉语的 a 傣语一般使用长元音转译	a	< [illegible] [illegible]#ni#jean6 taa2#人大#hj >； < [illegible] [illegible]#nh#naa2taa6ea4#纳达尔#hj >
[illegible] [aai]① 或 [illegible] [ai]，一般采用前者	ai	< [illegible] [illegible] [illegible]#ni#phaai2su6soa4#派出所#hj >； < [illegible]#n#taai2piau4#代表#hj >
[illegible] [aau] 或 [illegible] [au]，以前者为常见	au	< [illegible] [illegible]#v#boak9paau2#报告#dwhj >； < [illegible]#v#xau4#考#hj >

① 如是入声字，则写作[illegible] [ɤ]，如 < [illegible] [illegible] [illegible]#nh#pea6ean5pheai6#白恩培#hj >。

续表

现代汉语借词韵母	现代汉语普通话韵母	举例
ၢၼ် [aan]	an	<ၵုင်ႉ ဢၢၼ်ႉ#n#kung5aan5#公安#hj>；<ပၢၼ်ႈ#v#paan2#办#hj>
ၢင် [aaŋ] 或 -င် [aŋ]，一般都是用前者	ang	<ပဵၼ်ႉ ၾၢင်ႉ#n#pian5faang6#边防#hj>；<ပူႈ ၸၢင်#n#pu2tsaang4#部长#hj>；<ၸင်ႉ ၸိၼ်ႈသူင်ႉ#nh#tsang5tsin2song5#张劲松#hj>
ိုဝ် [ɯ] 或 -ိ [i]，但一般是前者	[ɿ] 或 [ʅ]	<လဝ် သိုဝ်ႉ#n#lau4sua5#老师#hj>；<ၸိုဝ်ႈ ၸိုဝ်ႈၸဝ်ႉ#n#tsua2tsua2tseau5#自治州#hj>；<ၸိုဝ်ႉ ၼဵဝ်#v#tsi6nia1#指导#dwhj>
ေ-ိ [ɤ] 或 ွ [o]，一般写作前者，与 k、x 相拼时，写作后者。	e	<သိုဝ်ႈ ယဵၼ်ႉ#n#sea2jian6#社员#hj>；<ႁေႃႈ ၵေႃႉ ၸဵင်ႉ#nh#xo2ko6siang6#贺国强#hj>
–	ê	–
ႁေႃႈ ၵေႃႉ ၸဵင်ႉ [o]	o	<ၵွၢင် ပေႃႉ ၸိုဝ်ႈ#n#kvaang4po5tsi2#广播剧#hj>；

续表

现代汉语借词韵母	现代汉语普通话韵母	举例
ᦵ–ᦲᦍ [ɤi]① 偶尔使用 ᦽ [oi]，ᦼ [ui]	ei	<ᦵᦞᦲᦍ ᦵᦉᦲᧂ ᦉᦴ#n#veai6sean5su2#维生素#hj>；<ᦝᦴ ᦃᦷ ᦵᦝᦲᦍ#n#fu6xo6feai6#复合肥#hj>；<ᦐᦾ ᦃᦷ#n#noi2xo5#内科#hj> <ᦟᦼ ᦝᦷᧂ#nh#lui6fong5#雷锋#hj>等。
ᦵ–ᦲ [ɤ]	er	<ᦓᦱ ᦑᦱ ᦵᦀᦲ#nh#naa2taa6ea4#纳达尔#hj>；<ᦊᦲᦵ ᦵᦀᦲ ᦵᦈᦲᧃ#n#jiu2ea6jian6#幼儿园#dw>
ᦵ–ᦲᧃ [ɤn]	eng	<ᦵᦉᦲᧃ ᦈᦱᧂ#n#sean4tsaang4#省长#hj>；<ᦵᦈᦲᧃ ᦝᦴ#n#tsean2fu4#政府#hj>
ᦵ–ᦲᧃ [ɤn]	en	<ᦑᧂ ᦵᦈᦲᧃ#nd#tang4tsean2#全镇#dwhj>；<ᦵᦝᦲᧃ#q#fean5#分#hj>
ᦵ–ᦲᧁ [ɤu]	ou	<ᦵᦈᦲᧁ ᦞᦼ#ni#tseau5vui4#州委#hj>；<ᦵᦉᦲᧁ#v#seau5#收#hj>
ᦲ [i]	i	<ᦒᦲ ᦀᦸᧅ#v#thi6oak9#提出#dwhj>；<ᦑᦷ ᦟᦱ ᦈᦲ#n#tho5laa5tsi5#拖拉机#hj>
ᦊᦱ [jaa] 或 ᦍᦱ [jaa]	ia	<ᦉᦲ ᦔᦱᧃ ᦊᦱ#ns#si6paan5jaa6#西班牙#hj>；<ᦍᦱ ᦵᦈᦲᧁ#ns#jaa2tseau5#亚洲#hj>

① 如果是入声字，则写作ᦵ–ᦲ，如<ᦵᦔᦲ ᦈᦲᧃ#ns#pea6tsin5#北京#hj>，<ᦵᦃᦲ ᦔᦱᧃ ᦔᦸ#n#xea6paan4pau2#黑板报#hj>。

续表

现代汉语借词韵母	现代汉语普通话韵母	举例
ေ [e]	ie	<ေထိႉ ေပႉ#a#thea6pe6#特别#hj >； <ေယႉ ၸိူ#n#je6tsua4#叶子#hj >
ႄ–ဝ [ɛu]	iao	<ႄသိဝ ၸူ#n#siau4tsu5#小组#hj >； < ႄသႃဝႇ ၸၢင # n # siau2tsaang4#校长#hj >
ိဝ [iu]，有时使用 [eu]	iou	<ေၵိၼႉ ၵိဝႇ#v#kean6kiu2#援救#dwhj >； <ထုႆႇ သိဝႊ#v#thui2siu5#退休#hj >； <သၢႆႉ ေယဝႉ#n#saai6jeu6#柴油#hj >
ႄ–ၼ [ɛn] 或ေ–ၼ [en]	ian	< ၶူႇ ႄလၼႉ ဝၢင # n # xu2lian6 vaang4 # 互联网 # hj >； <ႄယၼႉ ၸိဝႊ သိူႉ#n#jian6tsiu5sua6#研究室#hj >； <ႄပၼႇ ၵႆ#v#pen2kai4#改变；改革#hj >
ိၼ [in]	in	<သိူႉ ၽိၼ#ni#sua6phin4#食品#hj >； <မိၼႉ ၸိၼ#n#min6tsin4#民警#hj >
ိင [in]	ing	<မိငႉ ပိငႊ#n#min6pin5#民兵#hj >； <ၽိငႉ ၾၢငႊ#q#phin6 faang5#平方#hj >

续表

现代汉语借词韵母	现代汉语普通话韵母	举例
[illegible]－[illegible]［ɛŋ］①	iang	<[illegible]#v#tsoan4siang2#转向#hj>；<[illegible]#n#saau2tsiang2#少将#hj>
[illegible]［u］	u	<[illegible]#n#su5tsong5#初中#hj>；<[illegible]#n#tu2tsian5xvaa5#杜鹃花#hj>
[illegible]［va］	ua	<[illegible]#n#vean6xvaa2kvaan4#文化馆#hj>；<[illegible]#ns#taa2xvaang5paa2#大荒坝#hj>
[illegible]［ɔ］或－[illegible]［o］，一般是后者，跟 k、x 相拼时一般为前者。	uo	<[illegible]#n#tsaan2soa4#站所#hj>；<[illegible]#n#ko6tsi2#国际#hj>
[illegible]［ɔi］；[illegible]［kv］或[illegible]［kv］、[illegible]［xv］或[illegible]［xv］＋[illegible]［aai］	uai	<[illegible]#nh#tsung4xoai2tsi2sua5#总会计师#hj>；<[illegible]#n#xvaai2tsi2#会计#hj>
[illegible]［ɔi］；[illegible]［kv］或[illegible]［kv］、[illegible]［xv］或[illegible]［xv］＋[illegible]［aai］	uai	<[illegible]#nh#tsung4xoai2tsi2sua5#总会计师#hj>；<[illegible]#n#xvaai2tsi2#会计#hj>
[illegible]［ui］	uei	<[illegible]#ni#min6vui4#民委#hj>；<[illegible]#ns#jui2li2#瑞丽#hj>

① 当与零声母相拼时，形式是[illegible]或[illegible]，即必须将声母[illegible]和[illegible]。

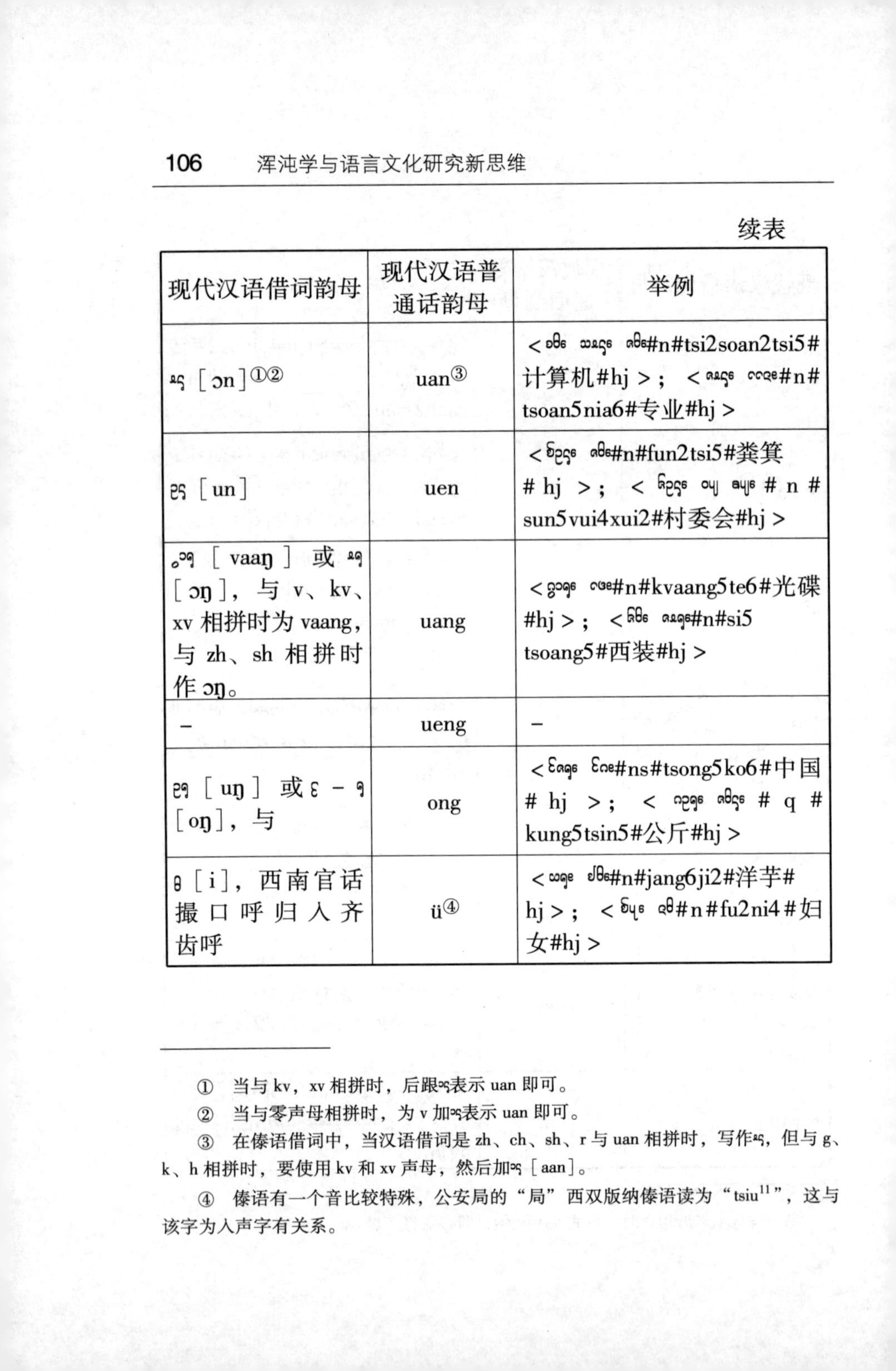

续表

现代汉语借词韵母	现代汉语普通话韵母	举例
[illegible]［ɔn］①②	uan③	< [illegible] [illegible] [illegible]#n#tsi2soan2tsi5#计算机#hj >； < [illegible] [illegible]#n#tsoan5nia6#专业#hj >
[illegible]［un］	uen	< [illegible] [illegible]#n#fun2tsi5#粪箕#hj >； < [illegible] [illegible] [illegible]#n#sun5vui4xui2#村委会#hj >
[illegible]［vaaŋ］或 [illegible]［ɔŋ］，与 v、kv、xv 相拼时为 vaang，与 zh、sh 相拼时作 ɔŋ。	uang	< [illegible] [illegible]#n#kvaang5te6#光碟#hj >； < [illegible] [illegible]#n#si5 tsoang5#西装#hj >
–	ueng	–
[illegible]［uŋ］或 ε – [illegible]［oŋ］，与	ong	< [illegible] [illegible]#ns#tsong5ko6#中国#hj >； < [illegible] [illegible]#q#kung5tsin5#公斤#hj >
[illegible]［i］，西南官话撮口呼归入齐齿呼	ü④	< [illegible] [illegible]#n#jang6ji2#洋芋#hj >； < [illegible] [illegible]#n#fu2ni4#妇女#hj >

① 当与 kv，xv 相拼时，后跟[illegible]表示 uan 即可。

② 当与零声母相拼时，为 v 加[illegible]表示 uan 即可。

③ 在傣语借词中，当汉语借词是 zh、ch、sh、r 与 uan 相拼时，写作[illegible]，但与 g、k、h 相拼时，要使用 kv 和 xv 声母，然后加[illegible]［aan］。

④ 傣语有一个音比较特殊，公安局的“局”西双版纳傣语读为“$tsiu^{11}$”，这与该字为入声字有关系。

续表

现代汉语借词韵母	现代汉语普通话韵母	举例
[illegible]［ɔ］	üe	<[illegible] [illegible] [illegible]#ni#xo5soa6 jian2#科学院#hj>
[illegible]－[illegible]［n］	üan	<[illegible] [illegible] [illegible]#n#tsua6vu6 jian6#植物园#hj>；<[illegible] [illegible]#n#tang4jian6#党员#hj#n#taang4jian6#党员#hj>
[illegible]［in］	ün	<[illegible] [illegible] [illegible]#n#tsin5fean5 si5#军分区#hj>
[illegible]［jung］加辅音[illegible]或[illegible]	iong	<[illegible] [illegible]#v#jung2tsai6#使用#dwhj>；<[illegible] [illegible] [illegible]#nh#sin6kvaang5jung6#秦光荣#hj>

从上表可以看到，现代汉语借词进入傣语词汇系统后，傣语以相同或相近的韵母拼写汉语借词，两者具有较强的对应关系，不过傣语短元音很少拼写现代汉语借词，汉语的 ing、eng 傣语不是使用完全对应的[illegible]［iŋ］、[illegible]－[illegible]［eŋ］，而是采用了近似的[illegible]［in］[illegible]－[illegible]［en］，这与当地汉语方言前后鼻音不分有关系。但跟声调和辅音相比，目前有很多韵母转译常出现两可现象，如汉语的 ong，采用[illegible]或[illegible]－[illegible]都可以，这是因为傣语韵母较多，与汉语相近音也较多，存在着较大选择余地。值得注意的是，傣语的－m、－p、－t、－k 韵尾不拼写现代汉语借词，一些汉语借词，如<[illegible]#v；d#thiam1#增添；再#hg>、<[illegible]#a#kiak7#假，虚伪#dw>等带 m 尾或塞音韵尾的汉语借词应为古汉语借词。

二、现代汉语借词分布情况考察

现代汉语数量庞大，仅次于傣语词汇。在语料库中标记有“hj”“dwhj”“dw；hj”“hghj”“dwhghj”“blhj”“bldwhj”等标记的词总数有4493个，占总词表16291的27.58%，也就是说，每100个傣语词中，就有27.58个词是现代汉语借词或含有现代汉语借词音节的。不过相较于古汉语借词和巴利语借词，现代汉语借词尚不稳定，很多借词词频很低，很多都是一次词，而且含有大量的人名、地名、机构名等。下面从现代汉语借词类型，现代汉语借词高频词，现代汉语借词频率分布区间、现代汉语借词词性分布等方面考察傣语语料库中的现代汉语借词情况。

（一）现代汉语借词类型

现代汉语借词借入傣语后，由于是以双音节为主，对外具有一定的封闭性，这是因为双音节及以上的词再接纳的能力较弱，不容易与其他词进行组合，形成更多的音节，所以大多数现代汉语借词独立性较强（现代汉语以双音节为主，词本身具有自主性和意义完整性，而且现代汉语借词使用活跃，大多数不需要像巴利语那样进行傣语注释），不与傣语、古汉语借词、巴利语相结合，但也有部分现代汉语单音节名词、动词或形容词进入傣语后，其对外接纳能力较强，在傣语双音化过程中，与其他来源词组合，形成新的混合性借词。下表是现代汉语借词类型的基本情况：

序号	现代汉语借词类型	举例	个数
1	hj（现代汉语借词）	<[illegible]#v#kaai4tse6#解决#hj>； <[illegible]#n#fun2#粪，肥料#hj>； <[illegible]#a#jiu5siu2#优秀#hj>	3857个（85.63%）
2	dwhj（傣语现代汉语混合性词）	<[illegible]#v#saa6tsiat8#检查#dwhj>； <[illegible]#nd#tang4tseau5#全州#dwhj>；<[illegible]#v#tsi6nam4#指导，指引#dwhj>	480（10.66%）
3	dw；hj（傣语现代汉语借词同音词）	<[illegible]#n；v#ting2#琴；订#dw；hj>； <[illegible]#v#kaan4#爬；敢#dw；hj>	32（0.71%）
4	hghj（古汉语借词现代汉语借词混合词）	<[illegible]#v#kep7seau5#征收，招收#hghj>；<[illegible]#v#tin2sua6#定购#hghj>	55（1.22%）
5	blhj（巴利语现代汉语借词混合性词）	<[illegible]#n#tsak7pin5siang5#冰箱#blhj>；<[illegible]#v#xaai5lot8#开车#blhj>	39（0.86%）
6	bldwhj（巴利语傣语现代汉语混合性词）	<[illegible]#ni#jean6taa2saang6vui4xui2tang4pha1tet8#全国人大常委会#bldwhj>； <[illegible]#n#xoang6paan1？kaan1#办公室#bldwhj>	14（0.31%）
7	dwhghj（傣语古汉语现代汉语混合性词）	<[illegible]#n#taa1seau5dai3#收入#dwhghj>；<[illegible]#n#phu3po1kvaan4#保管员；管理员#dwhghj>	23（0.51%）

续表

序号	现代汉语借词类型	举例	个数
8	hjyj（现代汉语英语混合性词）	<B [illegible]#n#Bsaau5#B 超#hjyj>；<[illegible] C#n#veai6sean5su2C#维生素 C#hjyj>	4（0.09%）
9	bldwhghj（巴利语傣语古汉语现代汉语混合性词）	<[illegible]#i#tok8phaan1jaan4kiu2#贫穷#bldwhghj>	1（0.02%）

从上表可以看到，纯粹的现代汉语借词数量庞大，占比85.64%，这是因为现代汉语借词主要以双音节及以上音节为主，而双音节及以上音节在双音节占主流的傣语词汇系统中，自身具有相当的完整性和封闭性，不容易再接纳其他成分，双音节现代汉语借词如再接纳其他来源的词，就必须是三音节以上的词，而这种词在傣语中数量较小；其他混合词数量不大，不到15%，dwhj 占了近11%，其中大多数是双音节化的需要，且傣语和现代汉语借词都是独立性强的单音节动词或形容词，二者对外都具有较强的接纳能力，但有些现代汉语不能独立使用的现代汉语借词，傣语借用了其中一个音节，如<[illegible]#v#tsu5num4#组织；集中#dwhj><[illegible]#v#tsi6nam4#指导，指引#dwhj><[illegible]#v#man3kung4#巩固#dwhj><[illegible]#v#hat9lian2#锻炼#dwhj><[illegible]#v#pak7tin2#确定，定制#dwhj>中的现代汉语借词“组、指、巩、炼”在相应的义项中一般都不使用，但傣语只是借用了其中一个音节，组成双音节词；其他类型数量都很少，这是因为古汉语借词数量相对较少，而巴利语进入到一般书面语的单音节数量也不是很多。但随着时间推移，越来越多的现代汉语借词，尤其是单音节名词、动词、形容词借入傣语后，傣语现代汉语混

合性借词应该会越来越多，其他混合性借词也应有所增加，这应是傣语词汇的一种发展趋势。

（二）现代汉语高频借词考察

现代汉语借词尽管很多都是低频词，但也有一部分词词频较高，这部分借词将来进入傣语可能性很大，如下表（频率100以上）：

序号	现代汉语借词	举例①	词频	位次（词表中的位置）
1	元	<[illegible]#q#jian6#元#hj>	1460	32
2	亩	<[illegible]#q#mu4#亩#hj>	1047	61
3	州	<[illegible]#n#tseau5hau4#我州#dwhj>；<[illegible]#ni#tseau5vui4#州委#hj>	882/769	75/90
4	村委会	<[illegible]#n#sun5vui4xui2#村委会#hj>	693	101
5	中国	<[illegible]#ns#tsong5ko6#中国#hj>	614	121
6	管	<[illegible]#v#po1kvaan4#保管；管理#hghj>	595	125
7	县	<[illegible]#ns#meang4haai4sian2#勐海县#dwhj>；<[illegible]#ns#meang4laa6sian2#勐腊县#dwhj>	570/407	135/207
8	查	<[illegible]#v#saa6tsiat8#检查#dwhj>	528	154
9	市	<[illegible]#ns#tseng4hung5sua2#景洪市#dwhghj>	516	160
10	政府	<[illegible]#n#tsean2fu4#政府#hj>	512	163

① 举例时，同一个词既使词频高也不再列举，如“省、州、市、县、乡、镇”在多个词中出现，词频都很高；人名不列举。

续表

序号	现代汉语借词	举例①	词频	位次（词表中的位置）
11	改变	<ᨸᩮ᩠ᨶ ᨠᩱ#v#pen2kai4#改变；改革#hj>	454	192
12	党员	<ᨴᩣ᩠ᨦ ᨿᩮ᩠ᨶ#n#taang4jian6#党员#hj>	438	198
13	干部	<ᨠᩣ᩠ᨶ ᨻᩪ#n#kaan2pu2#干部#hj>	348	243
14	公斤	<ᨣᩩ᩠ᨦ ᨧᩥ᩠ᨶ#q#kung5tsin5#公斤#hj>	323	263
15	组	<ᨩᩩ ᨶᩩ᩠ᨾ#v#tsu5num4#组织；集中#dwhj>	308	279
16	指	<ᨩᩦ ᨶᩣ᩠ᨾ#v#tsi6nam4#指导，指引#dwhj>	305	281
17	旱	<ᩉᩮ᩠ᨿᨦ ᨡᩣ᩠ᨶ#a#hiang3xaan2#干燥#dwhj>	296	293
18	省委	<ᩈᩯ᩠ᨶ ᩅᩱ#n#sean4vui4#省委#hj>	284	304
19	帮补	<ᨻᩢ᩠ᨦ ᨻᩪ#v#pang5pu4#帮补，补贴#hj>	283	308
20	用	<ᨩᩲ ᨿᩩ᩠ᨦ#v#tsai6jung2#使用#dwhj>	248	342
21	党组织	<ᨴᩣ᩠ᨦ ᨩᩩ ᨩᩮᩬ#n#taang4tsu4tsua6#党组织>	243	351
22	书记	<ᩈᩪ ᨧᩦ#n#su5tsi2#书记#hj>	235	362
23	云南	<ᨿᩥ᩠ᨶ ᨶᩣ᩠ᨶ#ns#jin6naan6#云南#hj>	234	368
24	防	<ᨼᩣ᩠ᨦ#v#faang6#防#hj>	231	371
25	常委	<ᩈᩣ᩠ᨦ ᩅᩱ#n#saang6vui4#常委#hj>	221	377
26	乡镇	<ᩈᩮ᩠ᨿᨦ ᨩᩯ᩠ᨶ#n#siang5tsean2#乡镇#hj>	200	417

① 举例时，同一个词既使词频高也不再列举，如“省、州、市、县、乡、镇”在多个词中出现，词频都很高；人名不列举。

续表

序号	现代汉语借词	举例①	词频	位次（词表中的位置）
27	吨	<[illegible]#q#tun5#吨#hj>	198	422
28	党委	<[illegible] [illegible]#ni#taang4vui4#党委#hj>	192	441
29	公安	<[illegible] [illegible]#n#kung5aan5#公安#hj>	187	
30	中央	<[illegible] [illegible]#ni#tsong5jaang5#中央#hj>	183	469
31	收	<[illegible]#v#seau5#收#hj>	174	494
32	报	<[illegible] [illegible]#v#boak9paau2#报告#dwhj>	168	515
33	解决	<[illegible] [illegible]#v#kaai4tse6#解决#hj>	168	518
34	社会主义	<[illegible] [illegible] [illegible] [illegible]#n#sea2xui2tsu4ji2#社会主义#hj>	163	529
35	代表	<[illegible] [illegible]#n#taai2piau4#代表#hj>	159	545
36	站	<[illegible]#n#tsaan2#站#hj>	156	554
37	先进	<[illegible] [illegible]#a#sian5tsin2#先进#hj>	152	574
38	企业	<[illegible] [illegible]#n#si5nia6#企业#hj>	149	583
39	送	<[illegible]#v#sung2#送#hj>	147	591
40	办	<[illegible]#v#paan2#办#hj>	146	595
41	电视	<[illegible] [illegible]#n#tian2sua2#电视#hj>	145	600
42	派出所	<[illegible] [illegible] [illegible]#ni#phaai2su6soa4#派出所>	139	626
43	政协	<[illegible] [illegible]#n#tseau5tsean2se6#政协#hj>	144	601

① 举例时，同一个词既使词频高也不再列举，如“省、州、市、县、乡、镇”在多个词中出现，词频都很高；人名不列举。

续表

序号	现代汉语借词	举例①	词频	位次（词表中的位置）
44	稳	<[illegible]#a#man3vuan4#谨慎；稳当#dwhj>	132	638
45	协会	<[illegible]#n#se6xui2#协会#hj>	133	650
46	算	<[illegible]#v#soan2#算#hj>	125	691
47	边防	<[illegible]#n#pian5faang6#边防#hj>	117	726
48	警察	<[illegible]#n#tsin4saa6#警察#hj>	104	802
49	农场	<[illegible]#n#nung6saang4#农场#hj>	102	812
50	部长	<[illegible]#n#pu2tsaang4#部长#hj>	102	815
51	州长	<[illegible]#n#tseau5tsaang4#州长#hj>	102	816
52	米	<[illegible]#v；q#mi4#有；米#dw；hj>	3745	6

从上表可以看到，现代汉语高频名词以双音节词为主，动词形容词以单音节为主，主要集中在四类：（1）社会政治生活用词，这部分用词是现代生活或政治的需要，大多数现代汉语借词，傣语都没有相应的词，需要借用汉语进行表达；如“政府、政协、常委、警察、边防”等；（2）度量衡用词，如“元、亩、公斤、吨、米”等，傣语本有一套度量衡，但由于换算机制与汉语不同，现在一般都采用现代汉语度量衡了，只在古籍中还出现傣语自身度量衡词汇；（3）一些高频动词或形容词，如“办、送，算、报、收、解决”等，这些词活跃能力强，大多是单音节，将来与其他来源词组合的可能性也很大，成为傣语双音节过

① 举例时，同一个词既使词频高也不再列举，如“省、州、市、县、乡、镇”在多个词中出现，词频都很高；人名不列举。

程中的一个活跃成分，构词能力强；（4）双音化中补足音节和意义作用，主要出现在双音节词中，如“管、稳、查、指”等，这部分借词，一开始就是为了表达双音节化需要，其单独使用能力很弱，是为了补足音节和意义作用，所以基本出现在傣语和现代汉语混合性双音节借词中，不过这部分词随着大众对其逐渐了解，而且其本身单音节独立性强，也逐渐可单独使用了，也有机会再与其他词进行再组合，形成新的混合性借词。

（三）现代汉语借词频率分布

现代汉语借词分布很不均匀，有一些词词频很高，但绝大多数词词频很低，属于偶见词。它们在傣语词汇中很不稳定，只是表达文化或特定概念需要。下表是现代汉语借词频率分布情况（现代汉语借词或含有现代汉语音节）：

序号	分布区间	词数	举例
1	词频大于500（包括500，下同）	14	<ᦵᦋᧃᧉ#q#jian6#元#hj>；<ᦷᦔ ᦦᦱᧃᧈ#v#po1kvaan4#保管；管#hghj>；<ᦈᦳᧂᧉ ᦅᦸᧉ#ns#tsong5ko6#中国#hj>
2	200－500	23	<ᦂᦱᧃᧈ ᦗᦴᧈ#n#kaan2pu2#干部#hj>；<ᦵᦔᧃᧈ ᦂᦺᧈ#v#pen2kai4#改变；改革#hj>；<ᦌᦱᧉ ᦵᦋᦲᧆ#v#saa6tsiat8#检查#dwhj>
3	100－200	56	<ᦓᦳᧂᧉ ᦌᦱᧂᧈ#n#nung6saang4#农场#hj>；<ᦋᦲᧃᧈ ᦌᦱᧉ#n#tsin4saa6#警察#hj>；<ᦂᦺᧈ ᦡᦲ#v#kai4di1#改善，改良#dwhj>
4	50－100	100	<ᦉᦲᧃᧉ ᦧᦱᧉ ᦵᦌᧈ#ni#sin5xvaa6sea2#新华社#hj>；<ᦗᦱᧁᧈ ᦵᦌᧃᧈ#n#pau4sian4#保险#hj>；<ᦌᦱᧂᧉ ᦞᦼᧈ ᦆᦼᧈ#n#saang6vui4xui2#常委会#hj>
5	20—50	209	<ᦵᦌᦲᧁᧈ ᦌᦸᧉ#n#siau4soa6#小学#hj>；<ᦞᦴᧈ ᦋᦲᧃᧈ#ni#vu4tsin4#武警#hj>；<ᦧᦻᧈ ᦋᦲᧈ#n#xvaai2tsi2#会计#hj>

续表

序号	分布区间	词数	举例
6	10－20	193	< [illegible]#n#noi2ti2#内地#hj >； < [illegible]#q#kung5sin4#公顷#hj >； < [illegible]#v#pheai2#配#hj >
7	5－10	334	< [illegible]#n#hoang3jin6xang6#银行#dwhj >； < [illegible]#n#lau3phi6tsiu4#啤酒#dwhj >； < [illegible]#n#thaai2jang6nean6#太阳能#hj >
8	3－4	484	< [illegible] # n # sea5 # 车 # hj >； < [illegible] # n # vaang4paa5#网吧#hj >； < [illegible]#n#tsi5min6#居民#hj >
9	2	574	< [illegible]#n#hean4leau6#楼房#dwhj >； < [illegible]#v#thaai1kong2#呈献，奉献#dwhj >； < [illegible]#n#tsua6sean5tsi5#直升机#hj >
10	1	2518	< [illegible]#n#lot8je6je4#越野车#blhj >； < [illegible]#n#aai1tsaau5？si2#沼气#dwhj >； < [illegible]#n#paan1laai4#花斑#dwhj >

从上表可以看到，现代汉语借词主要以低频词为主，其中1次词占比55.90%，2次词占比12.74%，两者基本都是双音节及以上音节的名词或专有名词，也有极少量的双音节动词，如< [illegible]#v#theau6phiau2#投票#hj > < [illegible]#v#tsian4saa6#检查#hj >等；3—4次词占比10.74%；5—10占比7.41%；10次以上词占比13.21%。现代汉语借词在傣语词汇系统中还不稳定，即使很多高频词，也有很多人名、地名，机构名，它们也很不稳定，经常发生变化。但这种状况对全面考察现代傣语怎样影响傣语的机制的确是非常有用的。

（四）现代汉语借词词性分布情况

现代汉语借词词性分布较为广泛，有名词、动词、形容词、量词、数词等，其中人名、地名、机构名也占有相当大的分量。下表是现代汉语借词词性分布状况：

序号	词性	举例	数量
1	n（名词）	< [illegible]#n#veai6sean5su2#维生素#hj >； < [illegible]#n#tsi2thoan6#集团#hj >； < [illegible]#n#vaang4lo6#网络#hj >	1449
2	nh（人名）	< [illegible]#nh#xu6tsin4thau5#胡锦涛#hj >； < [illegible]#nh#tsiang5phu4sean5#江普生#hj >； < [illegible]#nh#tau5lin6jin5#刀林荫#hj >	1148（加上全名或全姓）
3	ni（机构名）	< [illegible]#ni#kung5aan5pu2#公安部#hj >； < [illegible]#ni#sin5xvaa2sea2#新华社#hj >； < [illegible]#ni#xung6sua6tsua2xui2#红十字会#hj >	704
4	v（动词）	< [illegible]#v#kung5kaak9#供稿#dwhj >； < [illegible]#v#lu4seau5#抢收#dwhj >； < [illegible]#v#kaai4faang2#解放#hj >	421
5	ns（地名）	< [illegible]#ns#saang2xaai4sua2#上海市#hj >； < [illegible]#ns#je6naan6#越南#hj >； < [illegible]#ns#saan5tong5sean4#山东省#hj >	634
6	q（量词）	< [illegible]#q#li6faang5#立方#hj >； < [illegible]#q#li6mi4#厘米#hj >； < [illegible]#q#kung5sua6#公尺#hj >	48
7	a（形容词）	< [illegible]#a#jiu5siu2#优秀#hj >； < [illegible]#a#thea6pe6#特别#hj >； < [illegible]#a#sian5tsin2#先进#hj >	32
8	nd（方位词）	< [illegible]#nd#nai4tseau5#州里#dwhj >； < [illegible]#nd#tsung5naan6#中南#hj >； < [illegible]#nd#paai4paang5#旁边#dwhj >	23

续表

序号	词性	举例	数量
9	i（成语）	<[illegible]#i#kaai4kea6xaai5faang2#改革开放#hj>；<[illegible]#i#din3sian4tu4phaai6#赌牌#dwhj>；<[illegible]#i#pin1fun2pin1ngai5#满身灰尘#dwhj>	14
10	nt（时间名词）	<[illegible]#nt#tong5tsin2#东晋#hj>；<[illegible]#nt#sin5saau6#清朝#hj>；<[illegible]#nt#min6saau6#明朝#hj>	10
11	m（数词）	<[illegible]#m#sian5#千#hj>；<[illegible]#m#ti2ji6#第一#hj>；<[illegible]#m#ea2tsi6tsaa6#二级甲#hj>	7
12	mq（数量词）	<[illegible]#mq#saan5phi5#三批#hj>；<[illegible]#mq#ti2vu4thau2#第五套#hj>	2
13	r（量词）	<[illegible]#r#jaang2ni5#这样#dwhj>	1

从上面的数据可以看到：（1）现代汉语借词以名词为主，尤其是以广义的名词为主（包括普通名词、人名、地名、机构名、时间名词、空间名词），其总数为3969，占比88.30%；（2）动词也占有一定分量，共有421个，占比9.37%，主要以双音节动词（双音节动词也具有很强的自主性，不易接纳其他词）或混合词（现代汉语借词基本都是单音节）为主。其中混合性词语为214个，占比50.83%，再次说明动词对外具有较强的接纳能力；（3）量词借词也有一定分量，而且很多量词词频很高，这主要是古傣文的度量衡量词与汉语不一致导致的，如<[illegible]#q#jian6#元#hj>（1460次），<[illegible]#q#mu4#亩#hj>（1160次）<[illegible]#q#kung5tsin5#公斤#hj>（329次）<[illegible]#q#tun5#吨#hj>（205次）词频都在200以上；（4）形容词数量较少，且不是很活跃，词频较低，除几个单音节词外，如<[illegible]#a#xaan2#干#hj><[illegible]#a

#xea6#黑#hj> <ကိၚ#a#kin4#紧#hj>，大多都是双音节形容词，如<ခုၚ် ၼၥၚ်#a#xun2naan6#困难#hj> <ယိဝ့ ပသၚ်#a#jiu4sian2#有限#hj> <ၸွၚ်း ၶေႃ#a#tsong5xo6#综合#hj>等，这与形容词本身系统相对稳定，一种较为成熟的语言形容词大体完备有关；（5）四音节成语更是以混合性借词为主，除<ၵၢႆ ၵေး ၶၢႆ ၾၢင်#i#kaai4kea6xaai5faang2#改革开放#hj> <သေး ၶုႆ ၸူ ယိၚ်#n#sea2xui2tsu4ji2#社会主义#hj>外，其他基本都是混合性借词。（6）其他借词数量都比较少，词频低，基本属于偶发性借词。

三、现代汉语借词特点及影响

1. 现代汉语借词声韵调与汉语普通话具有较为严整的对应关系。这种严整的对应关系为识别现代汉语借词提供了极大的便利，也对识别古汉语借词有一定的反推作用。傣汉之间的现代汉语借词对应规律表明，傣语在吸纳现代汉语借词时，根据自己的语音系统对汉语借词声韵调进行的调整。由于声调和韵母，傣语都比汉语多，所以只采用了部分进行转写，而声母两种语言相当，其中有 12 个完全相同，这两者之间存在着严密一一对应关系。而傣语［kh］［x］是自由变体，而且以［x］为正体，所以汉语中也采用［x］与之对应；傣语中只有［ts］［tsh］［s］三个舌尖前音，而汉语具有舌尖前音，舌尖后音、舌面音，傣语使用舌尖前音进行转写，进行了大量合并。这种合并造成了傣语大量同音词存在，从而也引起了某种程度的混乱。在实际生活中，我们很难对这些词进行准确翻译，尤其是专有名词的翻译问题。汉语的零声母傣语采用了五个不同声母进行对译，由于两者之间存在较为严整的对应关系，两者互译难度不大。

2. 现代汉语借词对傣语语音结构产生了一定影响。傣语声韵调比较复杂，有 6 个调类，21 个声母和 91 个韵母，从理论上来说，它可以组成 11466 个音节。但实际使用中数量远远低于这个数字，据傅懋勣等先生对西双版纳傣语音节的统计，傣语实际使用 3585 个音节（未包括当时的汉语借词音节）[①] 也就是说，傣语音节实际只使用了理论值的三分之一，尚有大量的空位接纳其他借词音节。事实也是如此，现代汉语进入后，增加了大量傣语所没有的音节，如 < [illegible]#jian2 > < [illegible]#veai6 > < [illegible]#vui4 > < [illegible]# jian6 > < [illegible] # fu4 > < [illegible] # eau5 > < [illegible] # sian5 > < [illegible]#neai2 > < [illegible]#faang2 > < [illegible]#vu6 > < [illegible]#mi6 > 等等，据我们对语料库的对比统计，即将傣语固有词、古汉语借词和巴利语借词音节进行比较，找出这几种来源的特殊音节，再与《傣汉词典》和《傣仂汉词典》比对，其中现代汉语借词特有音节为 243 个，其中有些高频音节，活跃能力强，如 < 委[illegible] > < 元[illegible] > < 府[illegible] > 等。

3. 现代汉语主要以双音节及以上音节结构为主，单音节主要是一些动词，名词和形容词数量也不是很多。双音节汉语借词在双音节化程度比汉语还低的傣语中，具有较强的完整性和对外封闭性，因此很多汉语借词独立于傣语固有词、古汉语借词以及巴利语借词之外。现代汉语借词数量虽庞大，但是其与其他来源词的混合程度低，尤其是远低于傣语和古代汉语借词的混合性借词。但是由于大量的汉语借词的进入，也客观上增加了傣语多音节的数量，促进了傣语多音节词的发展。

4. 现代汉语借词中名词占有极高的比例，尤其是人名、地名、机构名数量较大。任何一种语言在借进另外一种语言借词时，名词都是主体，这是因为名词数量庞大，主要用来表达新概

---

① 参见傅懋勣、刀世勋、童玮、刀中强：《云南省西双版纳允景洪傣语的音位系统》，第 14 页，中国社会科学院，1951 年。

念和新事物。但是名词的稳定性又最差，大多数名词借词都是昙花一现，只有少数高频词才可能保留在傣语中，而动词、形容词及其他词性一旦借进来并形成一定规模后，容易在接受语中扎根。现代汉语借词的高频单音节动词都已经在傣语词汇中扎住脚跟，并与其他来源词频繁构词，进一步稳固了它存在的基础。从古代汉语借词来看，汉语借词的名词并不占多大优势，这进一步说明名词的不稳定性。但问题还有另一面，现代汉语借词数量庞大，信息量丰富，来势汹汹，加上现代汉语借词封闭性较强，两者调适的余地较小，它在书面语中逐渐替代傣语固有词的可能性加大，从而有可能加速傣语固有词的萎缩，此外也会加剧傣语口语和傣语书面语之间的距离，造成“文言”新的分离。

城市达斡尔族语言态度与语言生活研究

德红英

不同城市的达斡尔人的语言态度除了共性特征之外还有个性特征，影响城市达斡尔族语言态度不同的因素有很多，从宏观上看，各城市文化背景的异同，民族关系的变化，社会权利实现的程度，双语人口的多少，聚居程度的不同都会或多或少地制约语言态度。从微观上看，每个人的情况不同，其视野不同，态度自然不同。人的交际需要、感情、兴趣等也是影响语言态度的重要因素，是社会因素综合作用的结果。个人的语言态度在某些情况下，并不一定跟舆论相符合，有时候一个人说的跟做的也不完全一致。随着时间的推移，社会的变迁，人们的语言态度也会发生变化。

一、语言态度调查样本分析

根据田野调查得知，城市达斡尔人在语言态度方面既存在共性差异也存在个性差异。其共性主要表现为：尽管很多城市达斡尔族远离民族聚居区，他们使用达斡尔语进行交际的机会明显减少，母语使用能力逐渐弱化，并不是说他们的民族情感就淡漠，反而更加强烈，更加深厚，绝大多数达斡尔族人对学习和使用母语持充分肯定的态度，在这种态度中情感因素大于认知因素。同时他们对汉语、双语也持肯定态度，在这种态度中更多地含有理性的、实用的成分。随着被调查者代际的降低，对母语转用者的态度也更为包容，甚至表现出无所谓的态度。大多数被调查者对母语有着极大的亲切感。

差异：首先，对达斡尔语使用者的态度不同。被调查城区与聚居区的距离越近，被调查者在街上听到母语的激动感越低。其次，对语言转用者的态度不同。被调查城区与聚居区的距离越远，被调查者对本族语言转用者的态度更为包容和理解，对孩子转用其他语言的态度更多的是无奈。再次，对双语者和多语者的态度不同。被调查城区与聚居区的距离越近，被调查者对双语者和多语者更多的是给予肯定的态度。

绝大多数城市达斡尔族人对学习和使用母语持充分肯定的态度，在这种态度中情感因素大于认知因素。同时他们对汉语、双语也持肯定态度，在这种态度中更多地含有理性的、实用的成分。大中城市的达斡尔人更多地处于两难选择的矛盾境地，一方面，家长们希望自己的孩子学习达斡尔语，对于孩子不会说达斡尔语感到非常无奈和遗憾。另一方面，家长往往会因为考虑孩子的升学、就业等方面的因素而放弃对孩子学习母语的要求。

二、影响语言态度的相关因素

（一）宏观因素

1. 文化背景的异同

因其各城市文化背景的不同，因此各城市的达斡尔人的语言态度也有其不同。从社会心理语言学角度来看，在达斡尔族聚居区，达斡尔文化氛围浓厚，达斡尔人口相对集中，达斡尔语一般都保留得比较好，其母语感情倾向和语言忠诚更为突出；而在民族散杂区，达斡尔语的使用或多或少受到一些客观条件的局限，使用范围缩小，因此，对于母语以外的语言，由于社会交往的需要，散杂居地区的达斡尔人更容易接受和学习。非聚居城市与聚居城市相比，前者语言态度比较开放，后者语言态度相对而言比较保守。在大中城市，由于交通的便利，生活节奏的紧凑，经济文化的发达，再加上达斡尔族人口居住的分散，缺少使用达斡尔语进行交际的机会和环境，越来越多的达斡尔人对汉语高度认同、信任，认为学习、使用汉语有助于找工作，有助于搞好学术研究，有助于在工作、学习中与人们交际、沟通。大中城市相对来说缺少达斡尔语使用的环境，很多家长出于实际的需求，希望自己的孩子学好汉语，不希望他们花更多的精力学习母语。而在小城市，尤其是民族地区，对汉语的要求没有那么严格，语言使用的环境相对宽松些，甚至有些岗位要求会讲达斡尔语或者其他少数民族语言。因此，很多家长不反对孩子们学习母语，甚至鼓励学好母语。大中城市中的被调查者对转用者的态度较为包容，小城市对转用者的态度较为平均，总体上看，大中小城市中的被调查者对语言转用的态度还是比较包容的，持理解的态度，认为即使转用了汉语，他们仍然是达斡尔人。同为生活在城市并经历着城市多元文化洗礼的人们，已经具有了城市人较高的文化素质和开阔的眼界，使得他们能用一种较为理性的态度对待语言转用者。

因此，达斡尔语使用能力相对于小城市而言更为弱化，人们更多的是转用汉语。保留达斡尔语的比丢失达斡尔语或只能听懂不会说达斡尔语的达斡尔族具有更强的语言感情。大多数懂达斡尔语的尤其是以达斡尔语为主要交际语的达斡尔人认为，见了本族人不说本族话就很别扭，使用达斡尔语有一种难以言表的亲切感；而在丢失达斡尔语或达斡尔语说得不流利的达斡尔族中，虽有不少人对自己不懂达斡尔语表示遗憾，但对达斡尔语的感情不如懂达斡尔语的达斡尔族那样明显或强烈。实际上会说达斡尔语的达斡尔族是对母语感情和语言忠诚的一种自然流露。

2. 社会、历史因素的影响

（1）对双语的认同

达斡尔族对双语的认同是有着社会、历史多方面原因的。城市达斡尔族人口一般呈大杂居、小聚居或散居分布，历史上达斡尔族与汉民族、满族、蒙古族等民族在政治、经济、文化方面友好往来。这种与各民族日益往来的局面为相互学习语言创造了现实的条件。达斡尔族在清代与满族广泛接触与交流的同时，通过满族也间接地接受了汉族文化成分，或在一定程度上受到汉文化的熏陶。许多汉语词汇很早就通过满语为媒介进入达斡尔语中。清朝时期，达斡尔人主要使用和借用满语和汉语，但在一些接近蒙古族地区的达斡尔族中，他们也习用蒙语。18 世纪 30 年代，达斡尔族中部分人迁移到内蒙古地区，同蒙古族有了较为频繁的接触。18 世纪末，其中一些人就开始学习蒙古文。到了 20 世纪中叶，学蒙古文的人明显增多。受其影响，居住在蒙古族地区的达斡尔族中起用蒙古语人名的现象逐年增多。

新中国成立后，达斡尔文化在与汉文化的互动与交融中得到了长足的进展。随着满语满文社会功能的逐渐萎缩，更多的达斡尔人在学习和使用汉语汉文，在接受汉族文化的熏陶下成长为达汉双语双文化人。伴随着汉文化的逐渐渗透，达斡尔族对汉文化予以认同，吸收的汉文化成分也越来越多。近几十年来，达斡尔族中的一部分社会群体由于各种原因成为单语（即汉语）人。此外，某些地区的达斡尔人受邻近民族语言和文化的影响形成了多语现象。这一时期，达斡尔语中出现了大量的汉语借词，达斡尔族人名也开始出现汉化现象，表现为一方面将原有的哈拉、莫昆的多音节全称形式简化为类似汉族的单字姓；另一方面则出现了大量以汉语命名的人名。地名中也出现了固有的民族语地名与外来语尤其是汉语地名并存的双语地名。在长期的生产生活中，达斡尔族居民与周围的其他民族相互帮助、和睦相处，共同营造了和谐的民族关系，这种良好的民族心态与社会环境是造成达斡尔族双语格局的一个重要因素。中华人民共和国成立以来的近半个世纪里，达斡尔族中达汉双语现象可以说是比较普遍和稳定的。

(2) 对汉语和汉文的高度认同

达斡尔族对汉文化高度认同早在清代就初见端倪。在达斡尔族一部分知识分子中，他们的名字是满－汉双语人名，表现为正式名字用满语或汉语，而字号则一般用汉语。生活在清中期及以后的许多达斡尔人也有更多的人喜欢直接以汉语单语命名。清末后，达斡尔族中尤其是以部分文人，模仿汉族文人的姓名特点，在姓、名之外取字、号。

对汉语及汉文化认同的另一个方面则是随着达斡尔族地区的汉语及汉语文教育的普及，聚居城市的达斡尔人的达汉双语现象逐渐成为一种全民性的社会现象。民国初期，达斡尔族地区的学校教育的一个突出成果便是培养了大批精通汉语并谙熟汉文化的双语人。

由于达斡尔族与汉语、汉族文化的直接接触，一部分汉语借词由以往通过满语为媒介进入达斡尔语而改为直接从汉语中吸收或借入。因此，达斡尔语中的汉语借词数量逐渐增多。另外，这个时期的达斡尔文人们在他们的创作活动及其作品中体现了他们对汉文化精髓的谙熟与精通。例如，生活在这个时期的达斡尔族文人代表钦同普（1880—1938）用满文字母的“达呼尔文”创作了不少文学作品，虽然在语言和风格上颇具民族特色，但在表现形式上，以及某些内容上都能够明显看出汉语诗歌的痕迹。

在当今社会，汉语作为国家行政管理、科技信息传播和社会生活信息传播的工具，发挥着作为民族语、族际语、区域语和国际语的社会功能。汉语的社会实用功能和当今的时代背景决定了达斡尔族对汉语的认同和实用的语言态度。由于汉语人口多，分布广，加之各少数民族自古便与汉族人民保持密切的政治、经济、文化联系，所以汉语成为我国各民族人民共同使用的一种族际语言。

(3) 民族认同对语言态度的影响

城市达斡尔族普遍对母语在情感上有着强烈的认同倾向，这种语言态度是民族认同心理的充分体现。“同一民族的团体成员在世代的繁衍中又总有着彼此相近的血缘关系，有着相同的语言、文字、生产方式、宗教信仰，统一的社会制度或统一的文化形态。民族团体以其稳定的结构整体，影响制约着组成民族团体的各个成员，使其成员不仅具有相似的身体形态、心理活动，而且具有相似的个性心理特征及行为方式，这些相似的个性心理特征就构成了民族认同心理。”[①] 城市达斡尔族虽然生活方式已经发生了变化，语言使用功能也发生了变化，但是语言是民族认同的最重要的文化因素之一，是一种文化的传递，一种文明的传承与积淀。达斡尔族人民曾世代沿用自己的语言作为交际工具，生活中每时每刻都离不开它。同时，达斡尔族的语言还反映着本民族的经济生活、风俗习惯、宗教信仰、心理特征。人们关爱着自己的语言，对它倾注了深厚的民族感情。人们都希望用自己最熟悉最拿手的语言进行交流，希望有更多的人知道自己的语言。在调查中发现很多城市达斡尔人愿意并且已付诸行动，各尽所能地为达斡尔族语言文化的传承尽自己的努力，具有强烈的传承本民族语言的意识。

---

① 王洋：新疆乌鲁木齐和吐鲁番地区维吾尔族语言态度探析，载《新疆大学学报》，2007 年第 3 期。

（二）微观因素

1. 年龄的差异对语言态度的影响

不同年龄段的人对待语言文化的态度也不同，越是年轻人，对语言文化的适应和融合能力越强，对语言转用态度的包容性也就强，更容易接受其他民族的语言。这点在家庭内部不同代际间的差异表现得最为明显、最为突出。在家庭中，祖父母一辈的人主要是使用母语进行交际。父母一辈的人除使用母语以外，还使用汉语等其他语言进行交际。年轻一辈的人主要使用汉语进行交际。老年人对达斡尔语的感情常常表现得比年轻人更加明显和强烈。老年人对达斡尔族中部分忘记或不懂达斡尔语的人表现出不满的态度。一些年轻人外出上学、当兵或工作，几年后忘记了达斡尔语，或说得不流利，或虽然会说却不愿意说。对此，老年人看不惯，认为这些孩子变了，忘了祖宗留下来的语言，与达斡尔族拉开了距离。

2. 文化程度的差异对语言态度的影响。

一般而言，文化程度高的人语言态度更趋理性化或理想化成分较多，更多地从大局和本民族利益的角度考虑问题；文化程度较低的人、普通百姓的语言态度更多地考虑本人、本地实际以及客观条件的可能性，也就是说，在人们的态度中理性或理想化成分较少，比较实际。此外，文化程度高的人回答问题时常常顾虑较多，言辞比较委婉，有时比较隐讳；文化程度较低的人回答问题时顾虑较少，比较直率，不大隐讳自己的真实想法。与此相应，文化程度高的人回答问题时由于考虑的因素较多，有时会出现前后不一致的现象；文化程度低的人回答问题时考虑得较单纯，其态度常常前后一致。

三、语言态度对语言生活的影响

语言态度是人们对一种语言或文字的社会价值形成一定的认识或做出一定的评价，主要反映的是人的主观愿望、看法和评价，它与现实的语言生活之间存在着各式各样的联系。有什么样的语言态度，常常就会有相应的对待母语和第二语言的心理反映。

（一）对语言选择的影响

一个民族的民族心理、语言态度往往对语言选择和学习起到非常重要的作用。城市达斡尔人对母语的深厚感情使得他们在与本族人交往时，尤其是老年人，选择使用母语进行交际。对双语的肯定态度，使得城市达斡尔族使用达汉双语的人较多，并趋于稳定，尤其是聚居城市中的达斡尔人更多地选择双语进行交际。对语言转用的包容、理解态度，尤其是年轻人，对其他民族的认可和包容同样可能带来语言上的认同，从而减小语言转用的阻力，使得城市达斡尔人语言转用数量明显增多，尤其是明显转用汉语。

（二）对母语使用和传承的影响

在聚居城市和杂居城市的调查者中近50%的人使用母语是因为适合环境，在不同城市被调查的达斡尔人中，近50%的人使用母语的原因是因为对母语的深厚感情，希望母语能够得到很好的传承。

族群的语言态度也是对本族语使用和传承发生影响的重要因素之一。族群对本族语的态度由族群的整体性格和语言观念等所决定。达斡尔族向来重视自己的传统特征，民族文化意识强烈，对母语的深厚感情是城市部分达斡尔族继续使用达斡尔语的主要原因。城市中部分达斡尔族家长面临两难选择：一方面，希望自己的孩子学习母语；另一方面，考虑升学、就业等因素而不支持孩子学习母语。这种语言态度导致出现了两种情况：一部分家长会刻意在家庭使用和保持自己的母语，而另一部分家长会有意回避使用母语而使用汉语。

（三）对语言能力的影响

语言的使用是一种社会行为，语言态度这种社会心理因素必然会对语言使用者的语言能力产生深刻的影响。对母语的感情、认同、依赖，在城市达斡尔族中还有近50%的人能够熟练掌握母语，还有20.59%的人略懂达斡尔语。对双语的肯定态度引起城市达斡尔族中近一半的人熟练掌握双语。对汉语的认同，引起城市中大多数达斡尔人使用汉语的能力较强。

（四）对语言行为的影响

语言的使用是一种社会行为，语言态度这种社会心理因素必然会对语言使用者的语言行为产生深刻的影响。城市达斡尔族对母语在情感上认同的态度表现在行为上就是在家庭内部尽量说达斡尔语，参加达斡尔族活动时使用达斡尔语、演唱达斡尔语歌曲。同时有意识地教孩子学习、使用达斡尔语。部分不懂达斡尔语的人们在与周围的达斡尔人交往时，潜藏在内心深处的民族意识觉醒，并不断加强，他们自觉地重新学习并掌握了达斡尔语，并且坚定地使用并维护着它。城市达斡尔族对汉语认同的态度表现在行为上就是他们愿意继续学习、使用汉语、汉文，提高自己的汉语水平。很多达斡尔人在不同的场域都使用汉语、汉文，甚至，在家庭内部，尤其是年轻人较多地使用汉语进行交际，不愿意使用母语交际。很多家长让孩子上汉语学校，放弃学习母语的机会。

语言态度属于语言的社会心理范畴，对语言人的语言观、语言能力和语言行为有着深刻的影响，因此，它对人们的语言使用特点起着十分重要的作用。现代社会心理学认为，人的主观态度在其社会生活中具有调节行为的作用。在人们的语言生活中起着十分重要的作用。同时，语言态度与民族情感密切相关，这种认同心理表现出更多的主观性。另外，语言态度的研究也对语言规划的理论探索和语言方针、政策的制定有十分重要的理论意义。

鄂伦春语亲属称谓系统中描写式与类分式的历时演变研究

宫海荣

鄂伦春语在长期周边强势文化的包围下，从一个原始氏族的森林部落游猎社会——以血缘关系为主的乌力楞组织渐渐步入到现代定居的村落——以个体家庭为单位。在这个过程中，周边各种强势文化在历史的不同阶段不断地通过各种渠道渗透到其社会文化的各个层面，包括语言文化。一个民族的语言文化，或因迁移或因政治军事原因或因周边文化的影响，发生分化和变异，是常见的人类文化演变模式。鄂伦春语是早期北方通古斯原始语经历了如上过程，发生分化和变异的产物之一。这一点在亲属称谓这一特殊语汇得到了诠释。亲属称谓作为语言文化的一部分，因语言自身的活化石功能，较好地记录了这一过程。

本文比较分析代表鄂伦春语亲属称谓不同时期系统特征的后贝加尔通古斯称谓系统、二十世纪初毕拉尔千称谓系统、现代毕拉尔千称谓系统①中的类分式称谓与跨辈称谓的分布特征，力图发现鄂伦春语称谓历时演变的系统特征，运用浑沌学的概念“自相似性”、“熵”来解释系统特征的演变规律。

① 关于这三个系统作为鄂伦春语亲属称谓系统不同时期的代表的语言学依据，请参阅本文作者的博士毕业论文《鄂伦春语亲属称谓研究》的第七章的论证。

一、跨辈称谓在各系统中的分布

运用美国人类学家克劳伯亲属称谓范畴划分的八项原则，描写统计后贝加尔通古斯称谓系统、二十世纪初毕拉尔千称谓系统、现代毕拉尔千称谓系统的跨辈称谓，得出如下结果。

如表1所示，后贝加尔通古斯称谓系统的28个称谓中，除了直系血亲称谓外，16个旁系血亲及姻亲称谓全部为跨辈称谓。这个系统中，只分为两个群，比已身年长者和比已身年幼者。二十世纪初毕拉尔千的系统中的51个称谓中，仅仅有6个跨辈称谓——主要分布在姻亲和女系亲属和孙辈以下的亲属群中。

表1 各系统中的跨辈称谓统计表

编号	后贝加尔通古斯	二十世纪初毕拉尔千	现代毕拉尔千
1	aki：FBo，FFBy，FBo，FBy，Bo,G+2,G+1,G0-o	neine：FFZo，FFZy，FZy，FFBoW，lFFByW，G+2，G+1	
2	oki：FFZo，FFZy，FZo，FZy，Zo,G+2,G+1,G0-o	agdanin：FBoW，BoW，G+1,G0	
3	noku：By，BS，BSS，G0-y，G-1,G-2	kurakan：DH，SDH，ZyH，G0-y,G-1,G-2	
4	nuku：Zy，BD，BSD，G-2，G-1,G0-y	kukin：ByW,SW,BSW,FB-SW,G0-y,G-1	
5	uri：FFBoW，FFByW，FBoW，FByW，BoW；G+2，G+1，G0-o	omolo：SS，MZSC，G-1，G-2	
6	kukin：ByW，BSW，BSSW，SW，SSW，G0-y，G-1，G-2	tomolo：SSS，MZSCC，G-2,G-3	

续表

编号	后贝加尔通古斯	二十世纪初毕拉尔千	现代毕拉尔千
7	otki：HF，HFBo，HFBy，HF-BS，HBo，G+1，G0-o		
8	atki：HM，HFBoW，HFByW，HBoW，HFBSW，HFZo，HFZy，HFBD，HZo，G+1，G0-o		
9	inan：HBy，HZy，HByW，HBS，HBD，HBSS，HBSD，G0-y，G-1，G-2		
10	gusin：ZS，MBo，MTB，MBSo		
11	juvʤa：ZS，ZSS，MBSo		
12	avus：FFZoH，FFZyH，FZoH，FZyH，ZoH，G+2，G+1，G0-o		
13	kurakin：ZyH，BDH，BSDH，DH，SDH G0-y，G-1，G-2		
14	kadum：WFF，WFFBo，WFF-By，WF，WFBo，WFBy，WFB-So，G+2，G+1，G0-o		
15	Kadumaka：WFFW，WFF-BoW，WFFByW，WM，WF-BoW，WFByW，WFBSoW，G+2，G+1，G 0-o		
16	bono：WFBSy，WFBSyW，WBS，WBD，WBSS，WBSD，WFBSSS，WFBSSD，G0-y，G-1，G-2		
总数	28	51	54
比重	57.1%	11.7%	0%

现代毕拉尔千系统有54个称谓，其中没有跨辈称谓。以上表明，跨辈称谓的数量按照后贝加尔通古斯系统、二十世纪初毕拉尔千系统、现代毕拉尔千系统的顺序，呈阶梯状递减势态。后贝加尔通古斯以跨辈称谓为主——直系血亲称谓划分为五代，但是，旁系血亲或姻亲，只分为两个亲属群，年长于己身者与年幼于己身者。二十世纪初毕拉尔千的系统中，跨辈称谓的数量骤降，七代的辈分分布从直系血亲的核心称谓系统扩散到旁系血亲及姻亲系统。现代毕拉尔千的系统中，七代的辈分分布已经扩展到系统的所有子系统——跨辈称谓的数量已经降为零。跨辈称谓是诸多类分式亲属称谓类型中的一个，那么三个系统中的类分式称谓是怎样分布的，具体有多少种类分式称谓，各种类型的分布如何？这样的分布说明了怎样的问题？

二、类分式称谓在各系统中的分布

分别从后贝加尔通古斯称谓系统、二十世纪初毕拉尔千称谓系统、现代毕拉尔千称谓系统离析出三个系统中的类分式称谓，归纳统计各系统中的类分式称谓及类分式称谓类型如下。

表2 各系统中的类分式列表

序号	后贝加尔通古斯	二十世纪初毕拉尔千	现代毕拉尔千
1	aki:FFBo,FFBy,FBo,FBy,Bo;跨辈称,男性,旁系,父系血亲(年长于己身的男性);G+2,G+1,G0-o	neine：FFZo，FFZy，FZy,FFBoW,FFByW;跨辈称,旁系,父系,血系姻亲合称,女性;G+2,G+1,长幼合称	ɔmɔlɔ:SC，DC;直系血亲,男女合称;G-2

续表

序号	后贝加尔通古斯	二十世纪初毕拉尔千	现代毕拉尔千
2	oki：FFZo，FFZy，FZo，FZy，Zo；跨辈称，女性，旁系，父系血亲，（年长于己身的女性）；G+2，G+1，G0-o	jaja：FF，FFZoH，FFZyH；直系旁系合称，男性，血亲姻亲合称；G+2，长幼合称	tɔmɔlɔ：SCC，DCC；直系血亲，男女合称；G-3
3	noku：By，BS，BSS；跨辈称，男性，旁系，父系血亲（年幼于己身者）；G0-y，G-1，G-2	korojaja：MMZoH，MMZyH，FMZoH，FMZyH；男性，旁系，母系，姻亲；G+1，长幼合称	nəxun：By，Zy；旁系血亲，男女合称；G0-y
4	nuku：Zy，BD，BSD；跨辈称，女性，旁系父系血亲（年幼于己身者；G-2，G-1，G0-y	korotaite：MM，MMZo，MMZy，FMZo，FMZy；女性，直系血亲与旁系母系血亲合称；G+1，长幼合称	amaxaa：FBo，MBo，FZoH，MZoH；旁系血亲与旁系姻亲合称，父系母系合称，男性；G+1-o
5	uri：FFBoW，FFByW，FBoW，FByW，BoW；跨辈称，女性，旁系，父系姻亲，年长于己身者；G+2，G+1，G0-o	aki/aka：Bo，FBSo；血亲与旁系合称，男性；G0-o	əɳəxəə：FBoW，MBoW，FZo，MZo；旁系血亲与旁系姻亲合称，父系母系，女性；G+1-o
6	kukin：ByW，BSW，BSSW，SW，SSW；跨辈称，女性，直系姻亲与旁系父系姻亲合称，年幼于己身者；G0-y，G-1，G-2	akin：MZSo，MZSy；旁系，母系血亲，男性；G0，长幼合称	najnee：FZo（新鄂，胜利），FZy；旁系血亲，父系，女性；G+1，长幼合称

续表

序号	后贝加尔通古斯	二十世纪初毕拉尔千	现代毕拉尔千
7	otki：HF，HFBo，HFBy，HFBS，HBo；跨辈称，夫系，男性姻亲，直系旁系合称，年长于己身者；G＋1，G0－o	nokun：By，MZDo，MZDy；旁系血亲男性，父系母系合称，男女合称；G0	naaʧʊ：MBo（新鄂，胜利），MZoH（新鄂，胜利），MBoW（新鄂，胜利），MZo，（新鄂，胜利），MBy，MByW，MZy，MZyH；旁系，母系血亲姻亲合称；男女合称；长幼合称，G＋1
8	atki：HM，HFBoW，HFByW，HBoW，HFBSoW，HFZo，HFZy，HFBDo，HZo；跨辈称，夫系，女性，直系旁系合称，姻亲，血亲姻亲合称，年长于己身者；G＋1，G0－o	kurakan：ZyH，DH，SDH；跨辈称，男性，直系旁系合称，姻亲；G－1，G－2，G0－y	kadam amin：WF，HF；姻亲，夫妻系血亲合称，男性；G＋1
9	inan：HBy，HZy，HByW，HBS，HBD，HBSS，HBSD；跨辈称，夫系，旁系血亲姻亲合称，男女合称，年幼于己身者 G0－y，G－1，G－2	kukin：ByW，SW，BSW，FBSW；跨辈称，女性，直系旁系合称，姻亲，G0－y，G－1，	kadam ənin：WM 妻母，HM 夫母；姻亲，夫妻系血亲合称，女性；G＋1
10	gusin：ZS，MB。，MFB，MBS。；跨辈称，男性，年长于已身者；G＋2，G＋1，G0－o	ʤui：BS，FBSS；旁系，血亲，父系，男性；G－1	kadam axa：WB，HB；姻亲，夫妻系血亲合称，男性；G0－o
11	juvʤa：ZS，ZSS，MBS。；跨辈称，男女合称，年幼于已身者；G0－y，G－1，G－2	omolo：SS，MZSC；直系与旁系母系合称，直系男性，母系男女合称，血亲；G－1，G－2	kadam əxə：WZo，HZo；姻亲，夫妻系血亲合称，女性；G0－o

续表

序号	后贝加尔通古斯	二十世纪初毕拉尔千	现代毕拉尔千
12	avus：FFZoH，FFZyH，FZoH，FZyH，ZoH；跨辈称，年长于己身者，男性，旁系父系姻亲；G+2，G+1，G0－o	omolo ʤui：FBSSS，BSS；旁系血亲，男性，父系；G－2	pənər：WBy，HBy，WZy，HZy；姻亲，夫妻系血亲合称，男女合称；G0－y
13	Kurakin：ZyH，BDH，BSDH，DH，SDH；跨辈称，年幼于己身者，男性，旁系父系姻亲与直系姻亲合称；G0－y，G－1，G－2	omolokukin：FBSSSW，BSSW，SSW；旁系姻亲，女性，父系；G－2	kʊda：CH/WF 子女丈夫或妻子的父亲；姻亲，男性，G0
14	kadum：WFF，WFFBo，WFFBy，WF，WFBo，WFBy，WFBSo；跨辈称，男性，年长于己身者姻亲，妻系血亲；G+2，G+1，G0－o	tomolo：SS，MZSCC；直系血亲与旁系母系合称，直系男性，母系，男女合称；G－3，G－2	kʊdaxu：CH/WM 子女的丈夫或妻子的母亲；姻亲，女性，G0
15	kadumaka：WFFW，WFFBoW，WFFByW，WM，WFBoW，WF-ByW，WFBSoW；跨辈称，女性，年长于己身者，姻亲，妻系姻亲；G+2，G+1，G 0－o	tomolo ʤui：FBSSSS，BSSS；旁系血亲，男性，父系；G－3	
17	kuda：WK/HK 统称，丈夫或妻子家的亲属；夫妻系，男女合称，姻亲	kadam oninin：HM，WM；姻亲，夫系妻系血亲合称，女性；G+1	

续表

序号	后贝加尔通古斯	二十世纪初毕拉尔千	现代毕拉尔千
16	bono：WFBSy，WFB-SyW，WBS，WBD，WB-SS，WBSD，WFBSSS，WFBSSD；跨辈称，男女合称，年幼于己身者，姻亲，妻系血亲；G0 -y，G -1，G -2	tomolo kukin：SSW，SSSW，FBSSSSW，BSSSW；直系旁系姻亲合称，女性，父系；G -3	
18		bənər：WBo，WBy，WZo，WZy；姻亲，妻系血亲，男女合称；G0，长幼合称	
19		amaka：MBo，FZoH，MZoH；旁系，父系母系合称，血亲姻亲合称，男性；G +1 -o	
总数	28	51	54
比重	60.7%	37.3%	25.9%

从表 2 统计得出，类分式在三个系统中的分布程度与跨辈称谓相同，依据后贝加尔通古斯系统、二十世纪初毕拉尔千系统、现代毕拉尔千系统的顺序，呈阶梯状递减。三个称谓系统中，有多种类分式称谓，如跨辈称、男女合称、父系母系合称、血亲姻亲合称、夫系妻系合称、直系旁系合称、同辈长幼合称等。类分式与描写式是两个相对的概念，谈及类分式不可避免地要提到描写式，因此，将各系统的称谓总数，其中所包含的描写式与类分式称谓数量及各种类分式称谓的类型分别统计如表 3。

表 3　各系统中类分式描写式称谓分布

亲属称谓系统		总计	描写式	类分式	类分式类型						
					跨辈称	血亲姻亲合称	直系旁系合称	男性女性合称	夫系妻系合称	父系母系合称	同辈长幼合称
后贝加尔通古斯通古斯	数量	28	11	17	16	2	5	4	1	0	?
	百分比%		39.3	60.7	51.7	7.7	17.8	15.	3.8	0	?
二十世纪初毕拉尔千	数量	51	32	19	6	3	8	4	1	2	10
	百分比%		52.7	47.3	11.7	5.6	15.7	7.8	1.9	3.7	11.8
现代毕拉尔千	数量	54	40	14	0	3	0	5	5	2	2
	百分比%		74.1	25.9	0	5.6	0	9.3	9.3	3.7	3.7

通过比较后贝加尔通古斯、二十世纪初毕拉尔千、现代毕拉尔千的亲属称谓系统中描写式与类分式称谓的分布，发现在以上三个系统中，类分式的分布数量，呈现阶梯状递减的排序；与之相对，描写式的分布数量，呈阶梯状递增的排序。二十世纪初后贝加尔系统以类分式为主（60.7%），描写式为辅（39.3%）；二十世纪初毕拉尔千的系统以描写式为主（52.7%），类分式为辅（47.3%）；现代毕拉尔千的系统中，描写式的分布延续强势（74.1%），类分式的分布延续弱势（25.9%）。三个系统，针对描写式与类分式的相对分布势态，呈现阶梯状：

阶梯 1：后贝加尔通古斯系统：描写式弱势，类分式强势；

阶梯 2：二十世纪初毕拉尔千系统：描写式强势，类分式弱势；

阶梯 3：现代毕拉尔千系统：描写式延续强势，类分式延续弱势。

类分式从阶梯 1 到阶梯 3 的递减主要体现为跨辈称谓的递减。跨辈称谓由后贝加尔通古斯系统的 51.7% 降为二十世纪初毕拉尔千系统中的 11.7%，在现代毕拉尔千系统中，跨辈称谓已降为零。其他类分式称谓，变化较明显的是直系旁系合称与同辈长幼合称。直系旁系合称由后贝加尔通古斯系统的 17.8% 与二十世纪初毕拉尔千系统的15.7%降为现代毕拉尔千系统的零。同辈长幼合称由二十世纪初毕拉尔千系统的11.8%降为现代系统2%。这两点表明，从后贝加尔通古斯系统到二十世纪初毕拉尔千系统再到现代毕拉尔千系统，直系旁系的区分与同辈长幼的区分是不断加强的。

三、鄂伦春语亲属称谓系统历时演变特征的浑沌学分析

语言与文化的自相似性，决定了在解释二者中的任何一方的变化时，必然要考虑另一方对其的影响。语言作为文化大系统中的一个分支，其变化与这个大系统中的变化不可分割。鄂伦春民族特殊的生活环境与民族发展历程成就了其特有的社会与家庭结构，因而导致了其特殊的亲属称谓系统。

早期的鄂伦春族，在外族入住到其传统居住地之前，是森林中的游猎民族，生活在原始森林中，处于原始的氏族社会形态。游猎文化决定了其集体生产，集体分享劳动成果的分配方式。在这样的生产方式下，个体家庭没有地位，而是更大的群体，乌力楞组织和氏族组织。简单原始的生产方式成就了其简单原始、粗线条的社会关系网络。所以早期的群体在年龄上只划分为两个群体，年长者和年幼者，在横向上只划分为几个氏族群。相应地亲属称谓系统也很简单，具体体现为系统的主要特征是类分式的称谓系统，类分式全部是跨辈称谓。

考证鄂伦春族在历史上的民族交往史，不难发现，出于各种原因，历史上这个民族受到了周边民族包括满族、汉族、蒙古族、达斡尔族深刻的影响。经济因素吸引这些民族进入鄂伦春族的生活地域。早在康熙年间的皮货生意，与达斡尔人建立的安达

关系。19 世纪该地区金矿的发现，加剧了以上民族向该地域的人口迁移。此外，政治因素人为加速了鄂伦春民族与其他民族的接触。民国时期，以及 20 世纪五十年代的下山定居政策使鄂伦春民族远离了传统的生存环境与生活方式，与以上民族杂居在一起。民族接触的最紧密形式就是族际婚姻，历史上及现代都不乏鄂伦春族与以上民族的族际婚姻，在现代被称为团结户①。在与以上民族交往的过程中，鄂伦春族文化与其他民族的文化不可避免地发生碰撞，鄂伦春语从其他民族语言中借入亲属称谓形式以及亲属称谓认知理念成为可能。亲属称谓系统不再是一个孤立稳定的封闭系统，外来民族的亲属称谓元素与称谓认知理念成为该系统的扰动因素，例如，满、汉、达文化中严密的辈分等级区分。描写式称谓成为一种挑战系统相对初值中的主导力量——类分式的势力。换言之，描写式与类分式开始竞争。在竞争中，时间起了关键性的作用。随着时间的推移，系统中细小的扰动（描写式称谓的出现）逐渐演变为一个可以改变系统走向及性质的巨大力量。这就如同浑沌学中熵的作用。在有限的时间范围内，熵的变化值不够大，系统处于相对稳定的状态（阶段 1），但是随着时间的发展，随着外部文化冲击力的加强，到了一定的临界值，熵的值会变为惊人的大，大得足以改变系统的走向，使系统进入浑沌状态（阶段 2），再随着时间的推移，系统的特征彻底发生改变（阶段 3）。

总结以上，鄂伦春语亲属称谓系统并非孤立、稳定的封闭系统，而是一个动态、开放的系统。对周边多元文化的吸收，促生了现代阶段特殊的鄂伦春语亲属称谓系统。鄂伦春语亲属称谓系统的相对初值以类分式为主，描写式为辅。在周边文化的巨大冲

① 参阅《鄂伦春族简史》编写组编：《鄂伦春族简史》，内蒙古人民出版社，205 页，1983 年。

击下，系统内部开始扰动，重组——描写式称谓开始挑战类分式的主导地位。随着时间的发展，描写式称谓不断从外部文化中获得能量，成为系统的熵，最后成为系统的主导力量，重新定义系统的性质——以描写式为主，以类分式为辅。

布依语基本颜色词的表义模糊性研究

周国炎　朱德康

一、引　言

颜色词是人类语言中普遍存在的一类词，是人类色彩感知在语言上的印记，构成了语言中一个重要的语义场。颜色词独特的双重属性使得学界对其研究愈趋深入，研究方法也从最初的文学对比、文化考察逐渐发展到当下的心理实验和认知分析等。用科学的方法做科学的研究固然毋庸置疑，但若一味追寻实验和数据，倒不妨尝试着跳出习惯思维，从语言本身追根溯源。

众所周知，语言是文化的载体，二者相互渗透、密不可分。词汇作为语言的建筑材料，更是与文化联系最为紧密的一个层面，词汇“多多少少忠实地反映出它所服务的文化①”，其中颜色词等特殊词群又最为直观明显。世界上的语言千差万别，不同语言的颜色词也不尽相同，除了目前研究较为成熟的神经科学和认知科学方面的研究成果以外，颜色词与特定民族群体的民族心理、社会心理以及传统文化也有着十分密切的联系。本文拟在《布依汉词典》的语料基础上，进一步结合运用《布依语调查报告》、《壮侗语族语言简志》等相关文献的资料，对布依语颜色

---

① 爱德华·萨丕尔：《语言论》，商务印书馆，1990 年。

词的结构和语义特征进行分析，并紧密联系布依族本族文化，聚焦基本颜色词的表义模糊性，运用浑沌学理论，试图透过现象看本质，揭示模糊性与无序性的关系以及无序中的规律性。

二、布依语基本颜色词及其表义模糊性

相同的视觉器官决定了人类对光谱有着类似的感知，但这种普遍性的感知实际上大有局限，换句话说，虽然自然界中的颜色林林总总，但真正能够被人类感知的却并不多。Berlin 和 Kay（1969）将使人产生明显感觉的颜色域称为焦点颜色（focal color），从这一意义上来说，不同语言中的基本颜色应当基本相同，这恰好辅证了他们提出的“基本颜色词理论”。然而已有研究指出，该理论与汉语基本颜色词的演变事实并不相符。通过全面考察现有的语言材料，我们发现，这种“不相符”同样发生在布依语颜色词中。

（一）布依语基本颜色词的确定

学界对布依语颜色词的研究鲜有涉及，仅见王宇枫（2008）从语言接触的角度探讨莫语颜色词时认为莫语中的“红”借自布依语，“紫”、“灰”等布依语颜色词有进一步取代莫语原有词的倾向。那么布依语颜色词的现状究竟如何？基本颜色词又有哪些呢？我们从《布依汉词典》中梳理出 33 个布依语颜色词，详见下表。

表一　布依语基本颜色词

汉语	黑	黑灰	白	乳白	青白、灰白	灰白
布依语	fon^{4}、mi^{5}	$mak^{8}fon^{4}$	xa：u^{1}	xa：$u^{1}moŋ^{1}$	ma：u4	$ʔbɔŋ^{1}$

续表

<table>
<tr><td>汉语</td><td>红</td><td>深红、大红</td><td colspan="2">粉红</td><td>水红、米红</td><td>紫红</td><td>黄</td></tr>
<tr><td>布依语</td><td>ʔdiŋ^{1}</td><td>ʔdiŋ^{1}xɔŋ^{2}</td><td colspan="2">ʔdiŋ^{1}non^{6}</td><td>non^{6}</td><td>tɕam^{5}</td><td>xen^{3}</td></tr>
<tr><td>汉语</td><td>淡黄</td><td>金黄</td><td colspan="2">蛋黄</td><td>蓝</td><td colspan="2">墨绿</td></tr>
<tr><td>布依语</td><td>xa：n^{3}</td><td>xen^{3}tɕim^{1}</td><td colspan="2">xen^{3}tɕai^{5}</td><td>lɔk^{8}、pik^{7}</td><td colspan="2">lɔk^{8}ʔa：u^{4}、lɔk^{8}ʔu^{4}</td></tr>
<tr><td>汉语</td><td colspan="2">浅绿</td><td colspan="2">碧绿</td><td>油绿</td><td>灰蓝</td><td>蓝褐</td></tr>
<tr><td>布依语</td><td colspan="2">lɔk^{8}ʔeu^{4}ʔeu^{4}、
lɔk^{8}lɔk^{8}ʔjau^{4}ʔjau^{4}</td><td colspan="2">lɔk^{8}jeu^{1}</td><td>jeu^{1}lɔk^{8}</td><td>pik^{7}tau^{6}</td><td>pik^{7}fon^{4}</td></tr>
<tr><td>汉语</td><td>深蓝</td><td>蔚蓝</td><td>青</td><td>紫</td><td>灰</td><td>银灰</td><td>褐</td></tr>
<tr><td>布依语</td><td>pik^{7}tɕam^{4}</td><td>pik^{7}lɔk^{8}</td><td>jeu^{1}</td><td>ɕi^{3}</td><td>mak^{8}</td><td>mak^{8}sa：u^{1}
/sa：u^{1}</td><td>fot^{8}</td></tr>
</table>

值得注意的是，问题的关键不在于每个语言会有多少个颜色词，而是如何在众多颜色词之中区分基本颜色词与次要颜色词。为此，Berlin 和 Kay 提出了一系列语义标准：

（1）基本颜色词的所指范围不能包括在其他词中，如“桃红”属“红”，不是基本颜色词；

（2）基本颜色词表示的颜色不能限于少数事物，如“苍白”限于指脸色，不是基本颜色词；

（3）整个词的意义不能从构成成分推定，如“米色、粉红、咖啡色”都能从构成成分推定，不是基本颜色词。

对应上述标准，我们对布依语中 33 个颜色词进行简单分类得出：

（1）所指范围包含在其他词中。这类词一共有 22 个，包括 mak^{8}fon^{4}（黑灰）、xa：u^{1}moŋ^{1}（乳白）、ma：u^{4}（青白、灰白）、ʔbɔŋ^{1}（灰白）、ʔdiŋ^{1}hɔŋ^{2}（深红、大红）、ʔdiŋ^{1}non^{6}（粉红）、tɕam^{5}（紫红）、xa：n^{3}（淡黄）、xen^{3}tɕim^{1}（金黄）、xen^{3}tɕai^{5}（蛋黄）、lɔk^{33}ʔa：u^{4}（墨绿）、lɔk^{8}ʔu^{4}（墨绿）、

lɔk^{8}ʔeu^{4}ʔeu^{4}（浅绿）、lɔk^{8}ʔjau^{4}ʔjau^{4}（浅绿）、lɔk^{8}jeu^{1}（碧绿）、jeu^{1}lɔk^{8}（油绿）、pik^{7}tau^{6}（灰蓝）、pik^{7}fon^{4}（蓝褐）、pik^{7}tɕam^{4}（深蓝）、pik^{7}lɔk^{8}（蔚蓝）、mak^{8}sa：u^{1}（银灰）、sa：u^{1}（银灰）。

（2）表示的颜色限于少数事物。这类词共有 4 个，包括 xen^{3}tɕim^{1}（金黄）、xen^{3}tɕai^{5}（蛋黄）、lɔk^{8}jeu^{1}（碧绿）、jeu^{1}lɔk^{8}（油绿）。

（3）整个词的意义可以通过构成成分推定。这类词共有 17 个，包括 mak^{8}fon^{4}（黑灰）、xa：u^{1}moŋ^{1}（乳白）、ʔdiŋ^{1}hɔŋ^{2}（深红、大红）、ʔdiŋ^{1}non^{6}（粉红）、xen^{3}tɕim^{1}（金黄）、xen^{3}tɕai^{5}（蛋黄）、lɔk^{33}ʔa：u^{4}（墨绿）、lɔk^{8}ʔu^{4}（墨绿）、lɔk^{8}ʔeu^{4}ʔeu^{4}（浅绿）、lɔk^{8}ʔjau^{4}ʔjau^{4}（浅绿）、lɔk^{8}jeu^{1}（碧绿）、jeu^{1}lɔk^{8}（油绿）、pik^{7}tau^{6}（灰蓝）、pik^{7}fon^{4}（蓝褐）、pik^{7}tɕam^{4}（深蓝）、pik^{7}lɔk^{8}（蔚蓝）、mak^{8}sa：u^{1}（银灰）。

很明显，上述三类颜色词是不符合基本颜色词标准的，我们首先可以将其排除。至此，在 33 个布依语颜色词中，就只剩下 fon^{4}（黑）、xa：u^{1}（白），ʔdiŋ^{1}（红）、xen^{3}（黄）、lɔk^{8}（绿）、pik^{7}（蓝）、jeu^{1}（绿）、ɕi^{3}（紫）、mak^{8}（灰）、fot^{8}（褐）等 10 个词有资格成为基本颜色词。

值得注意的是，“有资格”成为基本颜色词并不代表“一定是”基本颜色词，因为“词汇的基本与次要之分也会体现在运用的其他方面，常说的基本词汇三个特点——全民常用性、稳固性、能产性，便是根据其在语言系统及运用中的地位、作用而得出的”。① 有鉴于此，我们进一步参考《布依语调查报告》、《壮侗语族语言简志 · 布依语简志》等文献资料，按照布依语三大土

① 刘丹青：《现代汉语基本颜色词的数量及序列》，载《南京师范大学学报（社会科学版）》，1990 年第 3 期。

语的划分，对布依语的常用颜色词进行了抽样梳理，详见下表。

表二　布依语三个土语基本颜色词对照表①

汉语	布依语								
	第一土语（黔南）			第二土语（黔中）			第三土语（黔西）		
	册亨乃言	贞丰鲁容	望谟者香	惠水长安	都匀富溪	贵定巩固	镇宁下硐	关岭陇古	晴隆紫塘
黑	fon^{4}	fon^{4}	fon^{4}	von^{4}	van^{4}	van^{4}	vuan^{3}	vuan^{4}	vuɑn^{4}
褐	fot^{8}	fot^{8}	fot^{8}	ɣuat^{8}	vuat^{7}	vuat^{8}	vɑt^{8}	vɑt^{8}	vɑt^{8}
红	diŋ^{1}	diŋ^{1}	diŋ^{1}	diŋ^{1}	diŋ^{1}	diŋ^{1}	diŋ^{1}	diŋ^{1}	dəŋ^{1}
白	hau^{1}	hau^{1}	hau^{1}	ɣau^{1}	ɣau^{1}	ɣau^{1}	ho^{1}	hau^{1}	hau^{1}
青	heu^{1}	heu^{1}	jeu^{1}	jiau^{1}	jiau^{1}	jiau^{1}	×	jiau^{1}	ɕiau^{1}
黄	hen^{3}	hen^{3}	hen^{3}	jian^{3}	jian^{3}	jian^{3}	ɕian^{3}	jian^{3}	jian^{3}
绿	lɔk^{8}	lɔk^{8}	lɔk^{8}	lu^{4}	lu^{4}	lu^{4}	siau^{1}	jiau^{1}	jiau^{1}

从表2可以看出，布依语三个土语中常用的颜色词共有7个，分别为“黑”、“褐”、“红”、“白”、“青”、“黄”和“绿”。除了“青”在布依语第三土语镇宁下硐缺少相应的形式以外，其余多数颜色词在各个语言点中均有相同、相近或语音上对应的词形，基本上是同源词。“绿”的情况比较特殊，三个土语内部一致，但土语之间词形完全不同，系不同来源的词，第一土语为lɔk^{8}，这个词在部分地区表示“蓝色”，第二土语为lu^{4}，是个汉语借词，第三土语与“青”相同。至此，我们可以初步确定出布依语fon^{4}（黑）、sa：u^{1}（白）、ʔdiŋ^{1}（红）、xen^{3}（黄）、lɔk^{8}（蓝）、jeu^{1}（青）、fot^{8}（褐）7个基本颜色词。

① 表中的布依语词注音沿用《布依语调查报告》的形式，其中的/a/相当于《布依汉词典》的长音/a：/，/ɑ/相当于短音/a/，/h/相当于/x/，/d/相当于带前喉塞音的/ʔd/。

（二）布依语基本颜色词的表义模糊性

模糊性是自然语言的一种本质属性，人类语言在诸层次和诸方面都存在一些模糊性的问题。颜色词便是模糊性的典型代表，色彩之间的边界很难确定，“每一种语言都是随意地在光谱中确定该语言（色彩词）的界限①”（叶尔姆斯列夫）。布依语中的基本颜色词便具有这样的模糊性特征。例如：

（1）蓝靛（蓝）色：lɔk⁸（同绿色）

（2）蓝布的颜色：jeu¹（青色）

（3）黑布的颜色：jeu¹（青色）

（4）草木的颜色：jeu¹（青色）、lɔk⁸（蓝色）

（5）蓝天的颜色：jeu¹（青色）

（6）蓝天：ʔbɯn¹jeu¹（青天）

从以上6个例子中我们可以看出：（1）布依族对“蓝”和“绿”的认知并不体现在语言层面，也就是说，布依语中“蓝”、“绿”同词，统一为“lɔk⁸”；（2）受传统服饰文化影响，布依族在描绘服饰衣料色彩时，并不对“蓝”、“黑”和“青”进行区分，统一混淆使用“jeu¹”一词；（3）“jeu¹”除了用于描绘服饰衣料的色彩之外，在“草木”、“天空”等其他事物上也有着明显高于“蓝”、“绿”的使用度。

总的来说，布依语中“lɔk⁸”和“jeu¹”在语义上存在较大的重叠部分，二者表义模糊，相互之间的界限并不明显，在实际语言语用的诸多方面可以出现“取而代之”的局面。

除了“lɔk⁸”和“jeu¹”具有较显著的表义模糊性以外，其他基本颜色词虽然有较明确的语义指向，但仍具一定的模糊特

① 转引自丁石庆、王彦：《国内色彩词研究中的问题与思考》，湖北民族学院学报（哲学社会科学版），2006年第5期。

征，如 xa：u¹ 白色”，可指介于蛋白色和接近浅黄色之间的各种过渡色；fon⁴ 黑色”，虽然可用复合词形式表示不同程度的黑色，如 mak⁸fon⁴ “黑灰（色）”，但 fon⁴ 本身也能表示从“深黑”至“浅黑”之间的各种过渡色；ʔdiŋ¹ 红色”，可作为不同程度“红”色的统称。

三、在模糊中探求语言的浑沌本质

依据基本颜色词的判定标准，Berlin 和 Kay 通过对近百种语言的比较研究指出，尽管各语言颜色词数量不一，对光谱切分的粗细和位置也有所不同，但任何语言的基本颜色词都不出 11 个词的范围，并且形成如下序列：

白		绿			紫
	红		蓝	棕（褐）	粉红
黑		黄			橙
					灰

结果表明，每种语言在基本颜色词方面都存在从左至右的等级程序，有右必有左，有左不一定有右。这和我们通过对比归纳，最后总结得出的布依语基本颜色词基本上是一致的，但值得注意的是，基本颜色词序列中并不存在的“青”取代“绿”进入了布依语基本颜色词序列。

这一特殊的现象自然引起了我们的关注。其中主要包含两个层面的问题：一是“青”如何替换了“绿”？二是“青”为何能够进入布依语的基本颜色词体系？

jeu¹（青）在布依语中有着很强的表义模糊性。受布依族传统服饰文化的影响，与服饰和布料相关的主要颜色如“蓝”和“黑”都用jeu^{1}（青）代替，此外，jeu^{1}（青）在布依语中还可以指代草木的颜色（绿）和天空的颜色（蓝）。这样一来，jeu^{1}（青）就具有了较其它颜色词更为广泛的意义范畴，成为其进入基本颜色词体系的必要条件。然而，单看上述这些不免显得浑沌一团，至于jeu^{1}（青）如何取代了“绿”也毫无头绪。

浑沌学理论认为，我们所处的客观世界是一个具有复杂性的浑沌世界，是有序和无序统一的世界。人类语言作为客观世界的一员自然也不例外。但是这种复杂的浑沌并不是无序可循，我们以布依语颜色词为例具体来看：

（1）“青”与“黑”

布依族服饰以其庄重、典雅的特征而著称，服饰颜色以青色为主色调，用自制蓝靛染汁印染而成。受此影响，人们在用“青”和“黑”描绘服饰或者布料时，发生了词义混淆现象，即既可以称fon^{4}，也可以称jeu^{1}，如“黑布”可以是paŋ^{2}fon^{4}，也可以是paŋ^{2}jeu^{1}，“青衣”既可以是pɯə^{6}jeu^{1}，也可以是pɯə^{6}fon^{4}. 除此之外，“黑”都不跟“青”发生词义上的混淆，如“黑纸”sa^{1}fon^{4}、“黑豆”tuə^{6}fon^{4}都不能用jeu^{1}，“青山”po^{1}jeu^{1}、“青菜”pjak^{7}jeu^{1}、“青柴（刚砍下来没有晒干的柴）”fɯn^{2}jeu^{1}等也都不能用“fon^{4}”。

（2）“青”与“蓝”

二者词义发生混淆的情况除了服饰布料以外，天空的颜色也用jeu^{1}（青）来表示，这正如我们在汉语中常把“蓝天”说成“青天”一样，不足为奇。值得注意的是，布依语中还存在类似于jeu^{1}jeu^{1}lɔk^{8}lɔk^{8}这样的四字格词语，翻译成汉语是“郁郁葱葱”之义，根据布依语直译是“青青蓝蓝”。众所周知，四字格词语（成语）是一种相对稳定的结构，体现着浓郁的本族传统文化，这类词语的存在很好地证明了布依语很早就把“青”与“蓝”区别开来的事实。

（3）“青”与“绿”

布依语中“蓝”、“绿”不分，统一为 lɔk^{8}。这对其基本颜色词的判定构成了一定的困难，因为我们无从得知 lɔk^{8} 何时为“蓝”何时为“绿”。然而调查研究我们发现，自然界中最常用“绿”表示的草木的颜色在布依语中却用 jeu^{1} 来表示，加上布依语“青”与“蓝”区分的事实，“绿”便在布依语的颜色范畴中失去了最为基本的属性，被“青”所代替。

四、结　语

我们以《布依汉词典》、《布依语调查报告》以及《壮侗语族语言简志·布依语简志》等文献资料为依据，通过对布依语颜色词的统一梳理，加上后期的对比归纳，分析得出 fon^{4}（黑）、xa：u^{1}（白）、ʔdiŋ^{1}（红）、xen^{3}（黄）、lɔk^{8}（蓝）、jeu^{1}（青）、fot^{8}（褐色）7 个基本颜色词。对比 Berlin 和 Kay 的基本颜色词普遍发生序列，我们发现布依语基本颜色词在发展演变的过程中并没有完全遵循固有的线性轨迹，而是在 jeu^{1}（青）处发生了分叉，即 jeu^{1}（青）取代了普遍序列中的“绿”成为了布依语的基本颜色词。这看似随意的偏离，实际上和布依族传统文化以及语言内部的经济性原则都息息相关，是有据可依的，其正是“道是无序却有序”这一语言浑沌本质的生动体现。

摩梭语言与文化的自相似性研究

——以詈语为例

袁　焱　许瑞娟

詈语是一种特殊的语言现象和文化现象。但凡一切具有谩骂、侮辱、冒犯、蔑视含义的词、短语和句子都属于詈语的范畴。无论哪个民族，什么社会，詈语都是存在的，几乎每个人在其一生中都或多或少地使用过詈语。正如美国语言学家萨丕尔所说："语言不脱离文化而存在，不脱离社会流传下来的、决定我们生活面貌的风俗和信仰的总体……语言的词汇多多少少忠实地反映出它所服务的文化，语言史和文化史沿着平行的路线前进。"① 詈语背后体现着丰富的文化理据，通过詈语研究，可以看到一个民族独特的思维方式、文化模式、价值观念和生活方式。

生活在云南境内泸沽湖畔和永宁坝的摩梭人，属于纳西族的一个支系，国内语言学界普遍认为他们使用的语言是纳西语的东部方言，属于藏缅语族彝语支。② 摩梭人独特的文化习俗，导致了其语言的独特性，尤其表现在詈语上。本文试图以浑沌学作为方法论指导，在浑沌学"分形"理论的启示下，运用语言与文化的自相似性观点，通过摩梭詈语与汉、英詈语的对比，揭示摩梭詈语的特点，探讨摩梭文化的内涵，从而阐释摩梭语言与文化

---

① ［美］爱德华·萨丕尔著，陆卓元译，陆志伟校订：《语言论》，第 186 – 196 页，商务印书馆，1985 年。

② 和即仁、姜竹仪：《纳西语简志》，第 3 – 4 页，民族出版社，1985 年。

的自相似性。

一、语言与文化的自相似性

浑沌学中有一种“分形”理论，该理论来源于数学概念，具体而言是指如果在复杂的图形中取出一部分放大到原型大小后，看上去仍具有原图形的典型特征，这说明可以通过认识部分来映像整体。“分形”最重要的特征是具有自相似性，也就是说部分常常呈现出与整体相同或相似的特征，部分中往往包含着整体的若干信息，这就是部分和整体之间的自相似性。

语言与文化有着密切的关系，语言是文化的一个组成部分，语言反映着文化的特征。鉴于此，张公瑾先生于20世纪90年代初提出了语言与文化的自相似性观点，即“在研究语言与文化的关系时，把语言看成是文化的一个组成部分，通过语言研究可以得到大量的文化信息，这就是部分包含整体的信息所致，这就是语言与文化的自相似性。”①

具体来说，语言与文化的自相似性主要体现在四个层面：

（一）语言的构成和客观世界具有自相似性

自然生存环境会对一个民族所使用的词汇产生很大影响。云南的阿昌族，用同一个词汇来表示“雨”和“雾”，这是由于阿昌族生活的户撒坝子特殊的气候条件，不到实地的人难以理解。“每个民族对世界的认识都会有所不同，这跟民族所居住的地域、历史、风俗等方面有关，比如居住在热带的民族，他们的语言中就没有或者说极少有春夏秋冬的描述，因为他们只有雨季和旱

① 张公瑾：《浑沌学与语言研究》，载《语言教学与研究》，1997年第3期。

季；居住在西藏的藏族，以喜马拉雅山和雅鲁藏布江为主题说事的就比较多。”① 这些都是各民族对其生存的客观自然环境细致入微的观察在语言中的反映。藏缅语族彝语支的很多民族都以太阳的升落作为确定“东西”两个方向的参照，语言中用“太阳升起”表示“东方”，用“太阳落下”表示“西方”，羌语支的一些民族世代居住在高山峡谷地带，因此以山水的走向和位置来确定方位，其语言中有许多根据山脉的垂直度、江水的源头和流向确定方位的方位词。

（二）语言的构成和物质文化具有自相似性

达斡尔族曾经居住在河流纵横、渔业资源十分丰富的地域。因此，达斡尔语中有大量的表示各种“鱼”、“鱼”的各部位、各种渔具和渔产品的名称以及描写捕鱼方法与渔业生产的大量词汇和熟语，这些都在一定程度上说明了达斡尔族传统文化中的物质文化根基。② 藏族主要生活在中国的高寒地区，这些地区由于气候条件恶劣以及土壤贫瘠，所以很难种出蔬菜，因此藏族的饮食主要以牛羊肉、糌粑和奶制品为主，为了平衡人体内的酸碱度，因此“茶”成为藏族日常生活中非常重要的消费品和不可缺少的生活必需品。根据茶在藏族生活中的重要意义以及藏族饮茶的各种方法，因此藏语中有大量和“茶”相关的词汇，这些词汇涉及茶的种类、颜色、制作以及包装等，藏语中和“茶”有关的谚语、典故也为数不少。③ 生活在云南怒江流域的怒族，

---

① 韦茂繁、秦红增：《语言、濒危与文化——语言学与人类学的对话》，载《广西民族大学学报》，2013 年第 1 期。

② 丁石庆：《双语族群语言文化的调适与重构——达斡尔族个案研究》，中央民族大学 2003 年博士论文，第 39－45 页。

③ 周晶：《藏语中“茶”的文化语言学意义辨析》，载《西藏民族学院学报》，2006 年第 4 期。

有着极为丰富的表示狩猎方式与狩猎工具的词汇，怒江两岸的丛林中，山鼠非常多，因此怒族先民喜欢捕食各种山鼠，因此怒苏语中有着非常丰富的鼠类词汇，体现了怒族狩猎文化的特点。①

（三）语言的构成和社会组织具有自相似性

语言是文化的载体，是社会结构和意识形态的反映。如佛教渗透于傣族生活的方方面面，因此傣语中有大量的和佛教有关的宗教用语。美国人有信仰基督教的历史传统，因此英语中有大量的词汇以及禁忌语来自于《圣经》。各民族由于文化的差异，因此有不同的亲属制度和亲属称谓，亲属称谓反映了一个民族的社会关系和家庭形态。摩梭人把自己的亲生母亲和母亲的姐妹用同一个词来称呼，亲属称谓中只有血亲称谓，没有姻亲称谓，体现了其独特的社会形态以及婚姻模式。汉语的亲属称谓则对血亲、姻亲、直系、旁系有明显的区分，体现了汉民族庞杂的亲属文化和宗族观念。在阿拉伯国家，骆驼是一种非常重要的交通工具，因此阿拉伯语中与骆驼有关的词汇非常多。牛群对于苏丹努尔人的社会生活影响巨大，因此努尔人的语言中有大量的描写牛的词汇，尤其是描述牛的颜色的词语。从一个民族的命名制度可以了解到该民族的社会形态。生活在云南的拉祜族和布朗族至今仍然保留着母女连名制的命名制度，母女连名制盛行于母系社会，名字一般由“性别名＋本人名＋母亲名”三部分组成，由此可以看出其社会的诸多方面还保留着母系文化的特征。②

---

① 陈海宏：《文化接触对怒苏语的影响》，云南大学2012年博士论文，第60－63页。

② 陈建民：《中国语言和中国社会》，第262－268页，广东教育出版社，1999年。

（四）语言的构成与认知思维具有自相似性

语言是搭建在客观世界与人类认知思维之间的一座桥梁，语言是人类特有的一种认知活动，这种认知活动包括了人对客观世界的感知、人对世界的经验以及人对世界加以概念化的方式，由于自然环境、地理特征、生理特质以及风俗文化的差异，因此人类的认知活动会产生不同的认知结果，这些不同的认知结果反映在语言构成中，体现出语言构成与认知思维之间的自相似性。古人认为“心”而非“大脑”是人“思之官”，因而构成了汉语中以“心（忄）”作为范畴标志的一组“心”词群，并分为不同的小类，这些不同的小类是思维认知的产物，表示人的意志性情如“意、情”，表示人的心理活动如“念、怀”，表示人的心理状态如“惧、愁”等。汉语中一组以提手旁作为偏旁的动词“挪”、“拖”、“拉”、“拽”、“拎”、“提”、“搬”、“抬”、“扛”生动地表达了身体部位和被移物体之间的受力关系的细微差别，体现了汉民族对和“手”相关的动作行为的精细的认知。[①] 哈萨克族崇尚白色，一般用“白色”构词多含褒义，“黑色”构词则多含贬义，如“好心肠（aqkøŋɨldɨ）”由“白色”和“心”组成，“倒霉（qara basəw）”由“黑色”和“压下”组成。[②]

“语言是一种文化现象，是文化总体的组成部分，是自成体系的特殊文化。”[③] 语言中承载和渗透着大量的文化内涵，从语言来透视一个民族的文化，正是浑沌学为语言人类学研究提供的理论基础。

① 许瑞娟：《浅析与“手”相关词语的转喻与认知构词理据》，载《新起点·新探索》，第 202 页，中国文联出版社，2008 年。

② 戴庆厦主编：《社会语言学概论》，第 128 页，商务印书馆，2004 年。

③ 张公瑾：《文化语言学发凡》，第 48 页，云南大学出版社，1998 年。

二、摩梭詈语与汉、英詈语对比

人都有喜怒哀乐的情感，每一种情感都有相应的语言表达。詈语的存在，不仅使人类愤怒的情感得以淋漓尽致地表达出来，而且使语言呈现出鲜活、动人的一面，不再是呆板、乏味和残缺的。

不同的民族，由于认知思维模式在某些方面的一致性，因此语言中也表现出一些共同的特点，比如汉、英詈语有一些共同之处，但是由于地域和文化的差异，因此不同的民族在语言上也会有不同的特点，比如汉、英詈语和摩梭詈语又各有不同。本文试图从三个方面将摩梭詈语与汉、英詈语进行对比，从而揭示摩梭詈语的特点。

（一）从数量上看，摩梭詈语的数量远不如汉、英詈语数量多

纵观古今历史，汉、英语中从不乏大量的詈语，尤其是涉及性器官、性行为和性乱伦等语义内涵的詈语，不但数量不少，而且有着较高的使用频率。如“屄、鸟、fuck（操）、asshole（屁眼）”等。英语中和 cunt（女性生殖器）有关的同义词就有 700 多个，[①] 这类詈语也是詈语中被认为最肮脏、最不堪入耳的一类。另外，在汉、英詈语中，用女性生殖器进行辱骂的场合和频率比用男性生殖器进行辱骂的场合和频率多，同时以女性生殖器作为詈语构词语素的构词能力也比以男性生殖器作为詈语构词语素的构词能力强。

---

① ［澳］露丝·韦津利著，颜韵译：《脏话文化史》，第 25 页，文汇出版社，2008 年。

摩梭詈语不仅在数量上没有汉、英詈语那么多，而且摩梭詈语中很少有涉及性器官、性行为和性乱伦等语义内涵的詈语，这与汉语和英语中有大量针对性行为、性器官的詈语，尤其是对女性性器官进行辱骂与攻击的情形截然不同。一小部分摩梭人会在非常气愤的时候用男性生殖器“ȵi^{33} tɕi^{33}”来施詈，而很少有人用女性生殖器“sa^{31} tɕi^{33}”来施詈。

此外，汉、英语中有大量侮辱女性的詈语，如“婊子、臭三八、hussy（荡妇）、tart（骚货）”等。英语中还有大量以动物之名来辱骂女性的詈语，如“hen（嘴碎的女人）、chick（妓女）、cat（心地恶毒的女人）、cow（肥胖难看的女人）、rat（下流的女人）”等。根据笔者的田野调查，搜集到的辱骂女性的摩梭詈语仅有“sɑ^{31} ɣai^{31} mi^{33}（骚女人）”、“mɑ^{33} tɕhi^{33} mi^{33}（淫乱的女人）”和“tshi^{33} khuɑ^{33} mi^{33}（泼妇）”三例。

总之，摩梭詈语的数量和汉、英詈语相比，显得凤毛麟角。笔者多次的田野调查，也证实了摩梭詈语数量较少的客观事实。

（二）从类型上看，摩梭詈语类型少，汉、英詈语类型多

汉、英詈语不仅数量多，而且类型多元。综合以往学者的分类，汉语詈语的类型主要有：(1) 以性器官、性行为、性乱伦、人体器官及生理排泄物骂人的詈语，如“屄、日、操你妈、贱骨头、放屁”等；(2) 以动物之名骂人的詈语，如“畜生、笨猪、蠢驴”等；(3) 表示种族歧视的詈语，如“倭寇、洋鬼子、蛮子”等；(4) 体现职业贵贱、地位尊卑、等级高低的詈语，如“臭老九、叫花子、奴才”等；(5) 与性别、年龄歧视有关的詈语，如“贱货、色狼、老东西、小崽子”等；(6) 以死亡和鬼神禁忌骂人的詈语，如“该死、断子绝孙、背时鬼”等；(7) 人身攻击和谴责品德恶劣的詈语，如“笨蛋、窝囊废、流氓”等；(8) 专门侮辱以及间接侮辱母亲的詈语，如“他妈的、

杂种”等。

英语詈语与汉语詈语的类型部分相同，如英语中也有大量以性器官、性行为、生理排泄物骂人的詈语以及歧视女性、辱骂母亲的詈语，如“cock（男性生殖器）、fuck（操）、shit（屎）、bitch（婊子）、motherfucker（杂种）”等。但是英语詈语的类型也有和汉语不同之处，主要表现在：（1）英语中有大量种族歧视的詈语，如“niggar（辱称黑人）、chink（辱称中国人）、frog（辱称法国人）”等；（2）英语中有大量与基督教禁忌相关的詈语，如“Jesus（天啊）、hell（见鬼）、damn（该死）”等。

摩梭詈语和汉、英詈语相比，不仅数量小，而且类型少。摩梭詈语的主要类型有：（1）诅咒家族血脉无法传承的詈语，如：“$ma^{31}tɕi^{33}$（断根）”等；（2）侮辱血脉不纯正的詈语，如“$tshə^{13}zo^{31}$（杂种，骂男的）、$tshə^{13}mu^{31}$（杂种，骂女的）”等；（3）指责品行不端、良心不好的詈语，如“$xin^{33}tɕhi^{33}dzɑ^{33}$（人种不好）、$nv^{31}mi^{31}dzɑ^{13}$（心不好）、$xɑn^{31}sə^{13}tɕhi^{33}$（没良心的）”等；（4）诅咒他人死亡的詈语，如“$khər^{33}phv^{33}nɑ^{31}xɑ^{33}$（去死吧）”等；（5）嘲讽他人的詈语，如“$xɑ^{33}mi^{33}do^{31}tse^{13}$（叫花子）、$zo^{33}do^{33}$（出洋相）、$ɣo^{31}di^{55}$（疯子）”等。

值得一提的是，摩梭语中几乎找不到因年老或者年幼而遭歧视的詈语，也很少有对他人进行人身攻击的詈语。这和汉、英语中有大量的年龄歧视以及人身攻击的詈语迥然不同，如“老不死、crone（干瘪皱皮的老太婆）、黄毛丫头、丑八怪、人模狗样”等。摩梭詈语数量较少，因此也决定了摩梭詈语的类型远不及汉、英詈语多。

（三）从程度上看，摩梭詈语的辱骂程度不及汉、英詈语强

从表意程度和使用上来说，詈语可分为强、一般和弱三个等级。个人的素质和修养常常决定着是否使用辱骂程度较强的詈

语，而辱骂程度一般的詈语通常会分场合使用，辱骂程度较弱的詈语，几乎每个人都使用过，不仅是情绪的发泄，有时甚至还表达一种亲昵的感情。

汉、英语中都有不同表意程度的詈语。其中辱骂程度较强的詈语主要表现为以生殖器官、性乱伦、母亲作为攻击对象及诅咒他人死亡的詈语。“母亲”这一概念在詈语中的辱骂意义是极为突出的，以母亲为辱骂对象的詈语是最令人反感，能够达到最佳咒骂效果的詈语之一。在汉语和英语中，都有大量的以母亲为辱骂对象的詈语，如鲁迅先生在杂文《论“他妈的”》中提到“他妈的”是中国的国骂，而且“他妈的”这个结构还具有强大的构词能力，可以构成“他姐姐的”、“他奶奶的”等一系列主要以女性称谓来组词并以此来侮辱、谩骂他人的詈语。英语中的“fucking（他妈的）、son of bitch（杂种）”等，要么是直接辱骂母亲或通过辱骂母亲而达到辱骂本人目的，或者就是表面转化了辱骂对象，实则最终的谩骂对象还是指向母亲。这类詈语在汉、英语中不仅使用频率较高，有时甚至不分场合。可是在摩梭语中却没有以母亲为辱骂对象的詈语，带有生殖器官和性乱伦等字眼的詈语也非常少，只在某些特定的场合使用，而且使用的频率也较低。

汉、英语中有不少以死亡和鬼神禁忌骂人的詈语，如“千刀万剐、见鬼、hell（去死吧）、bloody（天杀的）”等。此类詈语不仅咒骂的程度强烈，而且咒骂的语气也很激烈。而摩梭语中的这类詈语，如“khər^{33} phv^{33} nɑ^{31} xɑ^{33}（根倒火焰灭，意译为去死吧）”，咒骂时的语气较缓和，伤人的程度也大大降低。

音节越短的詈语，咒骂程度越强烈，随着音节的增加，咒骂的程度也逐渐降低。摩梭詈语一般都是双音节以上的词语，因此咒骂的程度和语气不及汉、英詈语强。

三、摩梭詈语的文化阐释

通过与汉、英詈语对比，不难看出摩梭詈语具有“数量小、类型少、程度轻”的特点，同时摩梭语中少有涉及性器官、性行为、性乱伦等语义内涵的詈语，也少有侮辱女性、歧视老人、辱骂母亲的詈语，摩梭詈语的特点反映了其背后独特的摩梭文化。

（一）摩梭文化的内涵

整个摩梭社会对家庭、妇女、母亲、舅舅的热爱尊敬是社会伦理道德的核心，由于害羞而衍生出的血缘亲属间的性禁忌以及对于性话题的避讳，是摩梭文化的独特内涵。

1. 母系文化

摩梭人独特的母系大家庭以及“男不娶、女不嫁、暮合晨离”的走婚习俗，形成了摩梭人独特的母系文化。母系文化影响了摩梭人“尊母重女”的伦理观，摩梭人女神崇拜的宗教信仰进而形成了摩梭人尊奉女性、爱戴妇女的民族心理。这与汉、英民族长期在父权制文化浸染下的“男尊女卑、男优女劣、男强女弱、男高女低”观念可谓是南辕北辙、大相径庭。摩梭语中凡大或神圣的事物，都冠以“mi^{33}（母/女）”的称谓，如神圣的泸沽湖叫做“ɕi^{33} nɑ^{31} mi^{33}”，太阳叫做“ȵi^{33} mi^{33}”，正房叫做“ʑi^{33} mi^{33}”，大拇指叫做“lo^{31} mi^{33}”，大山叫做“ʥi^{31} nɑ^{31} mi^{33}”等。

摩梭人的母系文化还体现在家屋内的诸多禁忌，尤其是在火塘边的禁忌，这些禁忌往往缘自于对老人或祖先的尊敬。摩梭家屋“正房（ʑi^{33} mi^{33}）”中的“锅庄石（kuə^{33} lv^{33}）”是摩梭人一日三餐和节庆祭典祭祖（tʂho^{33} to^{33}）的地方，祭祖一般是由家中的老人来进行，小小的一块石头，搭建了世俗世界与祖先亡灵沟通的平台，因此，摩梭人在锅庄和火塘面前不能说流言秽语和不礼貌的话，否则就是对祖先和老人不敬，以至于影响家屋和谐。

母系大家庭有一套协调各代、各成员之间的伦理道德规范。尊老爱幼，相互体谅，相互关心，相互礼让，成为个人自觉遵守的行为准则；长幼有序、团结和睦，维护大家庭的团结和稳定，成为家庭伦理道德的最高准则。母系家庭的伦理道德规范，体现了摩梭社会性别平等的内核，它维系着母系家庭的团结与和睦，作为一种行为准则，它已突破血缘的纽带，泛化为一种社会风尚、文化传统，并以其泛化了的力量维系和巩固着母系大家庭。①

2. 害羞文化

"ʂə^{33}to^{33}（害羞）"是摩梭人日常用语中的一个高频词汇，因此香港学者周华山将摩梭文化精辟地概括为"害羞文化"，"害羞文化严禁血缘亲属走婚，连语言上也严禁任何性话题。这绝对不是性压抑、性否定或性保守，而是针对血缘禁忌而衍生的独特文化机制。害羞文化是摩梭人避免乱伦关系的文化机制。害羞文化针对的绝对不是性本身，而是乱伦禁忌；所避免的不是男女关系，而是血缘亲属间的异性关系；所打压的不是所有亲属关系而仅限于血缘亲属。"② 摩梭人的"害羞文化"最主要是体现在血缘亲属之间的性禁忌上。

如今，"害羞文化"已是摩梭人家屋教育以致整个道德观念的主要构成部分，代表着对一切不良行为的约束与限制，譬如贪财敛财、唯利是图、对老人不敬、破坏家庭和谐等行为，都会让每一个摩梭人心中蒙羞与不安，并且受到社会集体取向的谴责与不齿。摩梭"害羞文化"已经延伸到包括血缘亲属间性禁忌在

① 和钟华：《阴阳相谐的追求》，第112－113页，云南民族出版社，2006年。
② 周华山：《无父无夫的国度》，第93－99页，光明日报出版社，2010年。

内的每一个角落，成为摩梭人家庭教育、做人规范以致整个社会道德价值观念的潜在规约。“害羞”已经泛化为摩梭人对于外界评价的一种敏感反应。可以说，摩梭人已经把“害羞”纳入了摩梭文化建构的道德体系中，不遵守明确规定的各种违背善行的行为，不在意他人感受的以自我为中心的行为，不能维护家屋和谐和管理好家屋，说流言秽语和不礼貌的话，不按常理做事、待客不周或者不信守承诺等行为，都被认为是害羞的事情。“害羞”对于摩梭人的意义在于，任何人都十分注意社会集体取向和他人对自己行为的评价，“害羞”是摩梭人独特的文化心理，是社会意识、传统文化、传统价值观、人格特征和社会文化的集体取向共同作用的综合体。

（二）摩梭詈语的文化阐释

摩梭人独特的母系文化及其伦理道德规约，使摩梭社会中没有“鳏寡孤独”的群体，老有所养、幼有所教、体恤伤残、母尊女贵，这些文化现象体现在其语言中，造就了摩梭语中少有辱骂母亲、侮辱女性、歧视老人的詈语。

摩梭人最不齿的就是对老人不敬的事情，殴打、辱骂、遗弃老人会被视作伤天害理的事情，如果发生这样的事情，整个氏族、村落和所有摩梭人都会感到蒙羞受侮。摩梭人“尊老爱幼、体恤伤残”的伦理规约与汉、英民族根深蒂固的“年老多病、年幼无知和体弱多残”的认知思维有着天壤之别。

摩梭人视在血缘亲属面前谈论和性有关的话题和词语为人生的最大禁忌，不要说性行为、性器官这样极度令摩梭人害羞和难于启齿的词汇不能提及，如果在公开场合还要用这些词语对他人进行谩骂实属大不敬和不可思议的事情。摩梭人在血缘亲属面前连“a^{33} çiɑ 31（情人）、tʂhu^{33} mi 33（妻子）、xɑ^{31} tʂhu^{33} bɑ^{33}（丈夫）、a˥ dɑ^{33}（父亲）、thi^{33} si^{33} si^{33}（走婚）、zo^{33} mu^{33} bo^{31}（怀孕）”

这样的词汇都不能提及，因为这些词语背后暗含了性关系和性禁忌，触犯了“害羞文化”的本质。可见，“害羞”在摩梭社会中是一种无处不在并且延伸至每一个人头脑中的伦理道德意识。

语言是文化的一个组成部分，透过语言可以得到大量关于文化的信息，摩梭詈语的特点反映了摩梭人“母系文化”和“害羞文化”的特质。文化的特征反过来会在语言中留下印记，摩梭文化极其强调家族礼貌、伦理道德、宗族观念和家屋和谐，寻常绝对不说任何粗话，因此造就了摩梭詈语和汉、英詈语不同的特点。

四、余 论

语言不仅是传情达意的工具，还是思维认知的基础，代表着特定文化的价值观与世界观。不同的民族，由于文化心理和思维认知的差异，导致其詈语千差万别。鉴于时间和能力有限，笔者将摩梭詈语与母语“汉语”以及所掌握的第二语言“英语”进行对比，具有一定的研究价值和现实意义。

国内语言学界普遍认为摩梭人使用的语言是纳西语的东部方言，属于藏缅语族彝语支,[①] 也有学者认为是兼有羌语支和彝语支一些重要特点的语言。[②] 因此笔者将在后续研究中进行更深入的田野调查，搜集更多的语料，将摩梭詈语与纳西詈语以及彝语支和羌语支相关民族的詈语进行对比，同时也关注汉语方言以及其他民族詈语的研究动态，以期更全面、客观地阐释摩梭语言与文化的自相似性。

① 和即仁、姜竹仪:《纳西语简志》，第3-4页，民族出版社，1985年。

② 孙宏开:《纳西语在藏缅语族语言中的历史地位》，载《语言研究》，2001年第1期。

“沉默的力量”

——浑沌学视野下沉默行为的会话分析研究

王晓谦

随着20世纪70—90年代会话分析理论的出现与蓬勃发展，研究者的研究视野放宽至言语交际者对语言行为在具体语境下的实际运用上。在研究过程中人们注意到：要想全面地观察和研究会话，除了研究言语行为外，一些长久以来被语言学研究视为杂乱无章、无据可寻的言语表现——非言语行为也必须得到前所未有的关注。因会话中的非言语行为具有其特殊性与复杂性，所以仅使用以往的会话研究的理论和方法，恐怕很难全面、立体地观察和研究动态的会话系统。

可喜的是，随着认识论的不断深化，浑沌学理论应运而生。这一理论为我们解决非言语行为的研究难点提供了新的思维框架。认识客观世界普遍存在的浑沌状态这一核心问题，首先，将非言语行为的无规则现象纳入正常态研究范围之内，为我们研究非言语行为提供了理论基础；其次，浑沌学中的关于初始条件、蝴蝶效应、自相似性、非线性、复杂性等概念，也为我们进行非言语行为研究提供了行之有效的观察方法。本文在浑沌学理论的视野下结合会话分析论的方法，从结构、意义和交际三个层面考察了会话过程中的沉默行为及其浑沌学特征。

一、会话中的沉默行为

会话中的沉默行为可以说是非言语行为研究对象中极具代表性的一类，它看似简单，实则包括相当复杂的变量。沉默是话语的缺失，同语音一样可以作为一种符号具有任意性和约定性，但其形式和意义之间却往往表现出极大的不确定性：沉默既可以表示交际者的尊重、威严、敬畏，又可以表示交际者的气愤、恐吓等态度。像我们常听到“此时无声胜有声”、“沉默是金”这样的说法，就是充分肯定了沉默行为在交际中发挥的作用，意味着“沉默”并不是对言语行为的绝对终结，它通常伴随话语存在，通过一种“无声”或“无语”的形式，承载大量的交际信息。

在以往的研究中，一般将沉默行为分为广义与狭义两种：广义的沉默行为（沉默语）包括大部分的非言语行为，如：面部表情、手势语、谈话空间等；狭义的沉默行为单指无声的言语行为，它和有声言语行为一样，也是一种符号。本文主要围绕狭义的沉默行为进行讨论。在开始进行沉默行为研究之前，我们有必要弄清沉默和不说、沉默和语空两组概念的不同。

从语言交际角度看，沉默与不说二者之间有着很大的区别。尽管沉默以说话为前提，但是没有说话并非都是沉默。沉默具有实施言语行为的能力，而不说不仅失去这种预设，而且可以意味没有言语能力或不掌握某种具体的语言。从会话结构上看，沉默通常表达的是违反会话规则的行为，但一旦这种行为获得社会意义、文化意义，并打上标记，沉默就成为一种有意识的自我控制的言语动作，蕴含着说话人一时难以表达或不愿意表达、不方便表达或无法表达的多种思想、情感和复杂的心理。虽然交际中对沉默行为的研究都归属于非言语交际研究的类别里，但实际上沉默行为恰恰处于言语行为和非言语行为的一个临界点，因此，我们应该这样理解沉默行为：它是一种音量值为零的语言，是言语行为和非言语行为的一个临界形式，有传递信息的功能，在会话中具有交际价值。

随着人际关系学和大众传播学的发展，人们逐渐发现，在言语交际过程中，恰当的沉默和话语停顿也能帮助交谈双方传递信息，这就是所谓的语空，它实际上也是广义语言的一种，是一种音量值为零的语言。语间停顿和沉默是语空的两种主要类型：语间停顿是谈话过程中的停顿；沉默则是与言语相对的静默无语或超过一定时间限制的言语中断。由于分音节的常规语言语义明确，便于人们在相互交往时传递信息、表明态度和观点，使得人们对有声信息给予了更多的重视，甚至将停顿和沉默看作是言语的对立物。但事实上，这是一种极大的误解，和有声语言一样，语空在言语交际过程中也通过其特殊规律时时刻刻地发挥着其交际功能。

会话分析是话语分析的一个分支，会话分析学者使用被录制后精确转写下的真实材料，着重对自然会话中反复出现的结构模式进行研究，此外也对会话风格以及会话策略等方面进行相关研究。沉默行为同样为会话分析理论所关注。结合以往研究，本文将其归纳为三个层面的研究：即结构层面、意义层面和交际层面。结构层面指沉默行为在会话结构中的作用、沉默行为通常会规律地出现在会话的什么位置、有什么类型等；意义层面指会话中的沉默行为在不同语境下所体现出的不同话语意义等；交际层面指会话主体如何和怎样使用某种策略来操控沉默行为以便达成所需的交际效果。此外，结合浑沌理论，通过观察可以发现，沉默行为在上述三个层面中均体现出了明显的浑沌特征。

二、沉默行为在会话结构中体出无序和有序的统一

洛伦兹在《混沌的本质》一书中，这样写到："它们看起来是随机的，而实际上其行为却是由精确法则决定的。"浑沌学理论认为：在动态系统有序的发展过程中，每一层级的系统都是相互联系、相互作用、相互制约的。因为不断出现的初值的反应，也由于系统对初值的敏感依赖性，最后总不可避免产生了有序发展过程中的无序浑沌状态。浑沌是从有序中产生的无序运动状态，无序来自于有序，无序中蕴含着有序，无序与有序二者对立统一。我们所处的客观世界是一个复杂的浑沌动态系统，作为这一系统中的任何一个部分，都应存在浑沌的特征。

表面看似杂乱无章的日常会话，其实并不像我们想象的那样任由会话参与者随时、随地、随便地说话。会话系统具有其基本结构和规则，每个参与者都必须遵守一定的规则，以保证会话正常推进。和言语行为不同，会话过程中的非言语行为虽然可以传递大量真实可靠的信息，但却缺乏清晰性和直接性，呈现出极其明显的无序性特征。所以，我们也可以把会话系统当作一种无序和有序统一浑沌系统。而处于言语行为和非言语行为临界点的沉默行为在会话结构中，也同样呈现出无序与有序统一的特征。

以 Levinson 根据会话中话轮的传递方式提出的相邻语对概念为例，我们看看沉默行为在会话结构中显现的无序特征。相邻语对会话本身的固有结构，是指会话中一些约定俗成的话轮序列。这些话语序列成对出现，顺序相对固定，如问候—问候，A 说你好，B 回答你好；提问—回答，A 问你是谁，B 回答我是某某，等。组成它的两个话轮分别被称为前轮和后轮。一般情况下，前

轮和后轮两部分之间有很强的“过渡关联”：前轮的出现使后轮几乎成为必然。

在这类的相邻语对中，“过渡关联”赋予话轮中的后轮部分很高的“结构期望值”，后轮需要满足前轮的期望才能保证会话结构的有序推进。而现实中的沉默行为，常常出现在相邻语对的后轮中，打破有序的话轮转换规则，形成一种无序会话状态。请看下面转写自许鞍华导演的电影《半生缘》，1997 年版的会话。其中（·）代表0.2 秒内的瞬时停顿；（0.0）代表以秒为单位的计时停顿或沉默；（:）表示话语的延迟。

例1 祝鸿才：家里来人送的东西
顾曼桢：（10.0）
祝鸿才：吃一点儿吧
顾曼桢：（13.0）
祝鸿才：你:: 你不吃（·）肚子里的孩子要吃（2.3）哎:: 哎

在正常情况下，顾曼桢对祝鸿才这句“家里来人送的东西”应该表示“好的、放那儿吧”；对“吃一点儿吧”应表示“我吃\我不吃”这样的回答。实际上，电影中的顾曼桢通过沉默行为，打破了相邻语对中的“过渡关联”规则，使其处于一种“关联缺省”的状态，会话变得无序且混乱，甚至终止。

另一方面，尽管沉默行为扰乱了会话结构的正常秩序，但是它在会话结构中出现的位置却是有序的。我们看下面的表格，这是会话分析学家根据沉默行为在会话结构中出现的位置，划分出的沉默类型：

位置	非转换关联位置（Non – TRP）	转换关联位置（TRP）		
	轮内	整轮	轮间	
种类	停顿	意义沉默	静默	间断

因此，我们可以把沉默行为看作一个浑沌因子，它以一种有序的规则干扰着会话结构，使会话整体显现出一种无序状态。

三、沉默行为与言语行为在话语意义上的自相似性

对沉默行为意义层面的研究，关注的是会话中的沉默行为在不同语境下所体现出的不同话语意义。浑沌学中有这样一条普适性原理：不同系统的行为规律很可能相同，而与构成系统的细节完全无关，这就是分形中部分和整体的自相似性。通过观察我们可以发现，沉默行为与言语行为在话语意义上也存在着明显的自相似性。我们继续使用电影《半生缘》里的会话作为例句。

例 2 鸿才：吃一点儿吧

曼桢：(13.0)

鸿才：你:: 你不吃（·）肚子里的孩子要吃（2.3）哎:: 哎

我们发现在电影里曼桢虽然没有回答鸿才“吃一点儿吧”的提议，但鸿才却知道曼桢是不吃的。这是什么原因呢？这是因为他知道曼桢想借助沉默向他传达了一种不肯定、不赞同的话语意义，这不仅能表达出“我不吃”这样的言语行为效果，而且还表达了言语行为无法表达的不满情绪。我们经常听到这样一句俗语“此时无声胜有声”，这是说沉默这种非言语行为可以代替言语行为传递信息，因为它有着和言语行为相似的话语意义，所以其交际效果可以达到甚至超越言语行为。

通过观察，我们发现沉默行为和言语行为在话语意义上存在一种自相似性。根据具体语境不同，笔者将这种话语意义上的自相似性分为：正面意义上的自相似性、负面意义上的自相似性。

正面意义上的自相似性是指：沉默行为和言语行为一样可以表示同意、支持、赞同、肯定、思考、默契等话语意义。如老师问同学们："对上课内容有没有什么问题?"学生的"沉默"表示"没问题"；负面意义上的自相似性是指：沉默行为和言语行为一样表达的是对会话内容的回避、放弃、对说话人的抗议、敌对、反感等话语意义。如上面举的电影里的例子。

四、沉默行为对交际结果产生的蝴蝶效应

最后我们要说的是沉默行为在交际层面显现出的浑沌特征。浑沌学理论认为，浑沌系统运动的本质特征是系统长期行为对初值的敏感依赖性。在有序的演化过程中，系统行为在临界点附近会由于某些微小的原因而产生显著的后果。也就是说，由于受到各种因素的干扰，初值的微小改变会影响后续过程中的大范围变化，从而导致轨道发生巨大偏差，在相对空间中越走越远。哪怕是从极其相近的两个初值出发的两条轨道，在短时间内似乎差异不大，但在足够长的时间后，就有可能产生非常巨大的差异。（苗东升、刘华杰，1991：71）事物的发展结果，对初始条件具有极其敏感的依赖性，初始条件的极小偏差，会导致系统长期的行为的不确定性、随机性，将会引起结果的极大差异——这就是著名的蝴蝶效应。

通过观察会话中的沉默行为，我们也发现了这种对初值的敏感依赖性，即蝴蝶效应。沉默行为虽然细微，但对整个会话影响却很深刻。一个正常的交际系统，必然依靠一个庞大繁杂的言语子系统和非言语子系统协作运行，如果将会话中的沉默行为看作是一个小机制，那么这个小机制的使用方式，也是左右着交际成败的关键因素。前面也提到了，一旦获得社会意义、文化意义，

并打上标记，沉默就成为一种有意识的自我控制的言语动作，蕴含着说话人一时难以表达或不愿意表达、不方便表达或无法表达的多种思想、情感和复杂的心理。所以我们要从同一文化圈和跨文化圈来解读沉默行为对交际结果产生的蝴蝶效应。

交际双方处于同一语言文化圈时，因双方的语言文化背景较为接近，对沉默行为的使用规则的理解建立在比较一致的基础上，这使得交际双方比较易于沟通，一般来讲交际效果良好。如果听话人能够很好地履行角色义务与礼貌合作，或者说话人能够合理地将沉默的话语意义传递给对方，那么可以使交际效果引向一个积极的方向；相反可能会影响交际效果。我们来看一个例子：

例3：妈妈：小正，吃饭啦！

小正：（沉默）玩儿游戏

妈妈：（沉默）

小正：妈，吃饭了啊！你是不是叫我了？我刚才没听见！

妈妈：呦，你不是忙着打游戏么！打完再吃吧！

小正：游戏哪儿有饭香啊！饿死我了……

会话中第一个沉默行为，是作为听话人的小正违反了礼貌合作原则，于是他得到了妈妈的沉默回应。当话轮转到妈妈这边，她的沉默行为合理地传达了对小正的不满。这种不满情绪，又很成功地传递到小正那里，于是小正开始为自己的行为做出解释，来缓和与妈妈的紧张气氛。需要说明的是，也是得益于交际双方的文化背景相近，所以当二者出现上述误会时，相对易于化解矛盾，便于促成交际成功。

而交际双方处于不同语言文化圈时，情况就没有这么简单了。这里举一个笔者在日本留学期间的真实案例。一次留学生的日语课上，老师请来一位日本同学给大家讲日本大学生的流行文化。这位同学进来之后在讲台上向大家说了句："こんにちは"意为"你们好"。当时班里的留学生大多是中国人，因为在汉文化中如果一个人同时向很多人发出"你好"或"大家好"等问候时，一般不需要回应，如果回应，也只是点头或微笑而已，于是中国留学生就集体保持了沉默。后来这位日本同学告诉笔者，中国留学生的集体沉默给他造成极大的不快感。因为在日本文化中，一个人如果和大家打招呼，大家都要给予回应才算礼貌。这样一个小小的沉默行为，就因为文化的差异，上升为交际者之间的误解。所以说，在跨文化交际中，我们除了要特别注意自己的言行举止外，还必须了解对方的语言、文化、观念、学会寻找适合双方交际的会话规则，否则小小的沉默可能带来一场交际上的龙卷风。

五、结　语

浑沌理论与相对论、量子力学同被列为 20 世纪的最伟大发现和科学传世之作。量子力学质疑微观世界的物理因果律，而浑沌理论则紧接着否定了包括宏观世界的决定型因果律。浑沌的发现揭示了对规律与由此产生的行为之间即原因与结果之间关系的一个基本性的错误认识。过去认为，确定性的原因必定产生规则的结果，但现在知道，它们可以产生易被误解为随机性的极不规则的结果。过去认为，简单的原因必定产生简单的结果（这意味着复杂的结果必然有复杂的原因），而现在我们却知道，简单的原因也可以产生相当复杂的结果。

自 20 世纪 90 年代初张公瑾先生将浑沌学理论及方法论借入语言学研究之后，我们的研究思路和思维框架发生了极大的转变。区别于以往语言学研究把语言看成一个线性系统、使用线性分析方法。浑沌学视野下的语言学研究，是在建立在承认语言系统的动态发展是非线性的、不确定的、随机的等因素共同作用的基础上，以其独特的概念体系和方法论框架对语言系统进行的非线性分析。同样地，浑沌学理论无疑也适用于作为语言学研究分支的会话分析研究，特别是像会话中的非言语行为这种必须兼顾语言整体和民族文化整体、言语者群体和个人的个性气质、交际意图与交际习惯等诸多复杂因素共同作用的语言研究对象。

浅析汉语象征词语与汉文化的自相似性

贾吉峰

一、引　言

浑沌学是20世纪中期兴起的一门科学，它最初被应用于动力学，后来逐渐被引进到其他科学的研究领域之中。在语言学研究领域应用浑沌学，开始于20世纪80年代。何谓浑沌学？浑沌学是以直观、整体为基点来研究浑沌状态和浑沌运动的复杂规则性学问。浑沌学认为：世界是确定的、必然的、有序的，但同时又是随机的、偶然的、无序的，有序运动会产生无序，无序运动又包含着更高层次的有序。现实世界是确定性和随机性、必然性和偶然性、有序和无序的辩证统一。汉语象征词语作为汉语词汇的组成部分，毫无疑问也存在着上述特点。本文尝试用浑沌学的有关理论对汉语象征词语的语义进行解读。

二、汉语象征词语及其特点

语言是文化的载体。世界上任何民族的语言都是该民族文化的一种符号形态，因此该语言也必然反映着该民族的文化观念和心态，汉语同样是汉文化的表征，也同样反映着汉民族的文化观念。中华民族几千年以来所形成的认识自然和社会的哲学思想、价值观念、审美情趣、民族都心态及风俗习惯等，不仅在汉语之中得到广泛而深刻的反映，而且首先体现在汉语的词汇方面。正像美国社会语言学家C·恩伯所言："一个社会的语言能反映与其相对应的文化，其方式之一则表现在词语内容或词汇上。"

语言是人类用来进行交际的符号系统，是人类表达思想和意义的重要工具。肯定地说，语言是人类特有的思维活动，来自于人类的社会实践活动，思维是人脑反映客观世界的过程，它与语言之间关系密切，相互作用。语言作为一种非线性系统，要受到所属的民族思维和文化的影响，象征词语是民族心理和民族文化的一面镜子，一个民族思维和文化与该民族的语言之间具有自相似性，这三者之间是同构关系。汉语象征词语是一种具有浓厚文化色彩的词语，与汉民族独特的思维方式以及文化密不可分。汉语象征词语集中反映了人们对自然和社会的看法，是汉民族精神和民族心理的集中反映。德国语言学家洪堡特的"语言仿佛是民族精神的外在表现。民族的语言即民族的精神，民族的精神即民族的语言，二者的同一程度超过了人们的想象。"可谓精准的概括。

汉语象征词语是汉语中的特色词语，除了词语自身具有的字面意义之外，由于人们丰富的联想，于是就在词语字面意义基础之上，产生了其抽象意义——象征意义。汉语象征词语数量众多。

象征词语通过具体事物的形态及习性特征来表示事物的某种抽象的意义，换句话讲，是运用客观事物的特点去象征人的主观心理。汉语象征词语的表义方式通过两种方式进行：一是借物喻义，一是谐音取义。首先，象征词语从字面上看指的是一种具体的客观事物，因为客观事物自身的习性特征，人们根据事物之间的相互联系从而构成了联想意义。那么，是不是联想意义都可以成为象征意义呢？结论是否定的，它必须以一定的社会认可程度及使用范围为条件，即在一定的语言系统中，某些联想意义得到了社会普遍的认可，从而成为某个确定的精神观念或文化价值的体现者出现在语言中，这时，联想意义就以一定的语言形式得到固定而成为象征意义；其次，这种联想意义又总是与中华民族传统的文化思想相契合。于是，汉语象征词语的象征意义就被赋予了深厚的文化含义。我们认为汉语象征词语的象征意义是包含着丰富的文化信息的联想意义。应该是这样的一个过程：

具体意义　　　　　　　　　　象征意义
↑　　　　　　　　　　　　　　↑
客观事物→形态、习性特征→事物间相互联系→联想意义

比如“松、竹、梅”这三种植物，其具体意义自不必说，汉民族用它们傲风斗雪的自然习性特征，去象征人的意志坚强、气节高尚的思想品格，人们因此赋予其“岁寒三友”的赞誉。另外，有些象征词语因为人们长期使用，就有了固定而公认的象征意义，如王维的“红豆生南国”、“此物最相思”的诗句，流传千年，于是人们就用“红豆”去象征爱情，由于陶渊明的“采菊东篱下，悠然见南山”的名句，后人即用“东篱”来象征人的隐逸思想。

象征词语的意义包含两个部分：具体意义和象征意义。所谓具体意义，即词语的字面意义。而象征意义则是一个从词语的字面意义到文化意义的过程。用狮子象征刚强，用狐狸象征狡猾。因为它们都具有这种性质，这就是象征的理据性。用黑格尔的说法，就是“形象和意义之间的协调”。“象征首先是一种符号。不过在单纯的符号里，意义和它的表现的联系是一种完全任意构成的拼凑……。作为象征来用的符号是另一种……象征所要使人

意识到的却不应是它本身那样一个具体的个别事物，而是它所暗示的普遍性的意义”。象征的作用就是引发人的联想，通过联想达到了象征意义的目的。正因为彼此之间，形象和意义之间的协调，从而实现了它的普遍意义。

比如：龙、凤是汉民族心目当中美好的神灵动物，在上古时代把龙作为崇拜的图腾。在古人的心目中，龙是神，龙能腾云驾雾，行云降雨，传说中主宰大海的神就是东海龙王。龙在这里象征着神圣吉祥。因此汉民族自古把龙奉为祖先的化身，至今汉民族喜欢称自己是龙的传人，以龙的子孙自豪。同时，龙还是封建帝王的象征，历代封建帝王都称自己为真龙天子，是龙的化身，以此增强自己统治的神圣性与合法性。随之而来的便是凡与皇帝有关的都加一个“龙”字。例如：

龙飞——皇帝即位　　龙颜——皇帝或皇帝的面容
龙体——皇帝的身体　龙床——皇帝睡卧的床

帝王既然是真龙天子，帝王的后代子孙也称为龙子，龙孙或龙种。在人们心目中就有了龙象征神圣、象征帝王的认识。龙在现实当中本无此物，据说为几种现实动物的集合体，而且有几种说法。人们之所以附会成此神物，完全是几千年来汉民族对于美好生活的追求与向往的表现。

凤，也称凤凰。《说文》释凤云：

“凤，神鸟也。天老曰：凤之象也，鸿前鹿后、蛇颈鱼尾、鹳颡鸳思、龙纹虎背、燕颔鸡喙、五色备举，出于东方君子之国，翱翔四海之外，过崑崙，饮砥柱，濯羽弱水，莫宿风穴，见则天下大安宁。”

《山海经·南山经》则记载：

> “丹穴之山，有鸟如鸡，五彩而纹，名曰凤凰，饮食自然，自歌自舞。”

凤是中国人心目中的神鸟，《诗经·商颂》中有“天命玄鸟，降而生商”，这里的“玄鸟”就是指神鸟“凤”。凤因为有美丽的羽毛而被称为“鸟中之王”，在人们的印象当中历来是祥瑞的象征。在中国人的心目当中，凤凰已是超越世俗的灵物，像龙一样，成为一种宗教哲学中的想象崇拜物和艺术美感所表现的造型符号。它同样为中国人的想象力提供了可作无限发挥的园地。

自汉代以后，龙主凤次的局面虽然始终没有动摇过，但是，凤凰的象征意义却比龙活跃得多。首先，作为百鸟之长的凤凰，群鸟皆从其飞，这样正好与人世间的君臣之道相合，所以凤和龙一样也象征着王权，于是就有以下的词语和帝王产生了联系：

凤车：帝王所乘的车。　　凤辇：帝王所乘的车。
凤驾：帝王的车驾。　　凤邸：帝王即位前的旧居。
凤阁：帝王宫廷内的楼阁。凤楼：帝王宫廷内的楼房。
凤诏：帝王下达的诏书。

龙、凤有相同之处，故而其中有些词语也是龙凤通用的。不过到了后世，“凤”渐渐演变为皇后的专有名词，“凤驾”也就演变为皇后的大驾。虽然皇后是皇帝的正妻，为六宫之主，但在男尊女卑的封建时代，凤仍然无法与龙抗衡，所以在所有的龙和凤的相对的词语中，均为龙在前，凤在后：

龙飞凤舞、龙凤呈祥、龙吟凤鸣、龙章凤姿
龙眉凤目、龙肝凤丹、攀龙附凤

古人还把“凤凰”分开，分别用来象征男性和女性。《西京杂记》记载了司马相如与卓文君私奔的故事，其中说到司马相如用琴声挑动卓文君的春心。这首《琴歌》唱到：“凤兮凤兮归故乡，遨游四海兮求其凰。”于是后世就以《凤求凰》为此曲之题目。其实，这一层象征意义很早就已经形成。《诗经·大雅·卷阿》：“凤凰于飞，翽翽其舞。”《左转》：“凤凰于飞，和鸣锵锵。”杜预注曰：“雄雌俱飞，相和而鸣锵锵然。”后世因此称“于飞之乐”为夫妻男女之乐。

在古人心目中，凤凰是鸟中之王。“凤飞，群鸟从以万计”。它的羽毛“五彩而文”，又能自歌自舞，皇帝手下专司音乐的官员也要靠“听凤凰之鸣，以定十二律”，用凤鸣声来确定乐律。于是，“凤”又添加了一层多才多艺、风采出众的象征义，而融入汉语词汇中。例如：

凤毛：先人遗下的风采。又有“凤毛麟角”一词，喻罕见的人才或珍贵物品。
凤穴：文才荟萃之地
凤藻：美丽的词藻修饰

龟在古代是号称“四灵”之中唯一的实有动物，俗称“乌龟”。地位与龙、凤、麟这三种虚拟的神化动物等同。《孙氏瑞应图》中说：“龟者，神异之介虫也，黝采五色，上隆象天，下隆象地，生三百岁，游于莲叶之上，三千岁尚在丛蓍下，明吉凶，不偏不党，唯义是从。”

这反映了龟的虚化的一面，说明古代的人是把龟当作神物来看的，也是上古时代占卜师使用龟甲的原因。龟耐力极强，不吃不喝数年也没问题，它身背甲壳，既可护身，又能负重；既能陆行，又能入水。当然人们认为龟的最了不起的地方就是龟的长寿，在曹植《神龟赋》中有“龟号千岁”之说法，晋代葛洪《抱朴子·对俗》甚至说将“千岁灵龟”用“火炙捣服”，人可以活到千岁。龟给人的象征意义有贵重、神秘、奇异、长寿等。因而在这些联想意义的基础上就组成了很多的文化词语：

龟玉：龟甲和宝玉，与龟鼎一样，指国家重器，象征国家的运祚。南朝谢灵运《撰作赋》云：“悯隆安之致寇，伤龟玉之毁碎。”

龟鉴：又作“龟镜”。鉴，镜也。古人认为龟可以占卜吉凶，镜子可以辨别美丑，因此用其比喻可以供人对照学习的榜样或引以为诫的教训。

龟年：又做“龟龄”，比喻长寿。旧时极为常用。唐代著名音乐家李龟年即以“龟年”为名。太平天国时的洪仁玕《戒浮文巧言谕》：“至作祝寿浮词，如‘鹤算’、‘龟年’尤属不伦，且涉妄诞。”

金龟婿：此处指身任高官的女婿。李商隐《为有》：“无端嫁得金龟婿，辜负香衾事早朝。”

龟在元明以前可以说是风光无限。但因其是随处可见的动物，神秘感日益消退，尤其是到元明时代更是一落千丈，妓院娼家的男老板被人称作“乌龟”，女老板被人称作“龟婆”（也称“老鸨”），在妓院中干杂务的男子被称为“龟奴”；他们的社会地位低下，不许出现于衣冠群中。比如《儒林外史》第二十二回写方家巷婊子家的掌柜王义，假装斯文，戴着“方巾”上大观楼吃饭，被两个秀才：

“一把扯掉了他的方巾，劈脸就是一个大嘴巴，打得乌龟跪在地下磕头如捣蒜。”

这里“龟”已成为“低贱”、“卑劣”、“丑恶”的象征，词语“乌龟”指的是妻子不贞的丈夫。时至今日，在上海地区的一些泼妇骂街时还“死乌龟”、“老乌龟”、“活乌龟”的不离口，“龟孙子”也是骂人的恶语。很难想象，原本贵重吉祥长寿的龟声誉扫地以尽，这是动物象征意义极端变化的一个很有趣的例子。

龟的象征意义由好到坏，反映了人们认识的发展变化，体现了象征意义的动态性与随机性。

人们对事物进行概括和分类，范畴概念的出现，标志着人类文明的一大进步。根据动植物的生长特点，人们概括出了一批具有象征意义的词语，如“松”、“柏”、“竹”、“梅”、“菊”、“兰”这样的植物象征词。根据其自然生长特点可知，“松”、“柏”四季常青，树龄可达到千年，所以我们在为老人祝寿时，往往就会说“寿比南山不老松”来表达我们对老人健康长寿的美好愿望。“竹”因为其高直挺拔，冬夏季节常青，中空有节。所以一般文人墨客就用“竹”来赞美和象征高贵的品格。苏东坡说过：宁可食无肉，不可居无竹。“梅花”在严寒的冬季盛开，梅花色淡清香，枝干无叶坚硬如铁。因此人们常用“梅”来象征高雅、清丽而饱含铁骨之气的高贵品性。“菊”在秋末冬初开放，具有凌霜耐寒，清香飘逸等特性，所以人们常用菊来象征坚毅、清雅、淡薄的高贵品格。“兰”由于生长于空谷山岩，风姿飒爽飘逸，其淡雅幽香。于是人们就常以“兰”来象征高雅、纯洁的品格。基于以上的特点，人们常把“梅、兰、菊、竹”誉为花木中的四君子。

三、汉语象征词语与汉文化的自相似性

语言作为一种客观存在，既是人类最重要的交际工具，又是人类文化的载体。“一个民族的语言文化结构一般说来是稳定的，而语言的各个构件及文化的各个组成部分在运行中又是不稳定的从而又造成整体的不稳定”。语言是人类认识客观世界的产物，客观世界的开放性决定了语言系统的动态性特点，动态性是世间万事万物运行的准则，语言系统的动态性，是不断发展变化的一种浑沌运动。语言在与其外部世界的接触过程中，自身会不断发生变异，会表现在各个层面。汉语当中某些象征词语语义的发展演变，是人们对外部世界认识发展演变的结果。语言记载文化，语言表现文化。

文化语言学告诉我们，语言是一种不确定性的动力系统，是一种非线性系统，是一个浑沌系统。这表现在语言的各个方面。很多时候，词语，特别是文化词语，本身的意义体系就是一个不确定的动力系统，一个非线性系统，一个复杂系统，一个浑沌系统。词语的本义、引申义、比喻义、具体意义、象征意义、简单意义、复杂意义，其间关系呈现出相当复杂的状态。这些方面在汉语象征词的意义上都有所体现，上面我们谈到了部分汉语象征词的语义情况，其中包含着动态性与稳定性。

作为汉语象征词语，其意义有本义和联想意义，前面谈到的文化词语“龙、凤、龟、麟”，本义都指的是一种动物，龙、凤、麟是人们虚构的动物，龟是现实生活中实有的动物。在认识四种动物的字面意义的同时，正如“象征词语是民族心理和民族文化的一面镜子”的说法，在龙、凤、麟、龟四种灵物身上，人们投注了太多的关注的目光，前三种灵物虽然是虚构的，但正因

为汉民族的人们对现实生活充满了希望与美好的向往，并通过美好的词语反映出来，因而有了这许多的象征词语，这些词语都有着丰富的文化含义。而且，龟的象征意义随着时代的发展还有了彻底的改变，人们对龟的认识由一个极端发展到了另一个极端。“语言作为文化的一部分，与文化密不可分；语言作为文化的载体，会随着社会的发展而流变。”在这里，正体现了浑沌学的分形理论，浑沌学的分形理论认为，部分与整体之间呈现出相同或相似的特征，这就是自相似性。语言是一种文化现象，是文化总体的组成部分，语言与文化整体之间就具有高度的自相似性。

语言与文化的自相似性是多维的。首先，决定语言发展变化的因素有以下两个：一是语言系统内部要素之间的相互作用，另一个是语言系统所处的外部环境。其次，决定文化变化的因素也同样来自两个方面，一是文化本身的内部作用，二是来自文化外部的影响。语言发展是稳定性与动态性的统一，文化发展同样是稳定性与动态性的统一。语言能在动态中反射文化，并作为一个‘透视点’，使人们窥视到文化变迁的深层结构，反映经济社会、科学技术、价值观念、生活方式、风俗习惯等方面的变迁。因此，我们说“文化是整合的，指的是构成文化的诸要素或特质不仅仅是习俗的随机拼凑，而是在大多数情况下相互适应或和谐一致的。”⑨

四、结　语

通过对汉语象征词语的考察，我们可以发现，利用传统的静态分析方法对于汉语词汇的研究是一种思路，而引入浑沌学的理论和方法，对象征词语进行动态的分析，则是一种全新的思维方式。从汉语象征词与汉文化的关系上去探讨汉语象征词，进行动态的解读，去探究从静态角度发现不到的东西，汉语象征词语与汉文化存在着自相似性，部分反映着整体，包含着大量的文化信息。一方面可以探析汉民族思维方式和文化心理等方面的独特性，另一方面也可以发现文化对于语言的演变的巨大推动作用，剖析人类文化的整体性和文化的变迁性。

韩国语称谓敬语空间文化思维走势研究

李　丹

引　言

大和小，本是一对与容积和体积相关的量空间概念。这种空间概念来自于人们漫长生活实践中的体验认知。根据自己的空间体验和生活需要，他们将生存空间的基本结构和事物之间的空间关系划分为若干类别，根据占据空间的多少，将其事物从其背景中独立出来自成一类认知对象，并且概括其特性，建构起概念，韩国语的“k^hɯda（大）、ʧak tta（小）”由此产生。韩民族对这种量空间概念的认识，普遍将“大”视为肯定，“小”视为否定。视“大”为好和美，“小”为丑和恶。例如：人们都认为大眼睛、高鼻梁、高个子为美，小眼睛、低鼻梁、矮个子为丑。“大、小”的语义引申经历了以自身为参照从具体的自然空间纵向维度上的“高低、上下”，横向维度上的“前后、左右”到抽象社会空间纵向维度上的地位高低与横向维度上的长幼等运动过程。

一、称谓敬语敬谦语素的“大、小”空间文化思维

（一）汉字敬语素“大、小”的空间文化思维

韩国语中，官职称谓空间感知通常以己的地位作为参照，比

自己官职高的通常可以用"大+NP"组成的复合式结构来称谓对方。如"tɛsa（大师）、tɛʤe（大帝）、tɛ wənwi（大院位）tɛ in（大人）、tɛʤoŋsa（大宗师）、tɛgam（大监）、tɛgun（大君）、tɛwaŋ（大王）、tɛwənsu（大元首）、tɛʤənmama（大殿妈妈）"相对于对方的高地位，自己处于下位。用"小+NP"结合而成的复合式结构来称呼自己，如"ha gwan（下官）、ha sɛɚ（下生）"人民把从自然空间得来的感知体验映射到官职当中，敬谦语素"大"，即体现出了与己相比，对方的官职、地位相对较高，处于高高在上的上位之意，又包含了说话人的恭敬态度。与此相反，自谦语素"小"则隐喻自己的官职和地位比对方小，处于低低矮矮的下位，在高高在上的上位面前应保持谦虚的态度。

（二）汉字敬语素"王、尊、贤"的"大、小"空间文化思维

"王"会意。本作"士"，是能独立任事的人，后加一横，表示在"士"之上，即人间最高统治者。后来人们将其隐喻到儒文化中，认为王字中，这三横则代表天、人（或动物、物）、地三种不同的层级。一竖则代表能够将这三种不同层级紧密地、有机地联系在一起的人（或动物），如果不能有机而紧密地联系在一起，即使组合在一起也产生不了一个真正的王。所以王就是能够将天、人（或动物）、地有机地联系在一起的人（或动物）。该词在语用中虚化为敬语素常常与家中权威人物结合。如：敬称祖夫、祖母、父亲、母亲时可称呼为"waŋbu（王父）、waŋmu（王母）、waŋdɛin（王大人）、waŋdɛbuin（王大夫人）"其中"waŋbu（王父）、waŋmu（王母）"主要用于书信体中。在封建社会宗法家庭中父母之命不可违，父母是一种权威的象征。而父母的权力又来源于祖，他是宗法权力的合法继承人，是家族利益的合法代表。因此，敬语素"王"表示至高无上的意思，是最

高权力的一种象征。用于称对方家里辈分较高的长辈，显示出了非常尊敬的意味，同时也预示了长辈的权威。

儒家礼文化崇尚尊尊原则。家族中的尊尊原则是为了维护家族权力中心的凝聚力而建立的，其最终是要在宗法血缘关系基础上，建立血缘关系之外新的社会关系和权力结构。其表现首先是尊君，以维护君权为目标。其次是尊齿，是对年长人的尊重和服从。最后，是尊贤或尊爵。受儒家礼文化尊尊原则的影响，冠以“尊”作为敬语素用来敬称家族中的长者。如对对方父亲的尊敬时用“ʧongoŋ（尊公）、ʧonoŋ（尊翁）、ʧonbu（尊父）”；对对方母亲的尊敬时用“ʧondaŋ（尊堂）”；对对方妻子的尊敬时用“ʧonbuin（尊夫人）”；对对方的嫂子的尊称时“ʧonsu（尊嫂）”对自己的公公尊敬时称“ʧongu（尊舅）”对自己婆婆尊敬时称“ʧongo（尊姑）”；尊称自己的姻亲父母时为“ʧongo（尊舅姑）”；尊称对方伯父的妻子时为“ʧonbɛkmo（尊伯母）”；尊称对方叔叔的妻子时为“ʧonsukmo（尊叔母）”；“ʧonhjŋ（尊兄）”用于尊称他人的兄长。

儒家礼文化的宗旨在于“别”。区别是以身份为标志的。身份一般地可以分为自然性质的身份（如血缘身份，齿序身份，性别身份等），是由非社会的因素决定的；另一种是社会性质的身份，如社会地位、官职级别等，主要是由社会等级决定的。血缘身份、社会等级身份以及性别身份是三种最重要的身份标志。“别”就是要分别不同的自然和社会身份以形成等级，并进而形成等级秩序。礼的区别就是要在分辨身份的基础上，形成社会关系与社会结构，如父子、君臣的区别就构成了社会关系，这种关系又是一种支配与服从的两分式社会结构。这种区分身份的原则在亲属称谓敬语上也有所表现。

“贤”原本是一个带赞誉性评价色彩的美称语素，后来“多才、贤能”的语义弱化成了一个带有爱称色彩的与“尊”相区别的表敬语素。韩国语汉字借用敬语素“贤”基本上遵循《颜氏家训》中自叔父母以下，则加“贤”字的古训。如敬称子孙辈有“hjənʃik（贤息）、hjənʤil（贤姪）、hjənsə（贤婿）”敬称同辈兄弟姊妹的有“hjənʤe（贤弟）、hjənmɛ（贤妹）”敬称妻子或女婿时有“hjənbuin（贤夫人）、hjənsə（贤婿）”。而“hjənbu（贤父）”与慈母相对用来形容父亲的贤明的品德，多用于叙称。

（三）汉字敬语素“先、老、丈”的“大、小”空间文化思维

敬谦语中，长、幼构成了一对“大、小”的时间空间隐喻。辈分和年龄用该坐标来表示的话，空间感知的体验告诉我们通常情况下是“先左后右”方位顺序。这种空间顺序映射到时间隐喻就是“先长后幼”。先于我们出生的，年龄、辈分上长于我们，位于坐标的左面。在我们之后出生的，年龄、辈分上小于我们，在坐标的右面。朝鲜自三国时期与中国互通有无，中国的文字及儒文化被韩国加以吸收和利用。因此，古代中国传统儒文化中的“以左为尊、长幼有序、论资排辈”思想在认知语言中可以理解为年龄大的、辈分高的，家庭地位和社会地位相对较高，在坐标轴上所占空间也相对较大，常常被尊重。与此相反，辈分低的，家庭地位和社会地位相对较小，在坐标轴上所占空间相对较小，不予尊重。这种思想被韩国人所接受，并通过韩国语敬谦词体现出来。例如

sən（先）—sən dɛbuin（先大夫人）、səndɛwaŋ（先大王）、səndɛin（先大人）、sənsɛŋ（先生）、sənwanʤaŋ（先阮丈）、sənʤomo（先祖母）、sənʤobu（先祖父）、sənʧʰdɛk（先妻宅）、sən bugun（先父君）；no（老） – no goŋ（老公）、nogun（老君）、nodɛin（老大人）、nobuin（老夫人）、nobuI（老佛）no sa（老师）、nosənsɛŋ（老先生）、noja（老爷）、noinʤaŋ（老人

丈）、noʤaŋ（老丈）noʤon（老尊）；ʧaŋ（丈）–“Pɛkbuʤaŋ（伯父丈）、saʤaŋ（查丈）、sukbuʤaŋ（叔父丈）、əʤaŋ（鱼丈）、wanʤaŋ（阮丈）、Wijaŋʤaŋ（渭阳丈）、$ʧ^h$unbuʤaŋ（椿府丈）

凭借在生活中的先左后右的感知，人们常常将时空很早的“先”与去世的“先辈”联系起来，隐喻辈分极高，年龄很长。将时空较早的“老”与在世年龄较长、辈分较高的人联系起来。敬语素“丈”原本是指长度单位，《说文解字·十部》中解释“丈，十尺也，从又，持十。”后来根据人们的空间感知，人们将“丈”与男子的身高联系起来。根据古代的尺码，一个成年男子约有一丈高，所以古人称成年男子为“丈夫”，而称那些伟男子，则为“大丈夫”。后来妻子称自己的男人也叫“丈夫”，其中自然有褒称之意。“丈”由此具有【+男性】义素特征。此后人们又将本用来测量田地空间长度和面积的感知映射到时间领域即时间越远，长度越长，年龄越大、辈分越高。如古时对长辈男子的尊称“丈人行（父辈；长辈）、丈母（丈母娘，丈妈）、丈丈（对尊长的敬称）、老丈、岳丈”。“丈”由此又具有了【+长辈】义素特征。韩国语借用汉语“丈”的义素特征创造的敬谦词也用来尊称男性较长的长辈。

（四）汉字谦语素“家和舍”的“大、小”空间文化思维

韩国语中借用汉字谦语素“ka（家）、sa（舍）”构成的“ka bu（家父）/kaan（家严）、kamu（家母）/ka ʤa（家慈）、kahjəŋ（家兄）、kabu（家夫）”和 saʤe（舍弟）等敬谦词也反映了人们空间思维“大/小”的概念。如汉字“家”会意。甲骨文字形，上面是“宀”（mián），表示与室家有关，下面是“豕”，即猪。古代生产力低下，人们多在屋子里养猪，所以房子里有猪就成了人家的标志。因此，“家”的实体概念可以指房子，抽象概念可以指家人即家庭成员。“舍”象形。上端像屋顶，下端像建筑物的基础。中间是客舍招来顾客的幌子。本义：客舍。如：“庐舍（简陋的房屋）、茅舍（茅屋）、舍园（宅内庭院）、舍中（家中）、茅舍、牛舍”从“舍”的本义上来讲，是用于住宿、休息的地方。从实体的空间范围和概念外延上看，“舍”没有“家”大。如“家园”既可以指实体概念也可以指抽象概念。而“舍园”通常只指实体概念。根据这种体验感知人们将“家”和“舍”的大、小空间概念感知映射到时间领域，“家”与家庭成员中年龄较大的长辈联系在一起，“舍”与家庭成员中年龄较小的成员联系在一起。这便是人们具象思维下的“家大、舍小”谦语素语用的由来。

二、非称谓敬语中敬谦语素的“大、小”空间文化思维

“上”和“下”是“大”和“小”概念的延伸，也是表示势差空间的语素，“上”的肯定价值与社会文化相关，当我们健康、心情好的时候，会把头和脸抬起来。欢迎客人或答礼的时候会把手向上抬，大拇指向上举也是表示好的意思。不高兴我们往往会低头。因此，在涉及对方的称谓时常常用“上”表肯定。涉及自己的称谓时用“下”表否定。在社会交往中，“上、下”关系常常受到力量关系和利害关系两种力量的驱动。力量关系主要是指依据权力和地位支配的关系。利害关系是指和自己有用的人的关系①。在两种社会关系的力量驱动下，再加上自古以来就

① 서정수（许正珠）：《国语文法》，992 页，韩国：汉阳大学校出版社，1996 年。

植根于中韩民族文化中的“家国一体化、官本位、三纲五常”等儒文化思想和行为规范的制约，与人交谈时，无意识的以自我为中心的上下概念就已形成。韩国语敬谦词的使用体现了己与对方的上下社会地位、大小利害关系。下级服从上级，看上级脸色行事，在上级面前要表现的谦恭，正是儒家文化中“分阶级、分尊卑、分贫富、分男女、分长幼”等正名思想的集中体现。这种文化思想在社会空间文化中就是“分高低、分大小、分左右、分上下”。用敬谦词来体现，敬词呈现出了高高在上的“大”，谦辞则表达出了低低矮矮的“小”。社会关系中统治阶级脸面上的“上”与“下”决定了被统治阶级地位的“向上”还是“向下”，因此，为了迎合统治阶级高高在上的“大”思想，被统治阶级不得不表现的谦恭，在社会交际中恪守贬己尊人原则。这种思想运用到语言交际中，以自我为中心，当“上”接在表示己方行为的前面时义位是“向上”。韩国语中的“turida，olrida，paʧʰida，poŋhənhada（上呈）”、“jətssuda，arweda，saweda（上告、上言）”还有与表尊敬的“a/ə/jə durida”结合而成的“kaʤjədurida，alrjədurida，malssumdurida”。其中“a/ə/jə durida”或者“durida”在韩国语中被称作补助动词，表示对间接宾语即“上位”者的尊敬，非尊敬时用“a/ə/jə tssuda”可以理解为“呈献给上级”、“禀告给上级”、“进言给上级”或“向上级呈献”、“向上级禀告”、“向上级进言”。

由于语法形态的标记可知呈献、禀告、进言的对象地位一定比自己地位高。用认知语言学的意象图式来解释的话，表示听话人地位太高通过说话者向上“运动”接近听话人的语义隐喻以示尊敬①。当“上”表示他方行为时，义位“在上”以显示与己的空间势差。通过这种空间势差来凸显对方地位高、权力大，自

① 徐敬明：《意象图式：汉语敬谦辞的认知分析》，41 页，2008。

己地位低、权力小。例如：韩国语中，表示对他方“在上”地位尊敬时，多用补助语法形态“si”或者“ɨsi”表尊敬的先语末词尾来体现，以示尊敬。

与“上”一样，当“下”接在代表对方或他方行为动作前时，以示尊敬。“下”义位是“向下”例如：韩国语有“hanjəm（念）、hadap（答）、hasə（书）、harjaŋ（谅）、harim（临）、hamjəŋ（命）、hasoŋ（送）、hatʰak（托）”。用意象图式表示的话，喻意是指说话人地位太低，上位者听话人不得不向下“运动”接近说话人①。当“下”接在代表己方物名前时，义为“在下”以示谦虚。例如：韩国语有“haʤəŋ（下情）、hahwe（下怀）”。还有一些词像“陛下－pʰeha”“殿下－ʧənha”、“麾下－hwiha”中的“下”是一种转喻现象，用听话人居住或工作的地方来指称听话人以示尊敬。

随着人际交往的扩大，先民逐步体验了人的个性差异与品德差异，于是展开隐喻推理，使“大”又引申出了“性格外向的”、“品德较高的”新义项。例如韩民族中汉语借用词“大德－tɛdək（德）”是先民基于利害关系的体验和价值特性的判断，对待不同等级事物做出了不同的价值评判，产生了“尊崇”与“轻视”相应的态度。韩国语中的“大”＋NP（抽象名词）中的“tɛmjəŋ（名）、tɛbəp（法）、tɛʤal（札）、tɛhjo（孝）、tɛhun（训）”正是这种隐喻推理态度的体验。这种体验感知还体现在意思相近的敬谦表达中。如意义相近的敬谦表达有“kəʤak（巨作）、kəʤə（巨著）、kʰɯnbok（大福）”韩国语中“kə（巨）”通“大”以“大”示敬。谦辞有“ʧagɯmahan mjəŋsəŋ（微名），mirjək，ʧogɯmahan norjək（微力）”。其中，“ʧagɯmahada”、“mirjək”、“ʧogɯmahada”通“小”表达谦虚

① 徐敬明：《意象图式：汉语敬谦辞的认知分析》，39页，2008。

之意。

三、敬谦语素“大、小”社会空间文化的解析

韩民族将汉语敬谦词直接或加以改造地借用到韩国语时，经历了相同的文化感知。这种相同的文化感知就是指说话人的“向上”、“在下”的敬谦驱动心理。在“分阶级、分贫富、分贵贱”的等级社会，“上”的文化空间思维驱动着“上”的空间语言形式的表达，也就是说社会空间文化交往中必须以“大”为中心，“大”孕育着好的、积极的一面，受人推崇和尊敬。朝鲜王朝自古奉行“事大主义”交际原则，诚心事奉中原王朝。政治上它依从儒家礼仪制度，按照明朝的政治制度组织国家，正如朝鲜古书《象院题语》中所说：“虽在海外，三纲五常，中国一般了；敦行孝悌，遵守礼法，刑政法度，依着大明律条行。”外交政策则奉行朝贡之策，思想文化上归依中华文化。所以朝鲜将宗主国中国奉为“天朝”、“中华”，而自称为“小中华”。这种将自然空间的感知和社会空间感知相联系，以自然空间纵向维度中“高”、“上”来映射对方社会空间维度地位的“强和大”，以自然空间纵向维度中“低”和“下”来映射己方社会空间维度地位的“弱和小”。“以小敬大”、“贬己尊人”正是儒家文化空间思维映射下的社交处世理念。

语言作为一种文化现象，与文化相濡以沫，协同发展。由于同属亚洲文化圈的中韩两国在历史发展的长河中都传承着儒家礼文化的“正名、三纲五常、官本位、家国一体化”等思想，敬谦语作为这种礼文化映射的产物，无不受到礼文化影响下的思维方式的制约。中韩两国礼文化的相似性决定了敬谦语表达空间文化思维的相似性和敬谦语语义、语用的类似性。把握这种空间文

化思维的相似性不仅有利于中韩两国人们进行跨文化交际，对中韩两国人们的韩国语和汉语目的语学习也起到了一定的借鉴作用。

四、结　语

中韩跨文化交流过程中，承载着中国传统儒文化“分”思想的敬语词汇被源源不断地借用到韩国。并在韩国本土上生根、发芽。受韩国语语言特征的制约，这些汉语借用词汇在韩国的使用可能昙花一现。但是其所反映出的社会空间“大、小”思维对立却被韩民族所继承和发展。人们在长期实践过程中自觉或不自觉地将自然空间体积的“大、小”来隐喻人们的官职、地位大小、高低”，财富的“多少”来隐喻人们身份的“贵贱”，时间的“久远”来隐喻人们年龄的“长幼”。在人们的自然感知中，人们通常将好的、积极的感知隐喻社会、家庭地位高、年龄较长的长者；将不好的、消极的感知隐喻社会地位低、年龄相对较幼的晚辈或自己，以遵循传统儒文化的谦己尊人、克己奉公的礼貌原则。

古今维吾尔语心理范畴词汇内部概念关系变化及认知分析

彭　凤

古今词语的对比，一般是在两个有确定演化或替换关系的词语之间展开，考察语音的变化、语义的更变，似乎没有语音演化关系的语言形式是没有办法展开历时对比的，这是传统的结构主义研究者在历时研究过程中，把视角仅局限于语言形式，在它们之间建立对比共项“同中求异”的结果。浑沌语言文化学却为没有语音演化关系的古今语言形式的对比提供了研究的视角和方法。它从范畴着眼考察古今词汇，使得古今无语音演化关系的词汇有了对比基础（相同的概念范畴）。通过维吾尔族语言的古今对比，我们发现古今维吾尔族心理活动概念关系之间发生了巨大的变化，古代回鹘文献语言中心理范畴词汇的内部关系体现了该民族对世界的自然认知的过程，而现代维吾尔族心理范畴的词汇内部关系体现了人们对世界秩序认知的一次重整，是该民族抽象逻辑认知的结果。

一、古回鹘文献语言心理范畴的词汇特点

在李增祥、买提热依木等合著的《古回鹘文文献语言简志》中，我整理出了心理活动范畴的词汇表现，由心理活动的词语加缀构成表示对人类情感、意志结构认知的名词概念，并已经以绝

对的数量呈现出一种规则性，抽象心理范畴的名词都表现出派生性特点。古代回鹘文献语言中表示抽象心理名词的形式有：

（一）由表心理活动的动词加反身态词缀“n”，再缀加名词的构形词缀变为抽象心理名词（这些词汇大都出自回鹘佛教文献）。

例如：

（1）Ög（ü）（ünčü“高兴”（AYC226/2），由 Ög（ü）（ünč“兴奋”（AYC22/5）+ü 构成；

（2）（ü（änčäng“理想、意志、骄傲、傲慢”（MSI96/20）由（küwän- +č（MSI96/21）+äng 构成；

（3）ögd（“奖赏、嘉奖”（AYC346/5），UW Mi32/a）由 ög（“赞美、夸赞” +d（构成；

（4）qataɣlantačï“刻苦的人、付出艰辛的人”（MSI106/25）由 qataɣ + －la－ +“有坚定信念、刻苦努力”（MSI102/12，198/3）+tačÏ 构成；

（5）basÏnč“压制、压力”（MSI170/22）由 ba（（“压、按压” +Ïn（构成被动态的后缀）+č构成；

（6）aymanč“恐惧”（MSI174/2，AYC417/3）由 ayman（“怕”<ay－+ma－+n－（动词的反身态后缀）+č构成

（7）irinč“贫困、可怜、不幸”（MSI154/9，AYC169/9）由（ri<är－“做”+n（（动词反身态后缀）+č构成；

（8）saqÏnč“思念、想念、怀念”（MSI113/24，AYC25/5）由 saqÏ－“想”+n（“思念、想念、怀念”（动词的反身态后缀）+č构成；

（9）sawinč“高兴、兴奋”（AYC92/11，UW Ad01/3）saw－“高兴、兴奋”<sab－+n（（动词的反身态后缀）+č构成；

（10）ögürünč“高兴、兴奋”（MSI215/23，AYC22/5）由 ög－+ür+ün（“高兴、兴奋”（动词的反身态后缀）+č构成；

（11）umunč ~ umïnč “欲望、渴望、希望”（AYC601/14）由 umu – + n（（AYC605/1）~umïč – + n（“希望”（AYC637/8）（动词反身态后缀）+č构成；

（12）ïnanč（MST116/5，AYC640/5）ïnan（“相信”+č 构成；

（13）yarlïqančučï “发慈悲的人、有慈悲心的人、有善心的人、行善的人、宽宏大量的人”（AYC204/5，AYC21/22）yarlïq + a + n – “发慈悲、行善” +čučï 构成；

（14）qorqïnčïɣ（“恐惧、畏惧、惧怕”（AYC172/17）由 qorq（“怕、惧怕、畏惧” + ïn –（动词的反身态后缀）+čïɣ（构成；

（15）küsänčig（AYC120/6）由 küsän – “希望、盼望” < küsä – “希望” + n（“希望、盼望、渴望

（二）还有部分表心理概念的抽象名词是由心理活动概念的动词加缀“š”构成，例如：

（1）alqïš “赞歌”（MSI124/20，AYC276/22）由 alqï “赞叹” +š构成；

（2）busuš “悲伤”（AYC101/21）由 busu – “发愁”（AYC367/18）+š构成；

（3）sïqïš “愁闷、忧愁”（AYC180/7）由 sïq（“捏、掐、卡” + ïš构成；

（4）küsüš “愿望、希望”（MSI124/5，AYC11/7）由 küsü – < kösa – < köza – “期望、盼望” +š构成；

还有一些派生结构在数量上不占多数，只是个别现象。例如，“ilinmäk（挂念、挂心）”，是由“ilon”（被挂、被悬挂）+ mäk（构成的；“inäl（信仰、信奉）”是由 ïna –（信、信奉、信仰）” +1 后，发生音变构成。

以上都是对抽象心理范畴的抽象名词在结构规则上的描写，

如果从个体名词形式的整体来看，都可以归纳为一个特点，即派生性的特点。也就是说，在回鹘文献语言中，表示心理活动的名词都是派生形式，而且呈现出一种普遍性。

古代回鹘文献语言的心理范畴内部的概念关系格局体现了人类概念化认知的自然过程。将人类认知机制确定为研究目的的认知语言学通过分析词语各义项之间或有渊源关系的词语概念之间的内部联系，找出词汇联系的共性，从而得出了人类概念化认知的一般规律。语言是在认知的基础上产生的，并体现认知。认知发展先于语言，并决定语言的发展，语言是认知能力发展到一定阶段的产物。认知是人们基于经验对事物进行概念化、范畴化的过程，概念化形成是对事物本身性质和特征的认识，范畴化是对事物之间种属关系的认识。认知是人们对于经验的重组，经验才是认知活动的对象。无论是概念化还是范畴化回答的问题都是：这个事物本身是什么？对具体事物的意象是直接来自感官的经验，抽象事物意象的形成是对具体事物的意象基础上加工和综合的结果，表达的是事物的意义和内容。

“人的认知有可能向两个平面扩展：一个是具体（抽象平面，构成了具体概念到抽象概念间的隐喻引申（extensions），产生了抽象词语和抽象意义。另一个由特指（specific）（概括平面，构成了由基本范畴向上下衍生的不同详细程度的范畴等级，产生不同详细平面（levels of specificity）的词语。”①

古代回鹘文献语言中，抽象名词的派生性特点，从具体到抽象，恰恰体现了该民族（基于主体的经验联想利用相似和相关联想）对心理经验范畴内容的认知和表达。认知主体的想象力是连接具体概念和抽象概念的纽带，产生了大量的派生特点的抽象心

① 赵艳芳：《认知语言学概论》，205 页，上海：上海外语教育出版社，2007 年 7 月。

理词汇，从具体到抽象。例如：古回鹘文献语言中“ilinmäk”（挂念、挂心）是由经验动作的语音形式“ili -”（挂，悬挂），加反身态后缀“n”，加名词形态后缀“mäk”构成。很显然，抽象动词“ilinmäk”是由“ili—”派生的。没有具体概念“ili—”的表达形式，就不会有“ilinmäk”。正如，汉语中没有“牵”这一经验行为，如何会有“牵挂”这一心理活动的的词汇。语音的相似性及语音的繁简程度，使派生关系及词汇产生时间的先后昭然若揭。

又如，sïqïš“愁闷、忧愁”（AYC180/7）又是由sïq（“捏、掐、卡”加缀“ïš”派生而来。以派生形式为主的心理范畴词汇形式的格局，体现着古维吾尔民族成员在人类一般认知规律支配下对心理活动经验内容本身的自然认知过程。

二、现代维吾尔语言心理范畴词汇特点及认知分析

（一）现代维吾尔语言的词汇格局

在现代维吾尔语言中，几乎所有的表示抽象心理结构的名词都是在共时语言词汇体系内不可分解的最小语义单位，并在这些词汇形式的基础上派生出个体心理经验行为的动词。心理抽象词汇形式几乎不再和生理经验感受的词汇形式存在语音上的联系。

从整体上来看，现代维吾尔语言中这238个表示心理结构的抽象名词，已经不再体现出古代回鹘文献语言心理抽象名词形式的派生特点，表示抽象心理结构的名词几乎是共时体系内部不可分解的非派生形式。而60个表心理活动的非派生动词，在整个词汇体系中也都是孤零零的，一般没有由之而派生的抽象名词。

这就意味着，古代回鹘文献语言中，由心理活动动词派生出这一行为实体化名词形式的派生规则，已经整体的消失。这是一种规则的变化，从而产生了新的词类关系结构：在现代维吾尔语言中，心理活动的抽象名词形式都表现出共时体系内的不可分解性和非派生性，同时，成为心理活动动词形式得以派生的形式基础。例如，从“ɛqidɛ”（信仰、信念）派生出与之相关的心理行为“ɛqidɛ baɣli -”（信仰、崇拜、崇尚）的词汇形式，从而在抽象心理范畴的词语形式中，形成了不同于古代回鹘文献语言的另一种词类形式的关系格局，即心理活动名词派生出相关心理活动动词。

现代维吾尔语言的心理范畴内部的概念关系格局体现了维吾尔民族超脱主体感性经验的抽象逻辑思维方式。在维吾尔语中，由心理范畴的抽象名词或抽象形容词加缀构成的心理活动动词或形容词几乎构成了心理范畴词汇的大体格局，也是维吾尔民族对整个世界范畴化认知的结果，是维吾尔民族对整个世界秩序的重新认知，体现了维吾尔民族倾力把握事物、行为、性质的本质而非具体表象的认知方式。

在维吾尔语中，动词和形容词很多都是由相同的词缀构成的，如：

intijam（纪律）　　　　intijamsiz（无纪律的）
mɛdɛnjɛt（文化）} + siz→mɛdɛnjɛtsiz（无文化的）
bılim（知识）　　　　bılimsız（无知识的）

dɛrʁɛzɛb　　　　dɛrʁɛzɛb bol（愤怒、气愤）
dɛrguman　　　　dɛrguman bol（怀疑、疑惑）
pʼɛχɛs } + bol −　pʼɛχɛ bol（小心、留心）
razi　　　　razi bol −（满意、知足、愿意）

hesdaçlɯq ⎫　　　hesdaçlɯq qɪl（同情）
himmɛtˈ ⎬ + qɪl - himmɛtˈ qɪl（关心、关怀）
uwal ⎭　　　uwal qɪl（冤枉）
……

类似于这些结构的动词和形容词的词义取决于其词干的意义，其意义的对立取决于词干形式的对立。词干几乎都是不可分解的最小语言形式。大量的词干语素都是语言体系中的最小语言形式，和其他感性经验概念的语言形式之间少有联系，是一个无法让主体展开丰富经验联想的语言形式，一个名副其实的象征符号。

这些用符号指代的抽象观念就是事物的本质，也就是这些词汇的词义。“作为一个事物本质的抽象观念不可能和另一个相混淆”，“它们之间的本质不同就像世界上两个相距最远、最相对立的两个事物间的不同一样”。① 在维吾尔语言中，这些抽象观念的名称，即抽象名词，或形容词就以其孤立、独有的语言形式传达着本质概念的独特性，以词汇形式间的完全对立彰显着各种本质间的不同（而非差异）。如：“bæχt”、“χoʃɑl”、“ʁæm”的词汇形式和任何意义的语音形式之间没有联系，以其独特的语言形式传达着其所指代事物的本质，彰显不同。这些词很多是外来词汇，但一旦当他们进入到维吾尔语言体系后，却和本民族词汇一样，包裹着概念，成为该民族对客观世界判断、推理的逻辑起点。

没有独立于认知以外的语言，语言结构与人的经验结构之间是有着必然联系的。从心理范畴的词汇结构的认知分析，我们可以看出维吾尔族先民是通过相似联想，将在具体事物关系的认识

① ［英］洛克著，谭善明，徐文秀译：《人类理解论》，173 页，山西人民出版社出版，2007 年版。

上形成意象图式，投射运用到抽象域的认识之中，达到对抽象概念的推理和完形理解，并形成了对它们的语言表达。所谓“意象图式”指的就是这种抽象结构图式。它是“在对事物之间基本关系认知的基础上所构成的认知结构，是人类经验和理解中一种联系抽象关系和具体意象的组织结构，是反复出现的对知识的组织形式，是理解和认知更复杂概念的基本结构，人的经验和知识是建立在这些基本的结构关系上”[①]。意象图式不是具体的形象，而是抽象的结构，是可以长期保留在记忆中的，并可以在心理空间上进行转换、变形等操作，以便进行思考、推理和表达之用。

（二）心理抽象名词 + “sız”结构的意象图式

sʊ（水）sʊlsız（无水的）

bʊzʊt（云）bʊzʊtsız（无云的）

çybhɛ（怀疑，疑心）→çybhısız（无疑的）

pajdan（利益）→pajdansız（无利的）

bala（孩子）→balasız（无孩子的）

roh（精神）→rlhsız（无精神的）

从以上几组词我们可以看出，后缀“sız”的词语所表达的概念，既有具体的，又有抽象的。这说明人们把具体事物间关系的抽象结构图式投射到了对抽象概念的理解和表达中。我们从表达具体经验域的词汇形式分析中，就能得出这一词汇结构形成的意象图式。

以“sʊlsız（无水的）”为例，我们从该词所在的结构式中，分析“名词 + sız”的意象图式。由于形容词只有放在中心词前，才能实现其具体的语义，我们以下面一个以这类形容词为修饰语

---

① 赵艳芳：《认知语言学概论》，上海：上海外语教育出版社，68 页，2003 年 1 月版。

的偏正名词中加以分析。

sʊsiz tʃajdan（无水的壶）

“水”和“壶”都是具体的事物，二者存在空间关系。“水”是一种物质，而“壶”是盛装这种物质的容器。

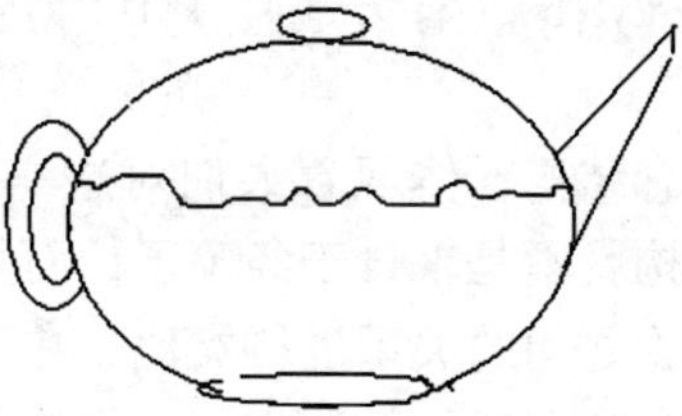

人们在把握这一情景时，往往不是很清晰的、像绘画似的图像，而是删除具体细节的反映事物间的基本关系结构的抽象图示。“sʊsiz”这一词语的概念是基于水（受容物）在壶（容器）中的空间存现状态而对壶（容器）性状的描述：“无水的”。构成形容词的根词性名词（sʊ）所指和形容词修饰的中心语名词（tʃajdan），共同使得“siz”所表示的抽象结构关系具体化。

“siz”指代的是形容词的根词所指事物（水）和中心语所指事物（壶）之间的空间存现关系的意象图式，表明中心词所指事物之中，不存在根词所指事物，并以根词所指事物的存现状况，来为中心词所指事物定性。

（三）“名词 + lik[①]”结构的概念结构

在现代维吾尔语言中，与这一结构形成反义结构的是“名词 + luq”，表示中心语所指事物之中存在根词所指事物。例如：

sʊ（水）> sʊlʊq（有水的）　　sʊ（水）> sʊlsɪz（无水的）

---

① “lik”指代语音组合“lik”本身及其变体。

bʊzʊt(云)>bʊzʊtlʊq(多云的)	bʊzʊt(云)>bʊzʊtsɪz(无云的)
pʰajda(利益)>pʰajdɪlɯq(有益的)	pʰajda(利益)>pʰajdɪsɪz(无利的)
kytʃ(力量)>[①]kytʃlykʰ(有力地)	kytʃ(力量)>kytʃsɪz(无力的)

抽象词语的概念结构，体现着人们对这一抽象概念的理解。这一结构的概念结构就不是来自于经验了，而是主观世界将抽象事物关系同具体事物之间的关系进行类比，在心理上进行了两种空间的转换，将抽象空间比作具体空间，把抽象事物比作具体事物，以具体事物的关系来表达主观世界对抽象事物之间关系的理解和认识，以一种关系结构的隐喻，把主观世界中人们对抽象事物之间的关系的理解表达出来。应该说正是基于相同关系结构的认识，才会用相同的语言结构来为抽象概念构形。

在现代维吾尔言中，这一结构表示的抽象意义形容词不在少数。例如：

抽象名词	+否定词缀 siz
(1) tɛm（味道；滋味）	tɛmsiz]（无味道的、不香的）
(2) tɛmɛzzɛ（味道，滋味）	tɛzzisiz 无味的；不可口的；不好吃的）
(3) bʰurqʰ（气；气味）	bʰurqʰsiz（无味的）
(4) tɕan（生命）	tɕansiz（死了的）

表示心理状态的形容词大都以此结构构形，例如：

心理活动的抽象名词	+否定词缀 [siz]
tɕasarɛtʰ“勇气、勇敢、气魄、意气”	→tɕasarɛtʰsiz“胆小的没有勇气的”

① “lik”指代语音组合“lik”本身及其变体。

rahim“仁慈、慈悲” →rahimsiz“冷酷、残忍、残酷”；

ɕɛpʰhɛ“疑问、疑惑、疑心” →ɕɛpʰhisiz“无疑的、毋庸置疑的”

这一结构，说明了人们对这些抽象概念结构的完形推理和理解：人们把具体的人或事物的状态表现理解为它们和某一抽象事物的空间存现关系。具体事物或人的性状取决于以内在于它们之中的形式而存在的抽象事物的性质及有无。例如，人体内部存在不同的抽象事物，使得人体现不同的心理状态。当一个人内寓抽象事物“ɕɛpʰhɛ”时，其心理状态表现为“ɕɛpʰhilik”（疑心的）。而抽象事物的有无会完全改变这个人的心理表现。当一个身体里内寓“ahim”（仁慈），这个人的内心体现为“ahimlik”（仁慈的）；而当人的体内不存在有“ɕɛpʰhɛ”时，则他表现为“ɕɛpʰhisiz”（无疑的）。在现代维吾尔语言中，后缀“siz”几乎成为名词后缀，表达着人们以隐喻结构对事物多样性原因的理解。

正如用哲学教授万宁（1994）的一句话很精辟恰当地揭示了维吾尔族词汇体系反映出的抽象思维方式：“由于抽象概念具有空洞、偏狭的弊病，因而运用抽象概念只能进行抽象思维。”①因此，我们可以说维吾尔语言心理范畴的词汇体系建立在抽象逻辑的基础之上，是人们对心理活动经验行为的文化认知的结果。

① 万宁：《有抽象上升到具体——辩证逻辑的一个基本命题》，12 页，载《中南民族大学学报》，1994（3）。

总 结

如果说古代回鹘文献语言中这两个次范畴之间的概念关系记录着维吾尔先民对心理范畴概念自然认知和概念化表达的过程，那么，什么原因使得维吾尔语言这两个次范畴之间的概念关系结构发生了变化呢？仅仅限于语言的内部，以外来词汇的冲击和影响可否解释某一范畴内部词汇概念关系结构的变化呢？语言结构的变化属于思维无意识行为的结果，我们是否能在思维无意识领域的变化中找到关联呢？如果维吾尔语言其他范畴的词汇概念关系结构也发生了关联性的变化，我们是否还能以“偶然”现象置之不理呢？正如历时语言学家确定语言的亲属关系一样，以语言符号的任意性作为构拟的基础，在任意的语言符号中寻找规则的对应，从而确立其间的历史联系。语言符号的任意性，也同样决定了每一个词汇概念结构的任意性。如果某一范畴的词汇概念关系具有模型一样的结构，同时几个范畴的概念关系结构的变化都能聚焦于某一点，我们为什么不能把词汇概念关系结构的变化归因于这一点呢？这并不是幻想式的假设，而是在语言材料分析基础上的逻辑。限于篇幅，我们只能就此搁笔。这不是语言的描写，而是对语言现象的解释。

从敖拉·昌兴诗歌看达斡尔族书面语言的文化适应性

吴　刚

清代，达斡尔族出现了用满文字母拼写达斡尔语的书面语言形式，具有代表性的是敖拉·昌兴的乌钦创作。

敖拉·昌兴又名阿拉布登，字芝田，号昌芝田，呼伦贝尔索伦左翼正白旗（现内蒙古自治区鄂温克自治旗）人。生于清朝嘉庆十四年（1809 年），卒于光绪十一年（1885 年），终年 76 岁。他是清代达斡尔族著名诗人，其在文学与文化方面的贡献是借用满文字母拼写达斡尔语，按照达斡尔口传韵律编写和创作了六十余篇乌钦作品，且带有曲调，民间传唱至今，人们称之为敖拉·昌兴乌钦。乌钦属于达斡尔族口头传统，已经被国务院确定为第一批国家级非物质文化遗产名录。这些乌钦作品除在民间传唱之外，还以抄本形式流传至今。该抄本属于书面诗歌，用满文字母拼写达斡尔语是其书面语言面貌。这种书面语言形式，是清代达斡尔族文化向前发展的反映。

一

《巡边诗》是敖拉·昌兴著名的诗篇。1851 年，敖拉·昌兴随黑龙江将军英隆巡察额尔古纳河、格尔毕齐河的边卡界线时，写下了该诗作，该篇全名为《巡察额尔古纳、格尔毕齐河》。本文节选开篇三个诗节，以观察达斡尔书面语言面貌：

拉丁转写	汉译文
Gegeen ejin soorind sausen,	颖明归登基
Gubd elpur etee hoon;	文宗咸丰元年
Ejinii hesei dagej,	遵从皇帝诏令
Ergunee gerbiqii baiqiaagud.	赴额尔古纳
Golei jangjun weeximbuuj	格尔必齐巡边
Gwarben kuuyu gargaasen,	举派三名官员
Ordoon Lwaaqii giirij	先巡查罗刹动向
Udaagul uudiiyu ujiiqilgeseen.	再派赴乌第河干
Najirei ekid euseej	初夏动身
Namarei seuld morgitlaa,	秋暮归还
Gurun ejinee elerseer	一心为国为君
Geri beyeeqig martlaa.	家园个人忘一边

为了更清楚地看到书面语言特点，本文把敖拉·昌兴《巡边诗》和达斡尔族英雄史诗《altangalburt》（阿勒坦嘎乐布尔特）[①]进行比较。下文为《altangalburt》（阿勒坦嘎乐布尔特）前20行：

① 本篇《altangalburt》（阿勒坦嘎乐布尔特）是孟志东从苏联出版的《达斡尔族研究》上找到的音标记录本。最早搜集整理《阿勒坦嘎乐布尔特》的是苏联社会科学院通讯院士、蒙古学学者尼·波配先生，本篇是其在1927年到蒙古国调查蒙古语喀尔喀方言时搜集而成。该篇曾见其撰写的《达斡尔方言》一书（1930年列宁格勒出版）。

拉丁转写	汉译文
1. Ert wardei erind,	1. 在很久以前,
2. Eterkeen atirkaan aasen。	2. 有一个老头老太太。
3. Eterkeenei nereini,	3. 老头的名字,
4. Uldihaan elbei,	4. 叫武勒迪汗,
5. Atirkaanei nereini,	5. 老太太的名字,
6. Ongonhulaan elbei。	6. 叫温贡呼兰。
7. Keureer kenjeelsen,	7. 用草甸子衡量,
8. Talaar taosen,	8. 用原野做套绳,
9. Arei ai tumun adootii,	9. 整整有万头畜群,
10. Eurei wei tumun adootii。	10. 无疾的万头畜群。
11. Eterkeen atirkaan hoyool,	11. 老头老太太两个,
12. Ene jalan beidee,	12. 在这个世界,
13. Boigon hetgeeyi jalgaw,	13. 继承家业,
14. Baobei keku uweidee,	14. 没有宝贝儿子,
15. Terge terge kujii,	15. 把香点燃,
16. Tengerd barij xitaaj,	16. 向天供奉,
17. " Kekutii bolyaa" elj,	17. 为生一个儿子
18. Kaltan goij murgubei。	18. 常常磕头祈求。
19. Najirei haluun bolsend,	19. 夏天变热了,
20. Nek udur duand,	20 一天中午,

通过比较，我们能看到敖拉·昌兴《巡边诗》结构和韵律上的特点。

敖拉·昌兴《巡边诗》与英雄史诗《altangalburt》（阿勒坦

嘎乐布尔特）相比，音节与节奏没有什么太大变化，变化较大的是结构。敖拉·昌兴《巡边诗》结构对称，常常使用对偶，如第三节头两句“Najirei ekid euseej，Namarei seuld morgitlaa”（“初夏动身，秋暮归还”），对偶让句式结构更加严整。敖拉·昌兴《巡边诗》四句一节，全篇共有85个诗节，形式规整。英雄史诗《altangalburt》（阿勒坦嘎乐布尔特）没有清晰的诗节，往往按照演唱者一次吟诵完毕的部分为一节，或者根据情节来划分一节。

由于结构的变化，敖拉·昌兴《巡边诗》的韵律也发生了很大变化。且看头韵、尾韵的韵式。

头韵是句子头部韵律相押的一种形式。敖拉·昌兴《巡边诗》头韵有六种形式。最主要的是AABB式，比如第1诗节，此四句押“G、E”韵。《巡边诗》AABB式的诗节有63个，占全篇三分之二，成为最主要的韵式。其它韵式还有ABCC式，比如第12诗节，此四句押“O、U、H、H”韵，在全篇中，ABCC式的诗节有9个；AAAA式，比如第8诗节，此四句全部押“Ha”韵，在全篇中，AAAA式的诗节有7个；AAAB式，比如第19诗节，此四句押“E、E、E、U”韵，在全篇中，AAAB式的诗节有2个。还有两个不常见的韵式，AABC式，第2诗节四句押“G、O、U”韵；ABAA式，第15诗节四句押“H、K、H、H”韵，在全篇中，AABC式、ABAA式的诗节各有1个，可见不常见。

通过上述分析，可见AABB式是全篇诗歌的主要韵式。由此可以看出，敖拉·昌兴的诗歌创作力求两句相押，这是其诗歌的一种程式规律，也是书面文学语言的一种表现形式。而英雄史诗《altangalburt》（阿勒坦嘎乐布尔特）并非句句头韵相押。前30行，1—3句押“E”韵；10—13句押“A”韵；14—15句押“B”韵；15—16句押“T”韵；17—18句押“N”韵；19、20

押“N”韵。虽然也能感觉到歌手一直在试图接连押头韵，但有的句子还是押不上，而且换韵情况比较随便。可见，敖拉·昌兴的诗歌语言更为严整，表现出了口语走向书面语的轨迹。

尾韵是句子尾部韵律相押的一种形式。且看敖拉·昌兴《巡边诗》几种尾韵形式：（1）两诗节尾句相押，比如第1、2诗节，押“sen”韵。并且全篇诗节有多处尾句押“sen”韵。与此类似还有押“laa”韵。（2）一个诗节中，首句与尾句相押，比如第1诗节，首句与尾句押“sen”韵。（3）一个诗节中，1、3句相押，比如第15诗节，押“ni”韵。这是比较常见的押韵形式。（4）一个诗节中，1、2句相押，比如第10诗节，押“j”韵。此外，也偶见在一个诗节中，1、2、3句相押，比如第2诗节，1、2、3句押“j”韵。

在英雄史诗《altangalburt》（阿勒坦嘎乐布尔特）中，2、6、7行押“sen”韵；3、5行押“ni”韵；4、6、18行押“bei”韵；9、10、15行押“ii”韵；12、14行押“dee”韵；16、17行押“j”韵；1、19、20行押“d”韵。显然，对于尾韵形式而言，英雄史诗《altangalburt》（阿勒坦嘎乐布尔特）没有敖拉·昌兴《巡边诗》规整。

通过以上对比，我们看到敖拉·昌兴《巡边诗》要比英雄史诗《altangalburt》（阿勒坦嘎乐布尔特）更严整，这是文人诗歌的标志。当然，敖拉·昌兴诗歌也并非无源头，他的格律来源于聆听与模仿中，来源于民间口头传统里。敖拉·昌兴从民间口头传统中汲取了养料，让书面诗歌更加严整，具有书面表达形式的特点。书面语言与口语的联系和区别，应该还有多方面的表现，还需要进一步研究。

二

那么，如何看待敖拉·昌兴《巡边诗》这种书面语言现象呢？20世纪初，郭道甫先生把这种文字称为达呼尔文（清代把“达斡尔”译为“达呼尔”），他说：昌芝田先生“诗词歌赋等作品很多，并有游记数种，大半都以满文和达呼尔文做的。[①] 对于这样一种书写形式，达斡尔族语言学家恩和巴图教授认为：“满文是一个记音相当准确的文字。所以，借用它来拼写达斡尔语并没有太大问题。”[②] “满文属于拼音文字，容易掌握和学习；满文字母比较适合达斡尔语的拼写，6个元音字母和20几个辅音字母能够记录达斡尔语的语音系统；达海改进的新满文更能表现达斡尔语言系统；满文所用来拼写汉语借词的10个特定字母，也解决了达斡尔语中汉语借词的拼写问题；满语与达斡尔语同属阿尔泰语系，在发生学上有渊源关系，即有共同词，达斡尔语也从满语中借入了大量借词，这为满文字母拼写达斡尔语创造了更多便利条件。”[③] 不过，“对于拼写达斡尔语来讲，满文的唯一缺点是它不能完全表示达斡尔语的长元音，而这种长元音在达斡尔语里是区别词义的。”[④] 对于如何弥补“没有拼写长元音的符号”，一般是连写两个“o”，表示长元音“o”，例如：“soorind”。

---

① 郭道甫：《呼伦贝尔问题》，奥登挂编，《郭道甫文选》，第125页，海拉尔：内蒙古文化出版社2009年版。

② 内蒙古自治区达斡尔学会：《达斡尔族研究》（第六辑）内部资料，第41页，1998年7月出版。

③ 恩和巴图：《关于达斡尔语满文拼写法》，载《内蒙古大学学报》（哲学社会科学蒙文版），1994年第2期。

④ 内蒙古自治区达斡尔学会：《达斡尔族研究》（第六辑）内部资料，第41页，1998年7月出版。

当然，也有学者认为这不属于文字。对于文字问题，笔者不去做判断。不过，不可忽视的是，借用满文字母拼写达斡尔语已经成为达斡尔族的一种书面语言形式，这种书面表达形式广泛使用。自在19世纪中后期到20世纪初，玛玛格奇（生卒年无从考，约19世纪中后期人物）、钦同晋（1880—1938）、孟希舜（1901—1968）、金荣久（约20世纪初人物）等人①相继用满文拼写达斡尔语创作了书面文学作品。该书写方式除用于诗歌创作之外，还有用于编写词典、教科书、谱牒、记账等②。也就是说，这种书面语言表达形式并非是孤立的文化现象。

三

应该肯定地说，运用满文拼写达斡尔语是达斡尔族的一种书面语言形式。这种书面语言形式的产生，本身就反映了达斡尔族文化的发展状况。反映了达斡尔族文化对满族文化、汉族文化的适应性。

达斡尔族吸收满族文化，与满族政权的建立以及满文教育有关。随着满族政权的建立，达斡尔人上层人士入朝廷做官，开始接触满文③。大批达斡尔人学习满文，应该始于1695年，这年达斡尔人开始入官学学习满文。黑龙江将军萨布素向朝廷奏请：

① 参见奥登挂、呼思乐译：《达斡尔族传统诗歌选译》，前言部分，呼和浩特：内蒙古人民出版社1991年版。

② 相关信息，请见恩和巴图、丁石庆等学者的研究论文。

③ 比如，孟额德曾任总管、副都统、理藩院作书，1669年12月10日和1670年4月15日，清政府责成驻防脑温江的孟额德，先后两次去尼布楚洽商引渡根特木尔，递交康熙皇帝致沙皇的国书。可见，孟额德会满文，并且也有可能会俄文。不然，不会派不识满文、俄文的人去处理对俄外交事务。

"在墨尔根两翼备设一学，设助教官一员，选新满洲及锡伯、索伦、达呼尔每佐领下幼童一名，肆习国书。"① 礼部批复，"康熙三十四年题准：镇守黑龙江等处将军所辖官兵内，有新满洲、席北（锡伯）、索伦、达祜里（达斡尔）等，应于墨尔根地方两翼各设学一处，每设教官一员，将新满洲、席北、索伦、达祜里及上纳貂皮达祜里等，每佐领选取俊秀幼童各一名，教习书义。"② 1695 年，墨尔根（今嫩江县）官学建立。1695 年在达斡尔族文化史上是极具意义的一年。从此，达斡尔人开始接受了正规教育。这距老满文创制 96 年，距新满文创制 63 年，距大清建国 51 年，距达斡尔族定居嫩江两岸 42 年。应该说，达斡尔族文化教育的历史与满族文化教育的历史没有相隔太久。同时，也可以说，满族全国政权的建立以及满文教育的发展，促进了达斡尔族政治、文化、生活的发展。随后，1744 年设立了齐齐哈尔、墨尔根、黑龙江城三地八旗官学。《黑龙江外记》载，"齐齐哈尔、墨尔根、黑龙江八旗官学，各草堂五楹，皆乾隆九年建。"③。黑龙江城即今黑龙江省黑河市瑷辉区。1796 年，设立了齐齐哈尔八旗义学。嘉庆元年，黑龙江将军永琨设立八旗义学，教授汉书。④ 达斡尔人才开始接受了正规汉文教育。

达斡尔族学习满文是政治、文化、生活的需要。有学者研究认为，在敖拉·昌兴之前，已有满文记载的乌钦即《湖北行》等流传。《湖北行》描写的是清朝驻守新疆伊犁边防达斡尔族下

---

① 张伯英：《黑龙江志稿》，卷二十四，《学校志》，北平，民国二十年，第 2 页。

② （清）鄂尔泰等修：《八旗通志》初集，《学校志四》，第 961 页，长春：东北师范大学出版社 1985 年版。

③ （清）西清：《黑龙江外记》，卷二，第 18 页，哈尔滨：黑龙江人民出版社 1984 年版。

④ （清）西清：《黑龙江外记》，卷二，第 18 页，哈尔滨：黑龙江人民出版社 1984 年版。

级军官到湖北购买兵器的见闻。有研究者认为“从《湖北行》在内蒙古地区广为流传情形，可以断定它是1763年以前创作的。”[1] 这个判断是从诗歌所反映的内容上来认定的。目前，尚没见到其他佐证材料。即便如此，笔者也认为，在敖拉·昌兴之前就用满文创作的乌钦作品是有可能。因为，前文所述，最早的官学是1695年设立的墨尔根官学。也就是说在敖拉·昌兴之前的100余年间，已经有许多达斡尔人掌握满文了。在当时，官府公文是满文，官兵与家人书信联系也要用满文，而在达斡尔族民众中，满文已较普遍应用于谱牒、记账、书信中了。可以说，满文在达斡尔族中有广泛的使用基础。因此说，以敖拉·昌兴为代表的达斡尔人用满文音写达斡尔语进行书面表达，是与当时文化环境相适应的。

在敖拉·昌兴运用满文字母拼写达斡尔语创作的诗歌中，留下了数十位中国古代人物的典故，其中有三篇诗歌直接咏叹中国历史人物，即《孔子赞》、《孔明赞》、《关公赞》；有三篇诗歌与汉文学古典作品直接相关，即《赵云赞》、《莺莺传》、《百年长恨》，它们来源于中国古典小说与杂剧，即《三国演义》、《西厢记》、《今古奇观》。众所周知，自顺治年间始，满族人开始全面翻译汉族经典。涉及门类众多，其中，翻译文学就有100余种[2]。在清代，这些汉族古典作品的满文译本在东北各民族中多有流传。敖拉·昌兴用满文字母拼写达斡尔语对这些汉族古典作品进行了改编或再创作，说明他对汉族古典作品非常熟悉。而敖拉·昌兴乌钦作品在民家广为传唱，也反映了达斡尔族社会群体对汉族文化的需求。

---

① 奥登挂、呼思乐译：《达斡尔族传统诗歌选译》，第15页，呼和浩特：内蒙古人民出版社1991年版。

② 赵志忠：《清代满语文学史略》，第98页，沈阳：辽宁民族出版社2002年版。

四

那么，书面语言何以会形成？加拿大多伦多大学教授罗伯特·K·罗根·阿索克（Robert K. Logan Assoc）曾说：“每一种语言的进化都是对某种形式信息的超载或浑沌所引发的反映，它发生在前一种语言的容息能量不足以应对新层面的复杂性时。新语言代表了前一种语言所不具备的迈向新秩序的分叉。它保留了前种语言的某些特征，但同时增加了一些新的元素以便应对信息超载和它所引起的浑沌。”[①] 达斡尔族社会发展到一定阶段，人们为了满足在不同时间、不同空间条件下文化、经济交流的需要，书面语言得以产生。

对于达斡尔书面语言的形成，必然要引用进化论的观点，语言是社会组织的产物，是跟随社会发展进程而演变。语言的发展变化，和多方面发生联系，它们之间彼此关联，交互影响，向前发展。[②] 实质上，达斡尔书面语言的形成，反映了书面语言与达斡尔文化、经济、政治等各方面相适应性。达斡尔族书面语言与这个民族的文化构成一个有机组合的整体，各部分彼此适应，处

① 罗伯特·K·罗根·阿索克（Robert K. Logan Assoc）（加拿大）：《延展的心智——用复杂性和浑沌学理论解释语言和思维的关系》，戴红亮、张金生译，张公瑾、丁石庆主编，《浑沌学与语言文化研究新动态——国外相关研究译文集》，第75页，北京：中央民族大学出版社2011年版。

② 参见罗常培：《语言与文化》，第108、109页，北京：北京出版社2004年版。

于动态平衡之中。① 达斡尔族书面语言的形成与发展，适应了达斡尔文化的变化，它们之间达到了动态平衡。

① 对于动态平衡，德国不莱梅大学语言学教授沃尔夫冈·维尔德根（wolfang wildgen）曾论说过埃及和美索不达米亚的文字系统，他说："在埃及和美索不达米亚文明中有文士及学者阶级，他们通过象征形式有目的地创造神话、文字语言和艺术等。当然，这些参与者处于整个文化系统中的不同层次。在埃及，每当朝代（和首都）更换时也会有宗教和艺术方面的彻底改变。美索不达米亚和埃及文化的文字系统被海上民族（如腓尼基人以及后来的希腊人）利用并变换字母文字，进而扩散到全世界。这个过程是一种动态的平衡，即使在长时间较稳定状态后也会有变化。"沃尔夫冈·维尔德根（Wolfang Wildgen）（德）:《语言与自组织能力：从生物进化到语言文化的进化》，司提反·米勒译，张公瑾、丁石庆主编，《浑沌学与语言文化研究新动态——国外相关研究译文集》，第44页，北京：中央民族大学出版社2011年版。

新疆兵团土话音位系统的浑沌状态

——以兵团农七师一二三团为例

杨海龙

一、兵团土话音位系统

（一）农七师一二三团语言状况

农七师一二三团，现常住人口 3 万多人，其中，职工 7274 人，离退休职工 4231 人，以汉族为主，从 1956 年至 1958 年第一批青年垦荒队入疆开始，河南省组织了近 10 万人进行跨省的远距离垦荒。在农七师史志中记录着：1956 年，为扩大垦区生产建立新农场，以二十团农场设在苏兴滩的三个生产队为基础，从二十团抽调干部和生产物资，从二十团和工程二大队调来 1365 名劳改人员及 3015 名河南支边青壮年为拓荒主力，着手建设新农场，开始大规模地开荒造田，兴修水利。这就是农七师一二三团的前身。因此，中原方言在历史发展进程中担当了当地通用话的角色，街头、广场、饭店、农场，到处都可以听到本文谈及的中原方言“兵团土话”。

除此之外，甘肃，四川，浙江，天津，上海，河北等地均有知青或是移民陆续迁入。因此，直到 20 世纪 90 年代初，一二三团语言现象都是较为复杂的多方言局面，但随着二代三代兵团人的登场，许多土生土长的当地人，也说兵团土话。他们大部分是20世纪五六十年代河南支边青壮年的第二代与第三代。第一方言基本都已经为兵团土话或者用普通话替代。

（二）兵团土话的音位系统

1. 声母

兵团土话有22个辅音声母和1个鼻韵尾 \ ŋ \ ，不同的声母是由不同的发音部位和发音方法决定的。

“兵团土话”声母 \ 辅音音位表

发音方法 发音部位	塞音		塞擦音		擦音		鼻音	边音
	清音		清音					
	不送气音	送气音	不送气音	送气音	清音	浊音	浊音	浊音
双唇音	上唇下唇	p 奔包半	p^h 乒批判				m 面买卖	
唇齿音	上齿下唇				f 奋法富			
舌尖前音	舌尖上齿背		ts 早自祖	ts^h 次从草	s 色诉散			
舌尖中音	舌尖上齿龈	t 灯胆地点	t^h 天团淘				n 泥牛男	l 老轮
舌尖后音	舌尖硬腭前		tʂ 庄主重张	tʂ^h 出长处	ʂ 上事受少	ʐ 让柔		
舌面音	舌面硬腭		tɕ 积经究	tɕ^h 轻亲求	ɕ 相现消习			
舌根音	舌根软腭	k 改格溉	k^h 口苦空课		x 含画欢黄		ŋ（韵尾）	
零声母		ø(j/w) 鸭芽哑压挖瓦娃凹						

说明：声母辅音音位中包括零声母 \ ø \ 有两个变体 \ j \ 、 \ w \ ，辅音音位 \ ŋ \ 只做韵尾。

2. 韵母

兵团土话共有 38 个韵母，韵母可以分为单韵母、复韵母和鼻韵母。

“兵团土话”韵母表

按口型分 按结构分	开口呼	齐齿呼	合口呼	撮口呼
单韵母	\ɿ\自次词四 \ʅ\知诗持日	\i\利体记力	\u\突苦服书	\y\雨区居豫
	\a\发妈沙	\ia\价鸭假掐	\ua\花抓猾挂	
	\o\薄破默婆		\uo\硕国骆驼	
	\e\合割喝鹅 \哥这辙	\ie\贴结鞋		\ye\雀决约雪
	\ɚ\而儿尔耳			
复韵母	\ai\开菜海台		\uai\坏乖外	
	\ei\配美黑非		\uei\水队汇灰	
	\ao\高报早劳	\iao\小料桥条		
	\ou\口购斗肉	\iou\久优求		
鼻韵母	\an\谈汗干散	\ian\天简线棉	\uan\贯专转	\yan\源权圈全
	\en\认分人根	\in\心音近银	\uen\昆顺文	\yn\匀军运云
	\aŋ\厂忙章当	\iaŋ\象样姜湘	\uaŋ\床妄况簧	
	\eŋ\风正风筝	\iŋ\命醒营星	\ueŋ\瓮翁	
			\oŋ\工容洞冲	\ioŋ\汹穷熊炯

说明：\ i \ 及其两个变体 \ ɿ \ 、\ ʅ \ 有互补关系，与另一变体 \ ɪ \ 是对立关系，在做韵头时发 \ i \ ，在做韵尾是读 \ ɪ \ ，在 \ ts \ 、\ ts^h \ 、\ s \ 后读 \ ɿ \ ，在 \ tʂ \ 、\ $tʂ^h$ \ 、\ ʂ \ 、\ ʐ \ 后读 \ ʅ \ ；\ a \ 实际音位较靠近 \ A \ 。\ e \ 音位实际有三个变体 \ ᴇ \ 、\ ə \ 、\ ɤ \ ，做韵尾更接近 \ ᴇ \ ；其中，开口呼韵母共计 13 个，齐齿呼韵母共计 9 个，合口呼韵母 10 个，撮口呼韵母 5 个。

3. 声韵搭配表

	声母	开口呼	齐口呼	合口呼	撮口呼
双唇音	p，pʰ，m	+	+	只跟 u 拼	
唇齿音	f	+		只跟 u 拼	
舌尖前音	ʦ，ʦʰ，s	+		+	
舌尖中音	t，tʰ	+	+	+	
	n，l				+
舌尖后音	ʈʂ，ʈʂʰ，ʂ，ʐ	+		+	
舌面音	ʨ，ʨʰ，ɕ		+		+
舌根音	k，kʰ，x	+		+	
零声母	ø（j/w）	+	+	+	+

注：“+”表示可以相拼。

4. 声调

有四个声调，阴平、阳平、上声、去声。

调值	调类	调号	例字
212（降升）	阴平	[illegible]	高、天
53（高降）	阳平	瘌	房、穷
55（高平）	上声	˥	古、草
51（高降）	去声	[illegible]	坐、盖

声调有四个调类，其中平声各分阴阳，为曲折调；上声实际音值是 45 调，略升；阳上归入阴去，阳去并入阴去；阴入清音和阳入均归入阳平，阴入浊声归入阴平。

二、兵团土话、中原方言和标准普通话的关系

由于兵团土话在发展过程中，无法抛开其复杂的引入背景，而中原方言本身又是纷繁庞杂的，鉴于本文发音人母语方言背景，我们在论及兵团土话与中原方言的关系时，只选取了河南驻马店地区的平舆县方言作为对比对象。

表一 声母\辅音对比

发音部位 \ 方言类别 \ 发音方法		塞音						塞擦音						擦音						鼻音			边音		
		清音						浊音																	
		不送气音			送气音			不送气音			送气音			清音			浊音			浊音			浊音		
发音部位	音位	平	兵	普	平	兵	普	平	兵	普	平	兵	普	平	兵	普	平	兵	普	平	兵	普	平	兵	普
双唇音	上唇下唇	+	p	+	+	p^{h}	+													+	m	+			
唇齿音	上齿下唇													+	f	+	v	–	–						
舌尖前音	舌尖上齿背							+	ts	+	+	ts^{h}	+	+	s	+	z	–	–						
舌尖中音	舌尖上齿龈	+	t	+	+	t^{h}	+													+	n	+	+	l	+
舌尖后音	舌尖硬腭前							–	tʂ	+	–	tʂ^{h}	+	–	ʂ	+	–	ʐ	+						
舌面音	舌面硬腭							+	tɕ	+	+	tɕ^{h}	+	+	ɕ	+									
舌根音	舌根软腭	+	k	+	+	k^{h}	+							+	x	+					ŋ(韵尾)				
零声母		+	ǿ	+																					

注：表中“平”表示平舆话，“兵”表示兵团土话，“普”表示普通话。“+”表示存在

说明：（1）三种系统声母部分大体相同，其中平舆话多出了一个唇齿浊擦音\v\，如“用”读成\vueŋ\和一个舌尖浊擦音\z\，如“让”读作\zaŋ\。

（2）舌尖后擦音、塞擦音\ tʂ\ 、\ tʂʰ\ 、\ ʂ\ 、\ ʐ\ 在“兵团土话”和普通话中有，在平舆话中舌尖后浊擦音\ ʐ\ 发成了舌尖浊擦音\ z\ ，如：“日”分别发为\ ʐʅ\ 、\ zɿ\ 。

表二　韵母对比

结构 \ 音位 \ 方言类别 \ 口型	开口呼			齐齿呼			合口呼			撮口呼		
	平舆	兵团	普通	平舆	兵团	普通	平舆	兵团	普通	平舆	兵团	普通
单韵母	ɿ	ɿʅ	ɿʅ	i	i	i	u	u	u	y	y	y
	a	a	a	ia	ia	ia	ua	ua	ua			
	ɔ	o	o				–	uo	uo			
	ə\ɛ\ə	e\ə\E\ɤ	e\ɛ	iɛ\iə	ie\iE	ie\iɛ	uə\uɛ\uə	–	–	ye\yɛ\yē	ye\yE	ye\yɛ
	ɚ	ɚ	ɚ									
复韵母	–	ai	ai				–	uai	uai			
	ei	ei	ei				uei	uei	uei			
	–	ao	ao	iʔ	iao	iao						
	ou	ou	ou	iou	iou	iou						
鼻韵母	–	an	an	–	ian	ian	–	uan	uan	–	yan	yan
	–	en	en	–	in	in	–	uen	uen	–	yn	yn
	aŋ	aŋ	aŋ	iaŋ	iaŋ	iaŋ	uaŋ	uaŋ	uaŋ			
	eŋ	eŋ	eŋ	iŋ	iŋ	iŋ	ueŋ	ueŋ	ueŋ			
							–	oŋ	oŋ	yŋ	ioŋ	ioŋ
鼻化韵	ã	–	–	iã	–	–	uã	–	–	yã	–	–

说明：（1）由于平舆话缺少舌尖后擦音、塞擦音\ tʂ\ 、\ tʂʰ\ 、\ ʂ\ 、\ ʐ\ ，所以韵母系统也少了与之相配的\ ʅ\ ；

（2）齐齿呼韵母\ ia\ 在“兵团土话”和普通话中发音靠后，接近\ iA\ ；

（3）\ e\ 音位各系统变体较多，发音部位略有差异，其中平舆话处于中间靠后，“兵团土话”靠上，普通话稍靠下。\ o\ 韵母在平舆话中开口度略大，读作\ ɔ\ ；

（4）“兵团土话”比平舆话增加了\ a\ 韵腹韵母，变得和普通话相同；

（5）整个前鼻尾韵的一套韵母“兵团土话”都变的和普通话相同，而平舆话则没有，却使用一套鼻化韵来弥补。

（6）另外，在平舆话中存在除了 \ ɚ \ 之外很多的儿化韵母（20 个①），在表中并未列出，这也是“兵团土话”不具有的。

表三　声调比较

	例字	平舆	兵团	普通话
阴	刚知专尊丁	［乪］212	［乪］212	［˥］55
阳	穷陈床才唐	［嚯］42	［瘌］53	［嚡］35
上	古展纸走短	［┤］43	［˥］55	［鲅］214
去	盖帐正醉对	［瘌］53	［㖸］51	［㖸］51

通过对比我们可以看出：兵团土话的声韵调系统中，声韵部分与普通话相差无几，相反与河南平舆方言却有了较大差别，但声调系统却又接近平舆话，这样一种状态的形成应该如何来解读呢？

三、兵团土话的现象分析

细究之下，我们不难发现，兵团土话的形成与发展的现状，正是此种方言所处的语言生态环境及自身特点造成的。语音系统虽是非线性的，但是系统自身又具有自组织性，当一种旧的平衡被打破时，系统总是借助于内外的能量进行自我调节，使平衡破缺趋于新的平衡。这种新的平衡会吸纳平衡破坏中与原有平衡里的许多要素，使新的平衡更为复杂。这种平衡破坏有时具有很强的顽固性和变异性，致使新的平衡状态的模型不可预测。

① 据李慧霞：《河南平舆方言的语音特点》，载《漯河职业技术学院学报》，2011（4）介绍，平舆方言最终形成了 7 个儿韵基，20 个儿化韵。

（一）兵团土话的非线性特征

线性的特点是既可以叠加也可以分解，而“兵团土话”是在中原方言基础上以标准普通话为模仿对象的一种土语，作为语言物质外壳的语音系统在表层和实质上都向普通话靠拢，尽管发展了自身的音韵系统，但其外表的声调却仍然保持了其中原语言的特性，受到母语方言的很大影响，形成这样一种介于中原母语方言和普通话之间的土语，但它并不是简单的两种系统的叠加，而是形成了自身有特色的系统，这个系统是经过整合与加工的，因而它具有非线性的特征。

（二）兵团土话的不稳定性与稳定性

语言是一个相对开放的系统，新系统的形成源于旧的系统的破坏，新系统所形成的状态存在着不稳定性，奇异吸引子影响着这种不稳定性，相空间的吸引域内的一切轨道只有到达吸引子上，系统才肯罢休，轨道受到吸引子的控制，一旦进入其引力范围，就再也不可能走出来，这是浑沌的稳定性。但奇怪吸引子上的运动轨道相互排斥、分离，这是浑沌的不稳定性。浑沌是整体稳定与局部不稳定相统一的运动机制，整体上无法摆脱，局部上又不可能停滞下来。兵团土语的形成和发展正是受到了两端中原方言和普通话的奇异吸引子的操控，这些吸引子在不同方向上力图占有优势，但又都不能完全把兵团土语的系统拉入自己的系统，兵团土话几十年来保持着中原方言的特点，但随着社会变迁，却又不能完全维持那一系统的原因所在。

（三）“兵团土话”的完全性与不完全性

如果一个系统是简单而无矛盾的，则其中必定存在不可判定（真而不可证实）的命题。系统既追求完全性，又存在不完全性，这是矛盾的，但也是辩证统一的。为什么在轨道运行周期内完全可以预测，而在系统运行的长期过程中就不可预测呢？因为在周期内吸引子上的运动不会有无限的信息自创生，描述它的序列的信息是可压缩即可计算的，是线性的。一旦进入浑沌区，形成奇异吸引子，系统就产生了无穷的信息自创生能力，沿着浑沌轨道运动会产生新的信息。要预测这样一条轨道，需要有无穷多的初始信息，但人在有限时间内不可能获得无穷多的信息。用有限的初始信息不可能预测无限地产生新信息的轨道，因而浑沌轨道是不可判定的。“兵团土话”的发展，在可预见的周期内，仍然能够进行描述和预测，但在城镇化进程中，兵团土话又会受到更主流文化的冲击，西部开发更多不同方言背景新移民的进入带来新的影响。更具体地说，江苏淮安在援建一二三团的过程中会有更多江苏方言的进入，加之与奎屯河对岸哈萨克族更加频繁的接触，这都将增加一二三团“兵团土话”发展的不完全性。

四、结　语

语言系统具有浑沌的机制，语言不断发展也正是源于这种浑沌，兵团土语在筛选和整合标准普通话和母语方言时，形成了新的奇异吸引子，在它的作用下破坏了中原方言和普通话原有系统的平衡，使中原方言和普通话以及其他语言在优化原则下进行重组，形成一种新的社会语言变体，兵团土语是培植于方言母语的土壤之中的地方普通话，对中原方言母语这个初值具有敏感的依赖性，有母语的色彩，从而使其习得者不自觉的偏离普通话。它的非线性特征、浑沌特性让它能在语言生态环境中自然和谐发展，这也是浑沌世界语言系统与性的常态。

从词汇特点看木雅人的思维特征

尹蔚彬

一、木雅人和木雅语的分布

木雅语是我国四川省西南部贡嘎山周围藏族居民使用的语言，分布于甘孜藏族自治州的康定、九龙以及雅安地区的石棉县，尤以康定沙德区较为集中。木雅语的使用人口约为10000人。木雅语分东部和西部两个方言。分布在九龙弯坝、洪坝以及雅安地区石棉县的木雅人自称 $mu^{55}a^{55}$，操木雅语东部方言。分布于康定县沙德区以及九龙县汤古一带的木雅人自称 $bo^{35}pa^{55}$，也有少数老年人自称 $mɯ^{33}ɛ^{55}$ 的，他们操西部方言。木雅语两个方言的特点是，西部方言受藏语影响较深，东部方言受汉语影响较大。东部方言区的木雅人一般不会讲藏语康方言，在家庭以及村寨内部交际使用木雅语，少数从事宗教活动的人会讲一些藏语康方言，经常外出的人会讲汉语。讲木雅语西部方言的居民，在家庭或村寨内部交际使用木雅语，多数人会讲藏语康方言，有少数学者还精通藏文。由于贡嘎山的阻隔，操两种方言的人彼此来往很少。

二、语言和思维的关系

语言不但是人类最重要的交际工具，民族文化的载体，而且也是人类思维的工具。思维是人脑的一种机能，是人们对客观世界的认识。思维活动，尤其是抽象思维活动，必须借助于语言，不能离开语言而单独进行。语言是思想的直接实现，观念是不能离开语言而存在的。思维方式的不同必然会体现在相应的语言结构中。不同的族群其生活的自然环境与社会环境不同，人类对外部世界的认知不同，体现在语言结构层面上的信息表达方式也不同。木雅人的居住环境地处横断山脉的断裂带，自然环境山高谷深，特定的自然地理环境与其文化构成呈现出高度的对应。尽管操东、西部方言的木雅人基本不能通话，但木雅语东、西部方言词汇中所体现出来的某些共性特征，则说明木雅语东西部方言尽管分化的年代久远，但无论从其使用特点和分类倾向来说，木雅语方言之间总体上比较一致，呈线性分布，而在有些方面又各自有其独特之处，呈非线性状态。呈线性分布的词汇特点，很可能是古木雅语词汇特征的共同遗存。

三、木雅语词汇的类别特征

木雅语词汇中的量词和存在动词，除表量和存在意义外，还兼表所修饰事物的性状和空间状态、生命度高低等。木雅语中量词并不发达，但在有限的量词中，很大一部分量词是反映所修饰事物形状的类别，也有学者将这类词称之为“类别词”，类别词反映了木雅人对客观事物分类上的思维特点。类别词不同于传统意义上的量词。类别特征是木雅人认知范畴化过程在木雅语词汇中的反映，它们通过凸显事物形象或特征来表达名词、动词所指称的事物或动作的形象类别，具有将事物划入不同类别的作用。在这个意义上讲，木雅语词汇的类别特征，反映木雅人对客观世界独特的认知，是木雅文化很重要的组成部分。

本文根据木雅语的语言事实，从语义和语用角度出发，对木雅语词汇的类别特征进行分析研究。

（一）量词的类别特征

木雅语①中量词并不发达，但仅有的几个量词，能够区别所修饰名词的空间形状，木雅语中不同形状的事物，比如：条状、块状、圆形物体等都用不同的类别词来修饰，例如：

1 修饰细长条形状的物品或成串出现的事物，木雅语内部比较一致，石棉木雅语用 tsæ^{55}，康定木雅语用 zæ^{55}。例如：

石棉	康定	汉语意义
viˑ^{55} te^{33}tsæ^{55}	tha^{33}ka^{55} tæ^{33}	一条绳子
绳子 一条	绳子 一条	
və^{55} ts^{33}tsæ^{55}	ʁə^{35} tæ^{33}zæ^{55}	一条鱼
鱼 一条	鱼 一条	

2 修饰片状物体，木雅语内部比较一致，石棉木雅语用量词 we^{55}，康定木雅语用 βe^{55}，例如：

石棉	康定	汉语意义
su^{55}vu^{55} te^{33}teæwe^{55}	ɕe̜^{33}vu^{55} teβe^{55}	一张纸
纸 一 张	纸 一 张	
tɕhiˑ^{55} tsə^{55} te^{33}we^{55}	tɕhiˑ^{55}tsə^{55} te^{33}βe^{55}	一片叶子
叶子 一片	叶子 一片	

① 本文所用语言材料，全部为笔者亲自调查所得。

3 石棉木雅语表“一半”意义的词，也因所修饰事物形状的不同而用不同的语言形式，例如，tha^{33} pha^{55} tɕhi^{55}只用于修饰圆形事物，ta^{33} pu^{55} tsa^{55}用于较大细长的物体，如树干、电线杆等；ta^{33} də^{55}用于修饰个头较小的细长物体，比如萝卜、黄瓜等。而在康定木雅语中，就目前材料看，表“一半”意义的只有 tæ^{33} lə^{55}。例如：

石棉木雅语：

半个桃子　su^{33} ɦu^{55} tha^{33} pha^{55} tɕhi^{55}
　　　　　桃子　半个

半个馍馍　ko^{33} khu^{55} tha^{33} pha^{55} tɕhi^{55}
　　　　　馍馍　半个

半根树枝　tshu^{33} pho^{55} ta^{33} pu^{55} tsa^{55}
　　　　　树枝　半个

4 石棉木雅语修饰成捆的细长形的事物，用量词 pu^{55} jo^{55}，例如：

一捆菜　ŋa^{33} ŋu^{55} tə^{33} pu^{55} jo^{55}
　　　　菜　一　捆

一捆柴　tshu^{33} pho^{55} tə^{33} pu^{55} jo^{55}
　　　　树枝　一　捆

5 修饰圆形或坨状物体时，石棉木雅语用量词 tu^{33} lu^{55}，康定木雅语与之相近，用 to^{33} lø^{53}。例如：

木雅语：

石棉	康定	汉语意义
su^{55} thu^{55} tu^{33} lu^{55}	ndʐe^{35} to^{33} lø^{53}	
米　一　粒	米　一　粒	一粒米
ze^{33} wu^{55} tu^{33} lu^{55}	phə^{33} la^{55} to^{33} lø^{53}	
碗　一个	碗　一个	一个碗

ngə^{33}le^{55} tu^{33}lu^{55} me^{33}to^{55} to^{33}lø^{53}

石头 一块 花 一块 一块石头/一朵花

6 关注所修饰对象的生物学分类，即木雅语量词区分所修饰的事物的类别即动物、植物还是人类自身，所用量词不同。以石棉木雅语为例：

一个人 vu^{33}ȵ̥i^{55} ti^{33}zə^{55}

人 一 个

一群人 vu^{33}ȵ̥i^{55} tə^{33}xuæ^{55}

人 一 群

三只山羊 zu^{55} so^{33} le^{55}

山羊 三 只

一群羊 zu^{55} te^{33}di^{55}

山羊 一群

一棵树 tshu^{55}pho^{55}ta^{33}pho^{55}

树 一棵

（二）存在动词

木雅语的存在动词，区别物体空间存在的方位、处所以及存在物体的特性，也就是通常所说的存在动词有类别范畴。东部木雅语存在动词大多没有人称和数的变化，西部木雅语存在动词有人称和数的变化。

1 表依附于固定处所或物体上的事物，两物体之间的空间位置关系稳定，石棉木雅语用 ndoI^{55}，康定生古木雅语用 βi^{55}。例如：

石棉木雅语：

（1） sɕu^{55} lo^{55} zu^{33}qhua^{55} tshu^{33}pho^{55} ta^{33}pho^{55} ndo^{55}

房子 一座 在…后 树 一棵 有

房子后有棵树。

（2）tshu^{33}pho^{55}pha^{33}ti^{55}mo^{33}to^{55}ndo^{55}.

树　　棵　上　花　有

树上有花。康定生古木雅语：

（1）tɕe^{55}　ɣæ^{55}　pha^{33}no^{55}　　tshə^{33}pho^{55}　ta^{33}　pho^{55}.

房子　领属　后面（近指）树　　一棵　有

房子后面有棵树。

（2）pə^{33}to^{55}　mə^{33}khø^{55}　βi^{55}ti^{33}.

房顶　　烟囱　　有　助词

房顶上有烟囱。

2 石棉木雅语中的 ndʑi^{55}，用于有生命的，能移动的人或物体的存在，当用于人时，有人称和数的变化。而康定木雅语在表有生命的动物的存在时用 mə^{55}，表人的存在时 dʑə^{55}，dʑə^{55}有人称和数的变化。

例如：

石棉木雅语：

（1）tɕi^{55}tsæ^{55}　khə^{55}　və^{55}　ndʑi^{55}.

河　　　里　　鱼　　有

河里有鱼。

（2）do^{33}wo^{55}　le^{33}　ti^{55}　zə^{33}la^{55}　tu^{33}lu^{55}　ndʑi^{55}.

墙　　一面　上　苍蝇　　一只　　有

墙上有只苍蝇。

（3）vi^{33}se^{55}　khu^{33}　pu^{33}ta^{55}　ndʑi^{55}.

糌粑　　里　　虫子　　有

糌粑里有虫子。

（4）ŋo^{55}　æ^{55}lə^{33}khi^{33}　nd ʑu^{55}，　æ^{33}ji^{55}　tho^{33}lu^{55}khi^{33}　ndʑə^{55}.

我　这里　　在－1 单数　他们　　那里　　在

我在这里，他在那里。

康定木雅语：

（1）tɕə^{55}ko^{33}ʁə^{55}kæ^{33}ji^{55} mə^{33}. 河里有很多鱼。

河 里 鱼 很多 有

（2）tʂo^{55}tsi^{55} ɣæ^{55} tɕhy^{55} khə^{33}to^{55}lø^{33}mə^{53}.

桌子 领属 下面 狗 一只 有

桌子的底下有只狗。

（3）ŋə^{55}o^{33}khə^{55} dʑo^{55} ni^{33} o^{33}tsə^{55}wo^{33}kho^{55}

我 这里 在－1单 语气词 他 那里

dʑə^{55} ni^{33}.

在 语气词

我在这里，他在那里。

3 表示静态事物的存在，木雅语内部比较一致，石棉木雅语用 tɕi^{55}，康定木雅语用 tɕə^{55}，例如：

石棉木雅语：

（1）tso^{55}le^{33}ti^{55}zə^{33}ndə^{55} tɕi^{55}/mə^{33}khu^{55}.

桌子 上 书 有/没有

桌子上有书/没有书。

（2）nbu^{55}le^{33}vi^{55}tɕi^{35}. 山上有雪。

山 上 雪 有

康定木雅语：

（1）tʂo^{33}tsi^{55}pu^{55}pi^{33}nə^{33}tsæ^{55} tu^{33}tɕə^{55} si^{33}.

桌子 上 笔 两支 有 语气词

桌子上有两支笔。

4 石棉木雅语表一物体存在于另一物体或容器里，两种及多种物质溶在一起很难分开，用 khu^{55}；而康定木雅语，表一物体存在于另一物体或容器里所用存在动词与石棉相同，用 khə^{53}，而表两种及多种物质溶在一起很难分开，则用存在动词 ndʐe^{35}。例如：

石棉木雅语：

（1）ze^{33}wu^{55}le^{33} khu^{33}tɕi^{55} khu^{55}/mə^{33}tɕi^{55}.

碗 一个 里 水 有/没有

碗里有/没有水。

（2）su^{33}ɦu^{55} khu^{33} ka^{33}qa^{55} khu^{55}. 桃子有核儿。

桃 里 核 有

（3）ȵu^{33}ȵu^{55}se^{55} khu^{33} tu^{33}thu^{55} khu^{55}.

牛奶 里 糖 有

牛奶里有糖（已经加入糖后）。

（4）vu^{55}se^{55}khu^{33}tɕi^{55}khu^{55}. 酒里有水。

酒 里 水 有

康定木雅语：

（1）phə^{33}la^{55}khu^{33}tɕə^{55}khə^{33} ti^{33}. 碗里有水。

碗 里 水 有 语气词

（2）lʌ^{33} tɕho^{55}mbø^{33}ndʐe^{55}/^{35} ti^{33}.

牛奶 里 糖 有 语气词

牛奶里有糖（已经加入糖后）。

（3）wi^{55}tɕho^{33}tɕe^{55}ndʐe^{55}/^{35} ti^{33}. 酒里有水。

酒 里 水 有 语气词

5 石棉木雅语用 phe^{33}表拥有抽象事物，康定木雅语用 rø^{55}，康定木雅语的 rø^{55}有人称和数的变化，而石棉木雅语动词 phe^{55}则没有人称和数的变化。例如：

石棉木雅语：

（1）ŋo^{55}te^{33}le^{55} phe^{55}. 我有办法。

我 办法 有

（2）ŋæ^{55} tshi^{33}ŋa^{55} le^{55} ŋua^{33}ku^{55}phe^{55}/na^{33}pu^{55}.

我的 孩子 一个 5 岁 有

我的孩子有 5 岁了。

康定木雅语:

（1）ŋə⁵⁵le³³ lø³³tho⁵³ rø⁵⁵ni³³. 我有办法。
我 格助词 办法 有 -1 单 语气词

（2）ŋə⁵⁵ne⁵⁵ le³³ lø³³tho⁵³ re⁵⁵ ni³³.
我 们 格助词 办法 有 -1 复数 语气词
我们有办法。

结 语

“我们从这种语法范畴的运用就可以推知使用这些语言的人对有关事物的看法。”① 探索语言和思维之间关系，一直是人类语言学关注的焦点，同时也是文化语言学研究的重中之重。木雅语量词和存在动词的类别特征，反映了木雅人观察外部世界时容易选取事物外部的形状特征对之进行归类划分的思维特点，这一思维特点在木雅语方言中的发展是呈线性分布的，木雅语无论是东部方言还是西部方言，都将形状上具有共同特征的事物归为一类，用同一个类别词或存在动词修饰。而具体到语言事实层面上，又呈现出非线性的特点，语言层面的非线性特点其实就是木雅人思维过程非线性的体现。在对客观事物的生物学分类和生命等级的关注方面，木雅人族群内部存在很大差异。有生命的事物与无生命的事物所用修饰词不同，同样是有生命的，人和动物所用词也不同。木雅语方言内部的这些差别，很明显是思维非线性发展的产物。语言作为文化的一个重要组成部分，透过木雅语的词汇层面，我们可以看见木雅人独特的思维习惯和对客观事物的分类倾向，正是木雅人的这种思维特点，塑造了独特的木雅文化。

① 洪堡特著，姚小平译:《论人类语言结构的差异及其对人类精神发展的影响》，第205页，商务出版社，2002年。

语言转用机制之浑沌学分析

——以小兴安岭地区鄂伦春族语言转用情况为例

于晓薇

鄂伦春族是我国北方人口较少民族之一，主要分布在内蒙古自治区的两旗（鄂伦春自治旗和莫力达瓦达斡尔族自治旗）一市（扎兰屯市）和黑龙江的大兴安岭（塔河县、呼玛县）和小兴安岭（黑河市、爱辉区、黑河的逊克县、伊春市嘉荫县）地区。鄂伦春语为满通古斯语言的一种类型，其词汇和语法包含和其他通古斯语言一样的共性和个性，并且包含着鄂伦春族特有的森林游猎文化和原始宗教习俗。鄂伦春语没有自己的文字，虽然近几次人口普查中发现鄂伦春族人口指数小幅递长，但通过调查发现族际通婚普遍，小孩虽然加入鄂伦春户籍但民族特性大打折扣，尤其是民族语言的家庭代际传承发生中断。

虽然我国人口较少民族语转用的原因存在一定的共性，但是每个民族都有自己民族语言发生转用的特殊原因。我们不仅要从“客位”的角度去记录、描写、分析这个民族语言发生转用的程度和原因，与其他民族相互比较借鉴总结归纳语言发生转用的一般情况和原因，也应当从“主位”的角度出发，站在此民族自身的角度去观察思考语言转用发生的条件和方式，从而找到此民族语言发生转用的内在机制，探讨这种民族语言转用和语言保持的非线性关系，从而将语言发展的有序和无序相统一，线性和非线性相协调，有效地估计小民族语言发展的趋势和保持民族语言文化多样性中可能会遇到的阻力，因势利导。

一、小兴安岭鄂伦春语言转用情况调查分析

根据1988年由加拿大魁北克拉瓦尔大学国际语言规划研究中心与中国社会科学院民族研究所联合进行的项目《中国语言文字》的完成数据和我们2010年以及2012年的大小兴安岭地区鄂伦春族语言使用情况抽样调查显示，鄂伦春族总体语言使用情况如表一：

表一 鄂伦春族总体样本和大小兴安岭样本母语转用情况表

（n1 = 174；n2 = 457）

地区	民族语单语人	占本族总人口的比例%	持双语人数	占本族总人口的比例%	语言转用人口总数	占本族总人口的比例%
总体	29	0.71	2074	50.55	2000	48.74
大兴安岭	0	0	172	45.99	202	54.01
小兴安岭	0	0	38	21.84	113	64.94

从历时纵向的角度来看，在20多年的历时演变中，大小兴安岭地区的鄂伦春语发生了不同程度的衰变，母语单语人基本已经过世，双语人数量急剧萎缩，且转用语言为汉语，转用其他民族语的情况很少。从共时横向的角度来对比，大小兴安岭地区在双语人的比重上存在差异。

表二 小兴安岭地区鄂伦春语家庭母语和社区母语的

语言转用情况调查情况：（n = 174）

	只用本族语	多用本族语	较少用本族语	不用本族语
在家里	3(4.05%)	4(5.41%)	35(33.78%)	42(55.76%)

续表

	只用本族语	多用本族语	较少用本族语	不用本族语
在村里或工作单位	0(0.00%)	4(5.41%)	34(45.95%)	3(48.65%)
和同胞见面打招呼时	4(5.48%)	25(34.25%)	30(41.1%)	14(19.18%)
和同胞聊天时	3(4.11%)	22(30.14%)	32(43.84%)	16(21.92%)
思考问题时(说心里话)	4(5.48%)	19(26.03%)	14(19.18%)	36(49.32%)
举行民族活动时	9(12.33%)	22(30.14%)	26(35.62%)	16(21.92%)

作为一种人口占所在居住地区比例较小少数民族的非通用语言，鄂伦春语的使用范围注定不会很大。调查显示：

家庭作为语言保持的最后阵地也在不断失守。家庭是使用和学习民族语的最重要的环境。所抽取的样本（174 人）中只有 38 人（21.84%）还能够较好使用鄂伦春语，都主要是通过从小在家庭中经长辈传授和社区中与本民族同胞日常交流自然习得的。但是随着时间的推移，家庭母语环境也在不断萎缩。如下表所示，在回答这个问题的 84 人中，在家庭中也只有 7 人“只用”或者“多用”本族语，占 9.46%，其余的人即使在家中也较少或者不使用民族语。而在村里或者工作单位，使用鄂伦春语的机会就更少了，仅有 4 人能够较多使用。虽然“和同胞见面打招呼”、“和同胞聊天”、“思考问题”和“举行民族活动时”民族语的使用有所增加，但在这些场合中，民族语的使用也是非常有限的，难以保证是经常性的活动。

表三　小兴安岭地区鄂伦春族家庭内部语言转用情况表（n=174）

家庭成员	使用语言				
	只使用民族语	只使用汉语	使用其他民族语	大多使用本民族语	较少使用本民族语
爷爷辈	62.3%	13.11%	0%	13.11%	11.48%
父辈	47.83%	20.29%	2.86%	15.94%	15.94%
兄弟姐妹	13.70%	30.14%	0%	20.55%	35.62%
儿子辈	7.25%	71.01%	0%	4.35%	17.39%
孙子辈	6%	70%	0%	4%	18%

家庭内部随着年龄的递减鄂伦春语的使用也在逐步减少，鄂伦春语正在快速退出家庭环境。从前面的数据看，由于鄂伦春族和其他民族通婚现象比较普遍，家庭中的母语环境随着族际通婚现象越来越差。从上表来看，家庭成员中仅仅使用鄂伦春语的现象从爷爷辈的62.3%逐渐下降，到孙子辈已经降低至6%。而与此形成鲜明对比的是，家庭中“只使用汉语”的现象却越来越多，从爷爷辈的13.11%递增到孙子辈的70%。这对于没有文字、基本缺少母语教育的鄂伦春语来说，保持下去的难度很大。

综上述，通过和其他变量的对比分析，可以得出以下结论：

从母语转用的类型和方式上看，属于转用为其他语言型而非自己的母语被转用型。这说明小兴安岭地区的鄂伦春语的影响力正在被削弱，语言使用者大幅萎缩。调查中没有发现语言换用的情况（即语码转换），说明其母语语言结构没有经过过多变异和发展和被渗透影响就发生了整体地被替换，是语言社会功能性的整体替换。

从母语转用范围和程度上来看，大小兴安岭地区的母语转用率均已超过了样本总体的一半（见图表），其转用类型为民族主体型的转用型，而非局部转用。其转用的程度已经比较严重，没有鄂伦春语单语人，持有双语的鄂伦春族人数也在严重萎缩，大部分转用为汉语单语人。因为大兴安岭有鄂伦春族自治旗，所以双语人数保持情况相对乐观一点，但双语质量并不高。

从母语转用的过程和时间上来看，小兴安岭地区的鄂伦春族语言已经在近25年的时光里基本完成了由鄂语单语—鄂汉双语—汉语单语的转用，双语过程时间不长。语言母语使用场合已经由社区退到家庭，家庭母语使用的最后阵地也在失守，代际传承基本中断；族际通婚率已高达69.40%，导致鄂伦春族的人口虽然在最新人口普查中呈缓慢增势，但父母双方并非都是纯鄂伦春族，孩子虽然上了鄂伦春族户口，但是民族特性已然大打折扣了。

二、语言转用内在机制的浑沌学分析

语言转用又叫做语言替换，根据上文鄂伦春语言情况调查的抽样材料分析得出语言转用存在着多重因素，小兴安岭地区的鄂伦春语双语阶段极短，几乎没有经过单—双—单的阶段而直接发生了转用为汉语单语的情况，因而其语言与其他民族和强势语言汉语的接触时间不够，面积不广，因而在共时层面上对于其他语言的影响不大，自身语言也没有经过充分的发展和变异就发生了整体性的转用。究其原因，有其自身民族的特殊性。诸如外部大环境如多民族接触融合、族际通婚、人口数量占绝对优势的汉民族的包围以及民族生态生活环境受到新的社会形态的不断冲击瓦解之外，人口较少的民族主体大多数选择语言转用必然有其深刻的内部推手，我们不仅要站在“客位”的角度分析语言发生转用的必然趋势，更要站在“主位”当事人的角度去了解鄂伦春族选择语言转用的内在原因。

通过分析小兴安岭地区鄂伦春族母语人和发生母语转用人的语言态度，结合浑沌学的相关理论成果，可以基本归纳出以下几条鄂伦春族主体转用的特殊原因。

（一）鄂伦春语对于“两次下山”的初值敏感性

鄂伦春族在历史上曾有两次下山定居，有着与汉族以及其他民族杂居的历史。第一次发生在清末民初，统治者为了巩固边防曾强制推行“弃猎归农”和“寓兵于农”政策，致使库马尔路和毕拉尔路地区出现一批鄂伦春族定居村庄，客观推动了其社会向前发展。1931 年九一八事变后，日军侵略鄂伦春地区，日本特务统治机构对鄂伦春族实行民族压迫政策和隔离主义，鄂伦春族人被驱进深山，强迫鄂伦春族过上原始落后的游猎生活。第二次下山发生在新中国成立后，各路鄂伦春人先后从游动转为定居，游猎在坤河、法别拉河等地的鄂伦春人定居在黑龙江省黑河市新生乡。原库马尔路游猎在呼玛河流域的鄂伦春人定居在黑龙江塔河县的十八站。而原毕拉尔路的鄂伦春人，在沾河一带游猎的定居在新鄂和新兴；在嘉荫河一带游猎的则定居在乌拉嘎地区，小兴安岭地区鄂伦春族就生活在这一带。1954 年响应政府的号召开始建房，1958 年实现了全部定居的历史变革。90 年代，兴安岭全面禁猎以后，狩猎活动才渐渐退出他们的生产生活。

鄂伦春族保有我国北方氏族人类早期的社会形态，而鄂伦春族口耳相传的语言更是在这种游猎生存模式下鲜活的产物。小兴安岭地区的鄂伦春族经历了两次下山一次禁猎的民族迁徙和民族生产生活方式发生颠覆式的改变，这种变化不是一蹴而就的，而是循序渐进的，而语言就是对这种生活方式的一种记录和保留，或者说是一种“残存“。小兴安岭地区的语言功能层次衰变除了其无文字，语言和言语使用功能受到社会发展和巨变的冲击衰变外，一些早期的语言转用与其他民族，尤其是满汉人口较多民族的接触和融合史以及自身的迁徙史息息相关。当然，只是到了 20 世纪 80 年代至 90 年代，为响应国家政策和政府号召，回收猎枪，游猎生活退出了其生活历史的舞台，改行耕地务农，鄂伦春族人的语言和自己的生活相脱节后，语言转用才开始真正大规模的发生，语言对于文化的依赖和对鄂伦春族文化系统的初值敏感度才由隐形转为显性。

（二）语言行为和语言态度的“非线性”关系

语言行为包括社会语言行为和忠诚的民族语言行为；而语言态度，我们说一种语言发生了严重的转用，除了母语人由于特殊的政治历史原因以及社会变革原因外，还有其自身的对语言的选择权利，即自愿选择放弃母语转用社会功能强势语言或者其他语言，这些都属于社会语言行为。后者的自主性选择与母语者的语言态度息息相关，即掌有这种母语能力的人是否愿意选择继续使用母语，在什么场合使用母语，以及正在丢失母语能力的人是否愿意选择重新习得母语成为双语或多语人，或者采取有利于本民族语言和文化社团发展的行为，这些行为我们暂且都把其归为忠诚的语言行为。语言行为和态度呈现的不一致性是忠诚的民族言语行为的体现，也是弱势语言保持成为可能性的一个言语团体基础。基于小兴安岭地区的语言转用情况和语言态度调查，主要从以下几点考察其语言态度：

1. 对自身民族身份的认同和语言选择的态度

通过个访调查，我们发现在民族关系的接触上，有人认为鄂伦春族与鄂温克族、赫哲族在历史上是一个民族，只是后来由于迁徙的环境发生了变化，鄂伦春择山林而居，鄂温克择草原而住，赫哲逐水草而徙，因而语言由于山川河流的隔绝而产生了分化，最多只能算为同一种语言的不同方言，彼此可以交流。而鄂伦春族在历史上还属于跨境民族，远在俄罗斯的爱文基族在历史上也是鄂伦春族的分流。这些说法暂且不说它是否符合历史原貌，但是这种民族身份的广义认同感在鄂伦春族人中还是有一定的典型性的。这对于增加语言身份象征价值具有作用。即便语言的沟通功能出现衰退，语言的这种身份认同和象征功能对日益减少的社会语言行为起到一定的缓冲作用，因为语言团体认为并非只有自己的语言和人口处于一种弱势状态，这样可以增强对母语保持的信心和非孤独感。

2. 对同族人的语言行为的宽容程度

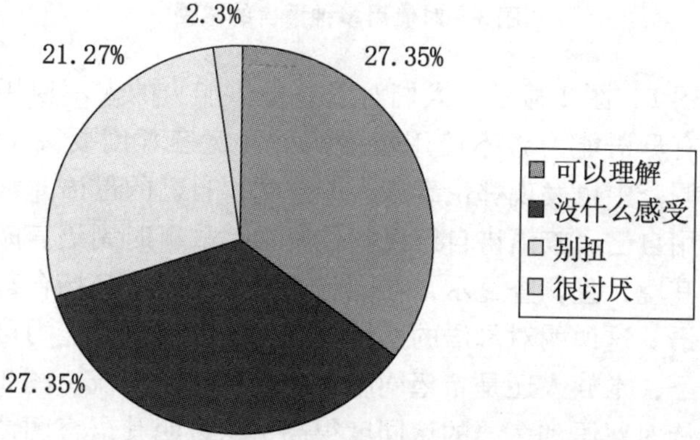

图 1　对本族人不愿说母语者的感受

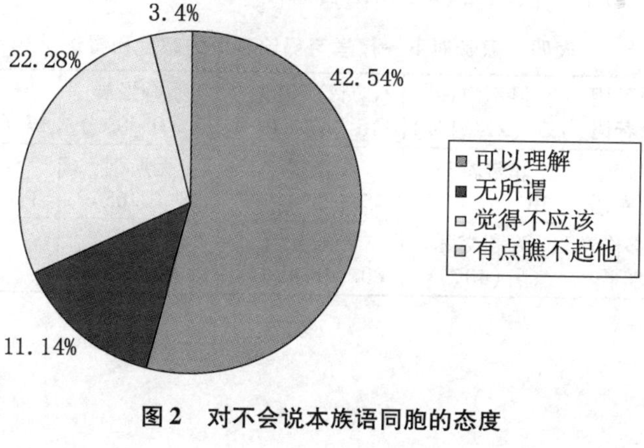

图 2　对不会说本族语同胞的态度

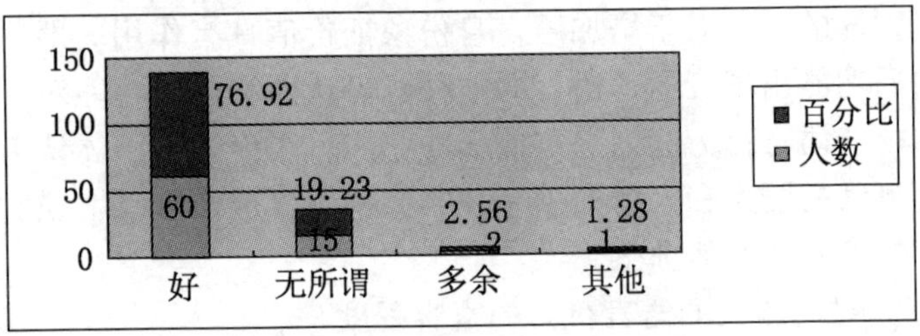

图3　对使用多种语言的感受

据图1、图2显示，人们对没有母语能力的人不使用母语行为比具有母语能力者不使用母语的行为宽容程度要高15.19%，我们在调查中也发现鄂伦春族人普遍觉得自己的母语非常悦耳动听，在用自己民族语讲自己民间传统神话故事时副语言颇多，犹如身临其境，且调查显示，在同胞之间和民族节日场合都会使用鄂伦春语。这说明对母语的感情较深，所以在语言能力可以达到的情况下，本族人还是希望同胞之间能用母语交流。图3显示了鄂伦春族对双语和多语的认同度很高，这说明其语言团体已意识到双语语言行为对于母语保持的重要性。

3. 对下一代语言行为的语言态度

表四　家长对下一代学习鄂伦春语的态度和看法

孩子不用鄂伦春语	很不应该 37（21.64%）	不应该，但无奈 116（67.84%）	适合发展 1（0.58%）	无所谓 17（9.94）
下一代学鄂伦春语	非常希望 116（67.44%）	希望 45（25.86%）	无所谓 8（4.65）	不希望 3（1.74）
孩子鄂伦春语水平	流利交际 66（40%）	一般交流 80（48.48%）	简单交流 19（10.92%）	

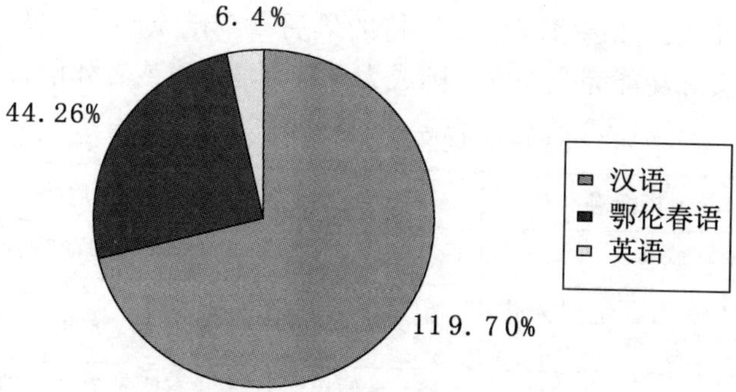

图4　孩子今后发展最重要的语言

由表四可知：虽然多数家长意识到鄂伦春语的重要性，但关于对孩子今后发展最重要的语言，汉语仍然是他们的第一选择，鄂伦春语次之，而英语作为学校讲授的语言也得到了家长的充分重视。由图4可以看出，虽然鄂伦春语的使用呈现出明显的衰变趋势，前景堪忧，但鄂伦春族家长对后代学习和掌握鄂伦春语有较高的期待。

（三）鄂伦春语言转用与语言保持关系的非线性分析

我们经常把语言濒危和语言保持看做是问题解决型的一种逻辑模式，语言濒危的程度成为我们抢救和保护语言紧迫度的一种依据，这种认知模式可以从客观现实出发，理性地分析现象解决问题，但是这种做法多是或者说是语言学家的一厢情愿。而语言转用更多是从母语使用者的角度出发去考虑问题，从语言使用者自身的角度去剖析语言发生濒危的深刻内在机制，语言转用的原因是连接语言濒危现象和语言保持策略之间的一条纽带，是找到导致语言最终出现濒危的这个最大熵和最主要因素的一个突破口。语言转用和语言发展呈现濒危的态势存在一定的联系，语言转用会使得一种语言呈现出语言功能层次衰变的轨迹，尤其表现在这种语言退出社区、学校的范围，交际范围不断萎缩，最后退到家庭内部使用，如果家庭母语保持的最后一个链条断裂，这种语言的口语交际功能完全失去，则成为一种濒危语言或者死语言。

表四　小兴安岭地区鄂伦春族语言濒危程度评估

活力指标项	综合级数（2. 25）很危险
1. 语言代际传承	3（多为父辈和上代人使用。很危险）
2. 语言使用者绝对人数和所占比例	2（少数人使用。极度危险）语言行为
3. 语言使用域的走向	2（语言使用的社会域有限或功能有限。非常有限的语域）
4. 对新语域和媒体的反映	2（该语言只用于某些新领语域和媒体。活力不足）
5. 语言教育材料和读写材料	1（有通俗文字符号，少数材料使用该符号书写）
6. 语言族群成员对语言的态度	4（大多数成员都支持保持母语）
7. 政府机构的语言态度和语言政策	3（没有明确的少数民族语言政策；强势语主导各种公共交际场合。积极同化）
8. 语言记录材料的数量和质量	1（仅有少量语言描写、简单词表和零星文本材料和有限的声响材料）

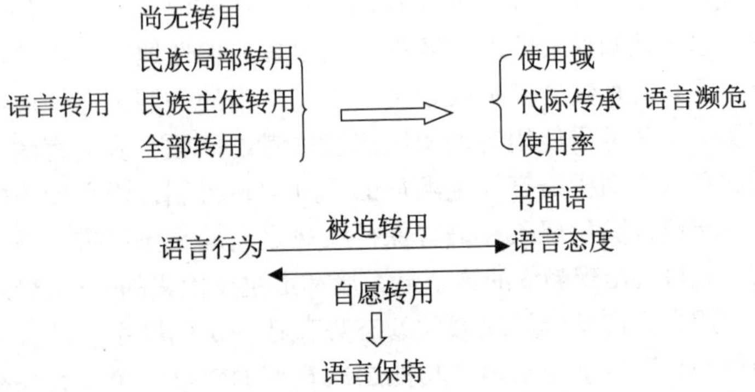

图5　语言转用—语言濒危—语言保持关系模式图

图5表明，接近濒危的语言一定已经发生了程度较深的语言转用，但是评估语言濒危并不一定能够准确地说明语言转用的情况，语言转用更注重言语交际功能而非书面语，以及母语使用者对语言的主观选择权。为了进一步说明这种非线性性，在问卷访谈和个案专访中我们发现了语言转用态度和语言行为的不一致性，语言转用更多的其实是母语持有主体对语言的一种主观地选择，有的是自愿选择，有的是被迫选择，语言转用和语言濒危的表现形式和原因也并非呈现对应关系。语言转用更强调的是言语的转用和群体语言的转用，多表现在语言行为上，语言转用还包括语言换用的情况，即在一定场合下发生的语码转换。语言濒危、语言转用、语言保持存在一种复杂的非线性关系，语言转用不代表语言就已经濒危了，即语言转用是语言濒危的充分非必要条件。语言态度和语言行为的非一致性是决定语言保持趋势是否乐观的重要一环。

语言转用是世界语言接触融合替换这个研究课题下比较复杂的一个研究课题，我国是多民族国家，少数民族中人口较少民族的语言文化情况比较复杂，语言国情调查和语言文化多样性的保持一直是语言学家、人类学家以及社会学家等关注的课题，我国少数语言转用的原因存在着共性和个性，只有通过不断地对这些小民族语言的跟踪关注、实地考察以及统计比较分析，才能真正客观、真实地反映民族语转用的现状，准确地剖析语言转用的内在机制，限于材料有限，理论背景知识尚在雏形阶段，难免存在各种估计和归纳有失偏颇的情况，也无法提出具体的语言保护的解决措施，在此仅提供个案，供日后继续深入对比分析，望各位专家斧正。

同族异域撒拉族的语言文化差异

——以石头坡村和萨木于孜乡为例

郭菲菲

一、概　况

（一）蛰居青海的撒拉族

青海是撒拉族逐渐形成和发展起来的地方，早在元代迁入青海的撒马尔罕人便与周围的几个民族如：蒙古、回、汉、藏等长期接触、融合逐渐发展而成了现今的撒拉族，至今已有 700 多年的历史。2000 年全国第五次人口普查资料显示，我国撒拉族共有 104503 人，主要聚居在青海省循化撒拉族自治县和甘肃省临夏回族自治州积石山保安族东乡族撒拉族自治县。位于青海省东部的黄河上游的循化县是我国唯一一个撒拉族自治县，东部与甘肃省临夏回族州相邻，南临甘肃夏河县和青海同仁县，西与尖扎县为邻，北连化隆县，与民和县相望，循化县内平均海拔 2300 米，县城所在地海拔 1800 米。

石头坡村的村寨历史很长，明洪武三年（公元 1370 年）撒拉族先民尕勒莽、阿合莽兄弟率领的部族经天山南路至青海循化街子地区定居。清乾隆年间的伊斯兰教派之争曾一度致使撒拉族人口增长极度缓慢。石头坡村的人口民族构成以撒拉族为主，回族占了很小的一部分。石头坡村全民讲撒拉语，是一个大的撒拉语社区。如今已无本民族语言文字，但历史上曾使用过“土尔克文”，这种文字主要是一种以阿拉伯文字为基础创制的文字。另外石头坡村的很多撒拉族老人同时能讲汉语和藏语，80%以上的老人能听懂藏语。学校教育采用汉语文教学为主，撒拉语辅助讲解的形式。由于撒拉族全民信仰伊斯兰教，清真寺也是石头坡人主要的宗教生活场所，清真寺的功能已经超出了宗教服务场所，它更多的时候是全村公共生活的空间，承载着石头坡村人伊斯兰教终极信仰的归宿。据石头坡村现任村长介绍，截止到2012年，石头坡村共有四个合作社，268户共1400人，是全民信教的聚集村，全村共有党员15名，总土地面积850亩，耕地面积450亩，人均耕地不足0.3亩。石头坡村撒拉人家房屋整齐、且庭院布局相似，每家有一个正方形的大院子，四周是高达三米的围墙。房屋为木制结构，房檐门窗大都是精美细巧的雕花，主要用油松和白松，雕花每户各不相同，刷一层清漆显得素朴美观。院内栽有瓜果和花卉，窗檐下摆放盆栽和黄河石。

（二）迁入新疆的撒拉族

据史书记载，新疆撒拉族的迁入是始于清乾隆年间的一次恶性反抗斗争。追溯至清乾隆46年，因教派斗争而导致的撒拉族人民反清战争，起义战争失败后，一些与反抗斗争有瓜葛的撒拉族同胞及其家眷被清政府发配至新疆伊犁；还有相当一部分撒拉族难民因战事免遭迫害而举家一路逃亡至新疆，开始了漫长的重建家园之路。这部分远离撒拉族主体的部族与当地本土民族（维吾尔族、哈萨克族）在语言、文化、生活习惯等方便相互影响相互交融，形成了有别于青海撒拉族的不同语言文化面貌。

伊宁县萨木于孜乡撒拉村位于伊犁河与喀什河交接之处，是一个典型的撒拉族聚居村落，撒拉族占全村总人口的75%，其他的少数民族有回族、维吾尔族、哈萨克族、保安族、乌孜别克族、东乡族。撒拉族村母语状况较好，受到维语、哈语的影响大，双语和三语现象较为普遍。该村人均耕地面积3亩，主要以农业为主，经济发展相对落后。萨木于孜乡撒拉村的房屋建筑吸收了当地维吾尔族的布局特色，每家每户的庭院内都能见到绿茵茵的葡萄架，株繁叶茂并挂满了一串串青色的葡萄，庭院内有果园，主要种些日常的菜品，如西红柿、辣子、茄子，卷心菜等，果树有杏树、梨树。饲养牛、羊、鸡鸭等牲畜。整个撒拉族都很爱干净，并且喜欢在干净的庭院摆放花卉。不同的是新疆撒拉族房屋内的墙壁上都挂有羊毛地毯，炕上也习惯铺放大毯子。饮食上也受到维族饮食的影响，主食有抓饭、囊、奶茶等。

二、同族异域撒拉族的语言使用现状

（一）撒拉语使用的范围

1. 社区语言使用情况

对比分析石头坡村和萨木于孜乡不同场合下撒拉语使用的频率情况：

表1 社区语言使用对比

	只使用撒拉语		多使用撒拉语		少使用撒拉语		不用撒拉语	
	石头坡	萨木于孜	石头坡	萨木于孜	石头坡	萨木于孜	石头坡	萨木于孜
在家里	87.9%	55.3%	10.6%	30.1%	0	9.5%	0	5.1%
在村里	87.7%	10.8%	7.6%	57.1%	0	20.6%	0	10.1%
见面打招呼	86.1%	63.9%	9.2%	21.3%	1.5%	8.4%	1.5%	5.7%

续表

	只使用撒拉语		多使用撒拉语		少使用撒拉语		不用撒拉语	
	石头坡	萨木于孜	石头坡	萨木于孜	石头坡	萨木于孜	石头坡	萨木于孜
说心里话时	89.3%	60.5%	75.7%	14.2%	0	8.1%	0	16.2%
举行民族活动时	90.6%	68.9%	3.1%	18.2%	3.1%	5.1%	3.1%	5.7%
平时聊天	87.7%	54.4%	12.3%	28%	0	10.8%	0	5.4%

从撒拉语的使用频率来看，石头坡村在任何场合“只使用撒拉语”的频率明显高于萨木于孜乡。且两个调查点“只使用撒拉语”的比例最高时出现在举行民族活动的场合，分别占90.6%和68.9%，比其他场合略高；此外在家里和在村里较少或不使用本民族语的情况萨木于孜乡明显多一些。而在石头坡村见面打招呼较少或不使用撒拉语的只有1人，占1.5%。基本上在石头坡撒拉语社区，使用本族语交流沟通成为主流。而在萨木于孜乡，撒拉语的交际功能大大降低，主要因为村子多民族杂居，大多数人除了说母语外，还会讲维语、汉语和哈萨克语。

2. 家庭语言使用情况

表2　家庭语言使用情况

辈（身）分	只用母语		只用汉语		大多母语	
	石头坡	萨木于孜	石头坡	萨木于孜	石头坡	萨木于孜
爷辈	94.6%	81.7%	0	3.4%	5.3%	7.8%
父辈	91.9%	75.1%	0	3.4%	8.1%	14.3%
兄弟姐妹	90.5%	66.2%	0	7.1%	9.5%	19.2%
同辈	85.5%	31.2%	0	5.5%	12.9%	45.4%
儿辈	91.7%	35%	0	6.1%	8.3%	37.6%
孙辈	194.1%	26.3%	0	8.4%	5.88%	36.9%

从表2可以看出，石头坡村和萨木于孜乡家庭成员内部交流主要以撒拉语为主。石头坡村家庭内部语言为撒拉语，而萨木于孜乡家庭交流除了母语以外，还有汉语和其他语言。石头坡村爷爷辈、父辈和兄弟姐妹之间，只使用撒拉语的占九成以上，从调查数据来看，只使用汉语或使用其他民族语的基本没有。而在萨木于孜乡，儿子辈、孙子辈、同辈人之间，有三分之一的人选择大多使用撒拉语，有时使用汉语和其他民族语。相比之下，年轻人使用母语交流的频率明显低于石头坡村年轻一代的母语使用。

（二）对撒拉语所持态度

1. 石头坡村村民对母语保持时间现状的认识和发展预测

表3

保持状态	保持很好 72.3%	保持一般 12.3%	弱化 15.4%	濒危 0	
保持时间	很长时期 60.6%	大约三代人 7.5%	大约两代人 3.0%	大约一代人 0	不知道 28.8%

从表3中可以看出目前对撒拉语的保持现状，石头坡村普遍比较认为较好。没有人认为濒危，其中8人认为保持现状一般，10人认为保持现状比较悲观。撒拉语保持的时间，没有人认为可以保持一代人，超过一半的人认为还能保持很长时期。当然也有28.8%的人表示不知道。

2. 萨木于孜乡村民对母语保持时间现状的认识

表4

保持状态	保持很好 67.2%	保持一般 22.2%	弱化 8.9%	濒危 1.7%	
保持时间	很长时期 69.8%	大约三代人 12.7%	大约两代人 8.2%	大约一代人 2.1%	不知道 7.2%

表4中可以看出：在萨木于孜乡认为母语保持良好的占67.2%，有1.7%的人认为撒拉语走向濒危。从撒拉语保持时间来看两个调查点的超过六成的人认为可以存在很长时期。

三、分析与讨论

（一）语言保持程度

1. 石头坡村撒拉语保持高度统一

石头坡村的撒拉语整体保持状态较好。他们大多为双语人，第一语言为本族语、自然习得且达到熟练甚至精通的水平；第二语言大多为汉语且具有较高的听说能力，学校也提供了学习汉语的主要场所。双语汉文型的人群所占比例最高，双语阿拉伯文型的人只占很少的比例。阿拉伯文是在清真寺经堂教育中由阿訇传授。由于撒拉语目前无文字，所以掌握汉文的双语单文人数较多，语言文字为撒拉语－汉语－汉文。

从不同年龄阶段、不同母语使用场合以及对待母语的态度，都能看出石头坡村人对待母语的深厚情节。撒拉语已经成为石头坡村人与生俱来的一种文化载体，更是其民族身份的象征。我们在石头坡村的调查了解到：村里母语单语人主要是一些年纪稍大的古稀老人，人数不多，生活相对封闭所以只会母语。还有一些小孩从小和父母去城里（西宁）居住生活，他们的母语受到强势语言汉语的影响，母语逐渐退化，再加之从小失去了良好的母语环境（老人们传授），上汉语学校，逐渐丧失母语能力变成汉语单语人。值得一提的是村里有些老人因为早年到藏区做生意，如倒卖粮食、虫草、皮毛等，多接触藏族人，由于生意上的往来逐渐学会的藏语。石头坡村的撒拉族妇女基本上在村里和家里都说撒拉语，有的会在集市上说汉语。但也有一些足不出户的撒拉族妇女汉语说得不好，用汉语和她们交流有障碍。

2. 语言环境及强势语言的介入不同

青海石头坡村撒拉族周围的语言状况没有那么复杂，除了强势语言汉语的影响之外，再就是藏语的影响。但是从调查看，藏语的影响是有选择性的。并非所有的撒拉族人都会说藏语，除了一些年老者，还有少部分与藏族有生意合作的中年人，也就是说藏语作为强势语言影响撒拉语得具备一定的条件：两个民族的接触，以及历史因素等。相比之下，汉语才是石头坡村的强势语，无论从使用的范围还是使用的年龄层次来看，都比藏语广泛。

在一个多族群社会中，要是每个族群都有自己的语言，那么多语现象是十分普遍的。这也将决定族群之间在语言交融方面的发展态势和基本格局。就新疆萨木于孜的撒拉族而言，他们以少数者身份入居新疆，长期与维吾尔族、哈萨克族杂居，他们的语言不可避免地受到本土民族的影响。在语言文化多元的格局下，撒拉语面临一个更为丰富的语言环境。维语和汉语双足鼎立，一直作为强势语言存在。据悉，1990 年以前，萨木于孜乡的小学以维语授课为主。现在情况却不一样，学校加强了汉语教学。此外，还有哈萨克语活跃在这样一个多语言的舞台之上。这里的撒拉族在村里说维语的居多，在家里才说撒拉语。萨木于孜的中老年人的维语掌握较好，年轻人和青少年的汉语水平较高。哈萨克语掌握的好的人相对较少。

（二）文化习俗及生活、商业理念的不同

1. 文化差异

新疆撒拉族受到当地维吾尔和哈萨克族文化生活的影响，不断融入了西域文化的色彩。无论从民居建筑、饮食习惯还是生活理念都有不同。在家庭建筑上，新疆撒拉族紧随维吾尔风格布置

自己的庭院居室。室内流行挂地毯、炕上喜欢铺地毯；庭院必须栽种葡萄架，无论院子多大留有一块地方开辟成蔬菜、果园。这样既方便了日常生活所需的各种蔬菜，而且也为庭院的美观增添了绿荫。仲夏傍晚，撒拉族人们和维吾尔族人们一样，坐在自己庭院的葡萄架下喝奶茶聊天。西域的葡萄文化，以及地毯文化给他们的生活带来了新鲜的感受，而这些，在深居内陆的青海，则是没有被凸显的。

在饮食习惯上，新疆撒拉族更是吸收了维吾尔族饮食的精华，他们习惯抓饭、馕，还有拉条子的生活。待客之道均接近维吾尔族，吃囊、炒菜等。和青海撒拉族饮食相比，已经发生了变化，青海撒拉族喜食面食。青海撒拉族聚居区位于黄河沿岸，气候温和，太阳辐射强，日照时间长，适于小麦、青稞、荞麦、玉米、谷子等农作物及瓜果蔬菜的生长。主食有馒头、面片、拉面、散饭、搅团等许多品种，副食主要为牛、羊、鸡肉和各种蔬菜瓜豆。逢节宴请宾客，则炸油香、馓子、吃手抓肉和烩“碗菜”。撒拉族喜欢喝茶，家家备有茶壶和盖碗等茶具，而且饮茶礼节也十分讲究。

2. “穷则思变”的商业文化特征

青海撒拉族人民承袭了伊斯兰教的经济观念，伊斯兰教注重经营现实，认为人类的需要是多种多样的。撒拉族认为经商是真主喜爱的，是神圣的。青海石头坡村撒拉族做生意的较多，全国各地各大城市都遍布有青海撒拉族开的饭馆。他们有强壮的身体，善于在高原上劳作，又善于经商贩运，上青藏高原做生意，搞劳务。他们凭借着顽强的经商才能，不断发展本民族经济。此外，由于人多地少（人均耕地面积0.3亩），石头坡村的青年人在外打工者居多，商业意识浓烈的青海撒拉族人用勤劳和智慧开创出了美好的生活图景。我们调查过程中访谈了一位撒拉族石头富商韩阿力，他就是经营黄河奇石发家，韩阿力的生意做很大，在西宁也有店面经营奇石。他到过很到地方，广州、深圳、西安等大城市来回得跑。像他这样经营奇石生意的撒拉族还很多。新疆萨木于孜乡的撒拉族同胞总体生活过得较为安逸，据调查，他们人均耕地面积为3 亩，且农作物的产量高，从事副业如倒卖牲口、皮毛等人数比较少，多数以务农为主。

四、小　结

青海撒拉族和新疆撒拉族是同一个民族分居两地吸收了不同地域文化色彩的民族共同体。青海撒拉族作为撒拉族主体民族和散居新疆伊犁的撒拉族有着不同的地方，尤其显现在语言、文化、经济、生活习俗等方面。本文从新疆和青海调研的数据中提取语言使用差异，体会两个地区同一民族母语变化的非线性特征。

北京流动社区少数民族语言适应情况综析

余银霞

一、概　述

（一）调查对象简介

中华民族园是京城第一座大型民族文化基地，该园建设旨在展示民族文化传统，同时，也在首都为各民族提供一个面向全国和世界的永久性窗口。园内规划建设中国56个民族的博物馆和景区，目前已建成48组民族建筑和景区。园内近200名少数民族演员，都是当地土生土长的居民。此次调查是以在中华民族园内为游客表演民族舞蹈，解说民族习俗的工作人员为对象，调查他们的语言使用和语言态度情况。由于某些原因，我们未能调查到维吾尔族人语言情况，调查期间正值部分民族村寨工作人员回家乡了。目前已调查的民族有达斡尔族、景颇族、鄂伦春族、拉祜族、苗族、撒拉族、土家族、满族、藏族、傣族、蒙古族、土族、佤族、白族、羌族等15个民族。

（二）调查方法

本项调查主要采用的是被调查者自填问卷的方法。基于调查材料基础之上的分析研究则主要采用图表统计、文献查证和文化阐释的方法，力求客观反映中华民族园内工作人员的语言态度和语言使用情况特点。

二、调查数据统计

（一）调查样本构成情况

1. 调查问卷分布情况

本次调查了中华民族园内15个民族工作人员，由于各个景区的工作人员人数和配合调查积极性不同，根据每个景区的工作人员具体情况共发放59份问卷。其中达斡尔族、景颇族、鄂伦春族、拉祜族各1份问卷；苗族、撒拉族各2份问卷；土家族、满族各4份问卷；藏族、傣族、蒙古族各5份问卷；土族、佤族各6份问卷；白族7份问卷；羌族9份问卷。回收问卷59份，回收率100%，有效问卷59份。

2. 调查对象的基本特征

（1）性别与年龄

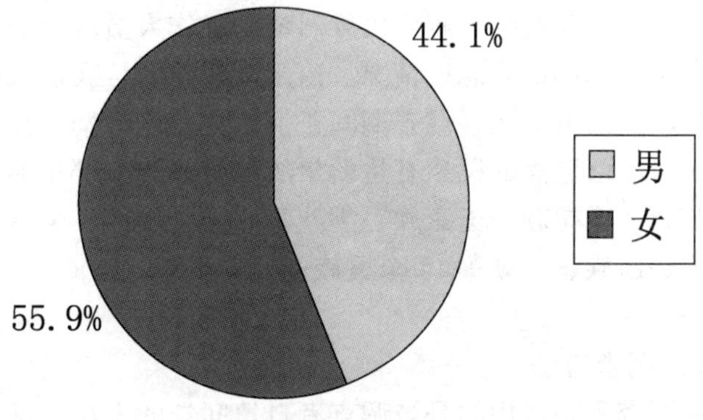

图2-1 被调查人的性别比例

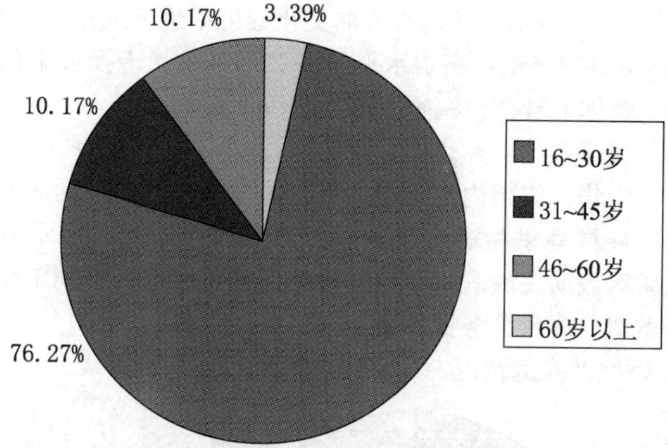

图2-2 被调查者的年龄分布情况

从上述图例可以看出，所调查的对象性别比例中女性略多于男性，男、女比例分别为44.1%和55.9%。年龄则以16~30岁之间的人群为主，占到被调查人总数的76.3%。

（2）文化程度

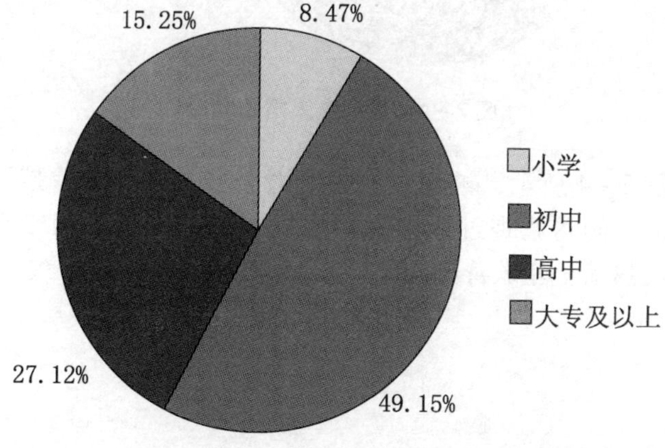

图2-3 被调查人的文化程度

如图 2 –3 所示，被调查人的文化程度中近五成是初中水平；小学水平的占 8. 5%；高中水平的占 27. 1%；大专及以上的水平 15. 3%。整体上看，被调查人群文化程度偏低。

（3）职业

由于中华民族园内的工作人员总体上是外出务工性质，主要是在本民族村寨里为游客讲解本民族的饮食起居，展示风土人情，给游客表演民族歌舞。另外根据访谈了解也有个别工作人员是因公派遣，属于公务员性质。

3. 婚姻及家庭情况

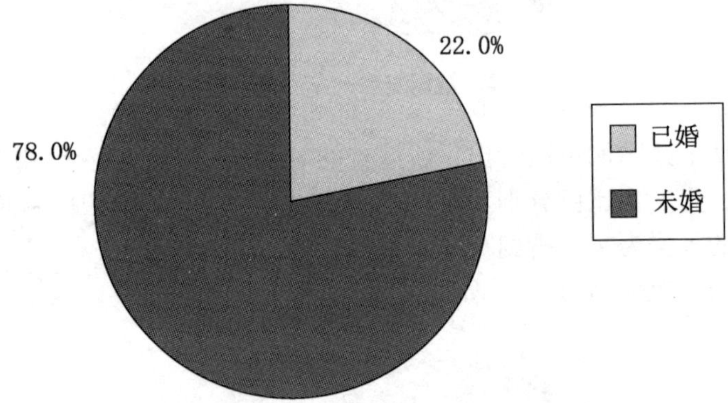

图 2 –4　被调查人婚姻状况

如图 2 –4 所示，被调查人中未婚居多，占 78%，接近总人数的八成。问卷调查过程中我们也发现工作人员多为二十岁左右，活泼热情，能歌善舞的年轻人。

（二）个人语言使用情况，社区语言使用及适应情况

1. 个人语言文字使用情况

（1）语言使用情况

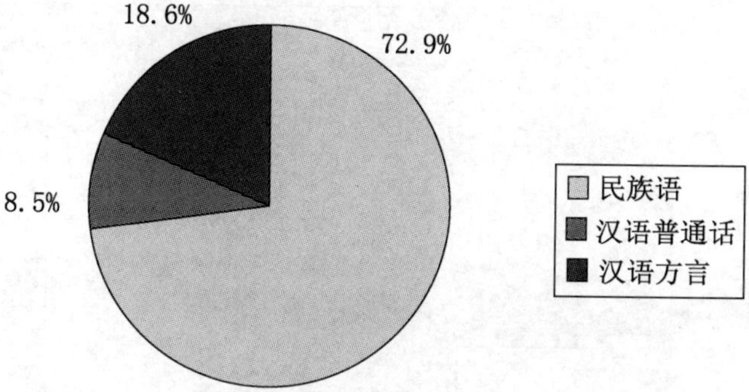

图2-5　被调查人最先学会的语言

如图2-6所示，被调查的工作人员中母语为民族语的人比例最高，占72.9%；其次是汉语方言，占18.6%，母语为汉语普通话的人最少，仅占8.5%。总体上看，调查对象的母语为民族语。

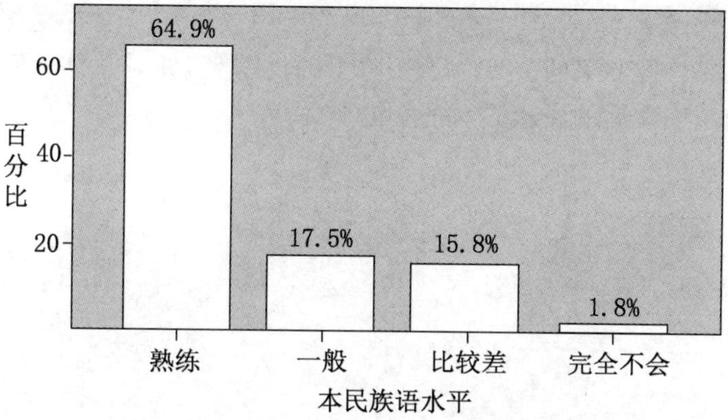

图2-6　被调查人的民族语水平

如图 2－6 所示，被调查人中能熟练掌握本民族语的占 64.9%，掌握水平一般的占 17.5%，掌握较差的占 15.8%，完全不会的占 1.8%。整体上看，调查对象的本民族语水平较为熟练。

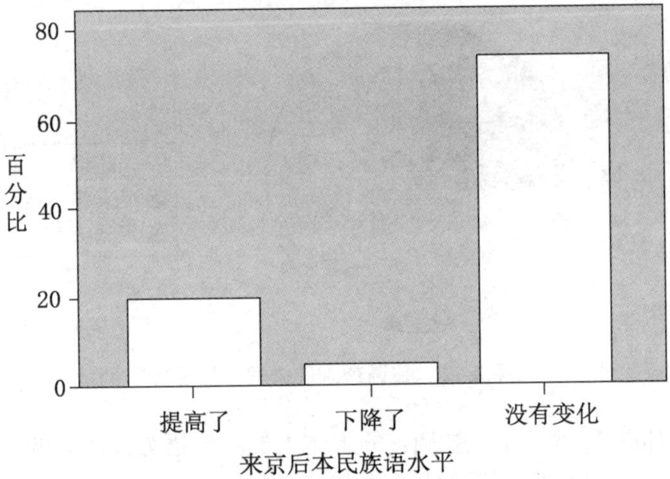

图 2－7 被调查者来京后民族语水平

如图 2－7 所示，被调查人来京后民族语水平没有变化的占 74.6%，提高了的占 20%，下降了的仅占 5.1%。总体上看，调查对象来京后的民族语水平变化不大。

（2）文字使用情况

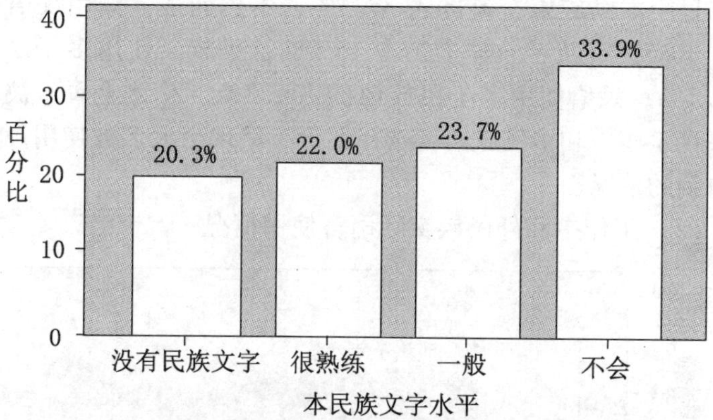

图 2-8 被调查者本民族文字水平

如图 2-8 所示，调查对象中，有两成人是没有本民族文字的；熟练掌握本民族文字的占 22%；掌握民族文字一般的占 23.7%；完全不会民族文字的占 33.9%。总体上看调查对象掌握民族文字水平较低。

2. 社区语言文字使用情况

（1）工作中和本民族语言使用情况

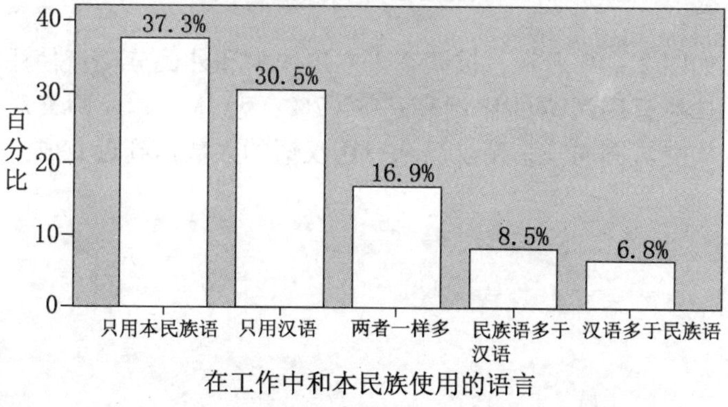

图 2-9 被调查人在工作中和本民族使用的语言

如图 2 -9 所示，被调查对象在工作中和本民族语言使用情况，只用本民族语交流的占 37.3%，不到四成；只用汉语交流的占 30.5%；两者一样多的占 16.9%；民族语使用多于汉语的占 8.5%；汉语使用多于民族语的占 6.8%。总体上看，被调查对象在工作中和本民族语言选择并没有呈现出大多数使用民族语一边倒的情况。

（2）工作中和外民族交际语言使用情况

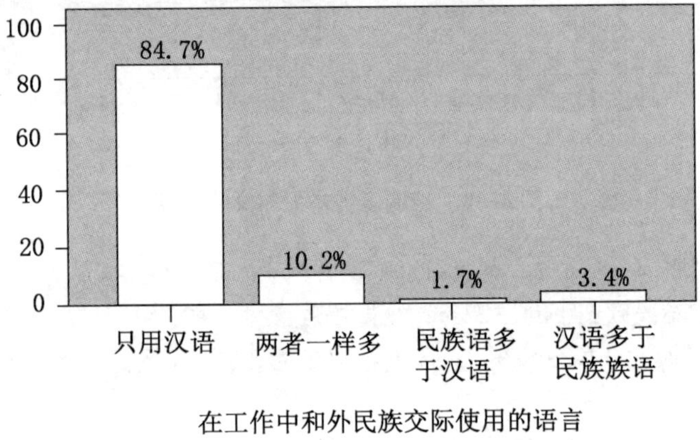

图 2 -10　被调查者在工作中和外民族使用的语言

如图 2 -10 所示，被调查人在工作中和外民族交流使用的语言，选择只用汉语的比例高达 84.7%。总体上看，调查对象和外民族交流倾向于多用汉语和只用汉语的人数达到近九成。

3. 来京后个人语言适应情况

（1）来京后听懂汉语的情况

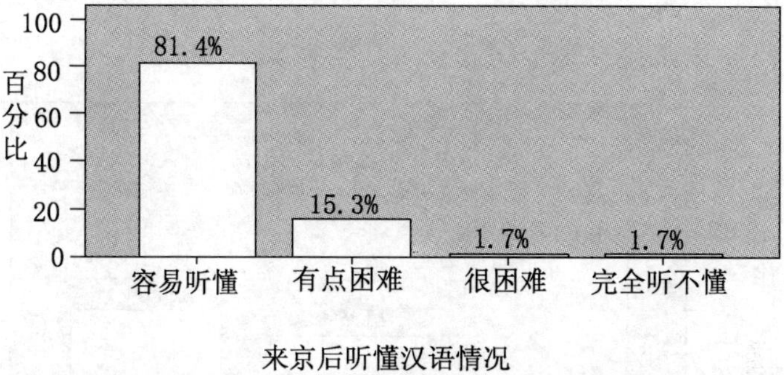

图 2－11　被调查者来京后听懂汉语情况

如图 2－11 所示，调查对象中来京后容易听懂普通话占 81.4%，听懂有点困难的占 15.3%，听懂很困难的和完全听不懂的各占 1.7%。总体上看，调查对象来京后还是容易听懂北京话的。

（2）来京后多久适应北京话

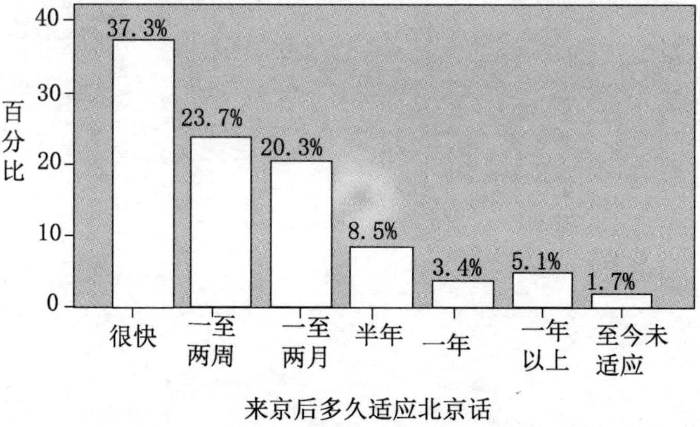

图 2－12　被调查者来京后适应北京话的时间

如图 2－12 所示，调查对象来京后适应北京话时间长短大部分分布在两月以内，总体上看，大部分调查对象来京后两个月内能适应北京话。

（3）未来是打算定居北京还是回家乡

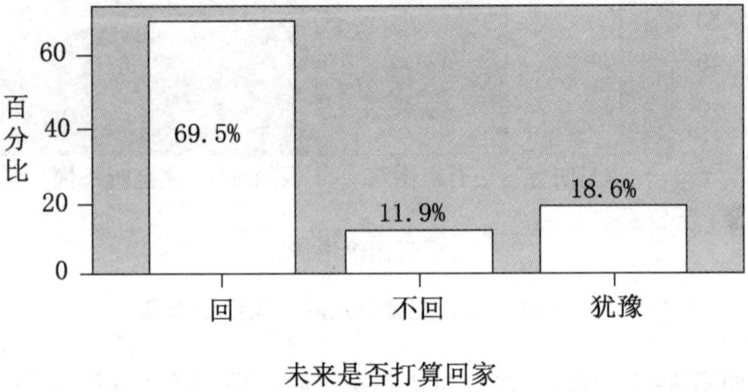

图 2－13　被调查人未来是否打算回家乡情况

如图 2－13 所示，调查对象对于未来是回家乡，还是留在北京，近七成选择回家乡，11.9% 选择不回留在北京，18.6% 则犹豫未定。

（三）语言态度等相关情况

1. 对民族语的亲切度

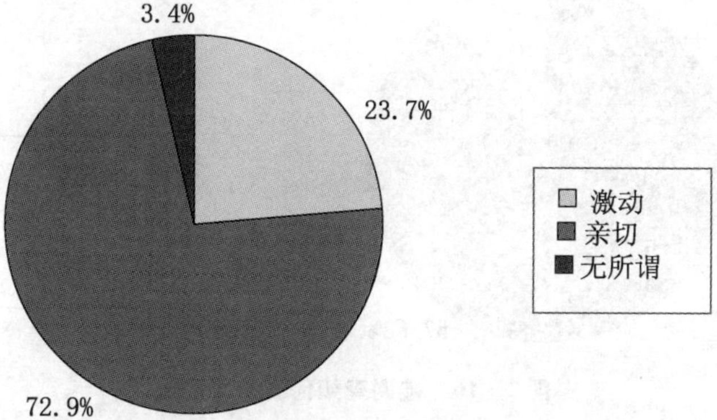

图 2－14　被调查人对本民族语的亲切程度

如图 2－14 所示，调查对象中有七成多对本民族语亲切，两成多对本民族语激动，仅有 3.4% 的对本民族语表示无所谓。整体而言，调查对象对本民族语是非常热爱的。

2. 是否希望成为双语（多语人）；如何看待双语人

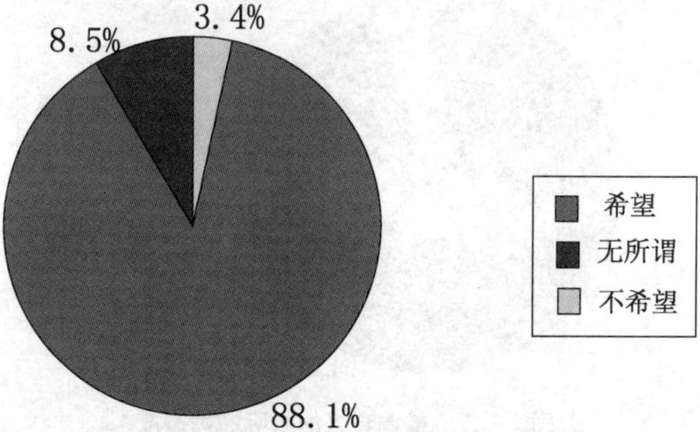

图 2－15　被调查者是否希望成为双语人

如图 2 – 16 所示，调查对象近九成人是希望成为双语人的（兼通民族语和汉语），极少部分人对此无所谓或不希望。

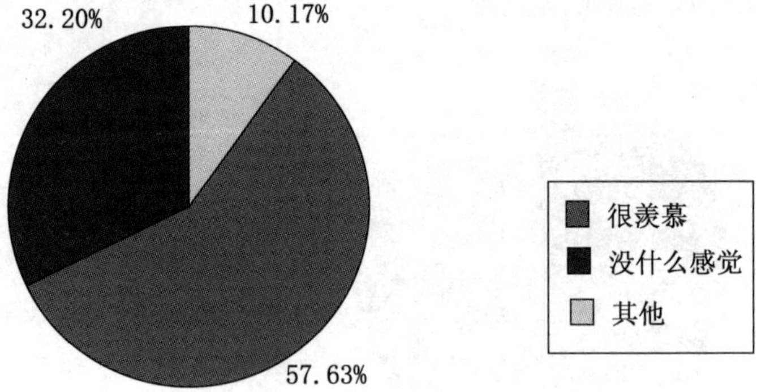

图 2 – 16　被调查如何看待双语人

如图 2 – 16 所示，调查对象就如何看待双语人，近六成的调查对象对此表示羡慕，三成多对成为双语人没什么感觉，另有一成人没有明显态度趋向。

3. 对族际婚姻态度情况

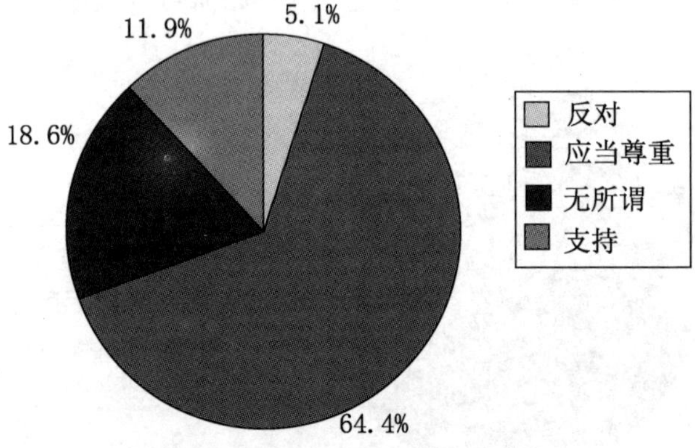

图 2 – 17　被调查人的族际通婚态度

如图2－17所示，调查对象对族际通婚持反对意见仅占5.1%；表示支持的占11.9%；对此无所谓的占18.6%；对此表示应当尊重的占64.4%。总体上看，调查对象对族际通婚的态度较为尊重族人的个人意愿，是比较开放自由的。

三、讨　论

1. 本课题主要以北京中华民族园内各民族村寨的工作人员群体所形成的语言社区为调查对象，这些工作人员全部是当地土生土长的少数民族居民，从各自的家乡来京，在民族园内从事为游客表演民族舞蹈，解说民族习俗的工作。本调查基本反映了中华民族园内工作人员的语言使用和语言态度基本情况。

2. 总体上，本次调查问卷涉及了不同学历，不同层次，不同年龄段的少数民族群体。被调查人的个体以双语人居多，其中工作语言以民族语和汉语为主，内部口语环境主要为民族语。此类人群母语保持的原因主要由于自身土生土长的环境，语言环境充分，工作中在本民族村寨和同事交流仍用民族语，一定程度上，保证了良好的母语环境。

3. 根据问卷调查对象的基本情况，可以看出会民族语的调查对象主要处于两种不同的语言环境之中，即社会语言环境和单位社区语言环境。所谓社会语言环境，在存在一种或多种统一的交际语言的社会范围内，使用的主要交际语言形成的语言环境。以我国为例，就全国来看，是一个以汉语（包括普通话和方言）为主要交际语言的社会语言环境。社区语言环境指由于某些原因部分社会个体在一定范围内形成了具有一定群体语言或言语特征的环境。此次调查对象中的大部分人在工作中和本民族，及对外民族游客形成一定的社区语言特征。

先分析社会语言环境中被调查者的语言使用情况。北京地区的主要交际语是汉语普通话，因此中华民族园所处的社会语言环境是以汉语普通话为主的。受此影响，调查对象的汉语普通话虽然会带有一定的群体特征，但均能熟练或较为熟练地使用汉语普通话。调查对象的普通话中体现的群体特征是指由于受其母语语音系统或少数民族所处地区汉语方言语音系统的影响。

根据此次调查数据，16 到 30 岁之间的年轻人占调查对象的大多数，占 76.3%，并且大部分都是个人离家来京在中华民族园工作，其他家庭成员仍留在家乡，并非北京本地的少数民族。对大多数调查对象来说，汉语主要是作为第二语言习得的。从图 2-5 中 72.9% 的调查对象最先掌握的语言是民族语，其次是汉语方言，占 18.6%，母语为汉语普通话的人最少，仅占 8.5%。

由于大部分调查对象年龄相仿，所处的时代背景一致，因此个人心态，对本民族和外民族的语言文字使用和态度呈现出一定的共性。具体而言可以从以下不同角度深入探讨：

从调查对象最先学会的语言、本民族语言和文字水平以及来京后的民族语水平角度，结合数据讨论个人语言使用情况。首先，对比图 2-5 调查对象最先掌握的语言和图 2-6 调查对象的民族语水平的数据可以看出二者总体上是一致的，具体说来，调查对象中掌握民族语水平熟练的占 64.9%，掌握水平一般的占 17.5%，二者之和 82.4% 略多于调查对象中母语为民族语的比例 72.9%。说明少部分母语为民族语的调查对象有母语弱化的趋势，由熟练转化为一般。分析其原因，这部分民族语弱化的调查对象应该是样本中受教育程度较高的组成部分，虽然如图 2-3 所示，整体上看，被调查人群文化程度偏低，具体分布：近五成是初中水平；高中水平的占 27.1%；大专及以上的水平 15.3%，但由于我国主要社会语言环境是汉语（包括普通话和方言），随着学习阶段提升普及文化知识选择的语言倾向于双语或只用汉语。在这种背景下，受教育程度较高的调查对象民族语由于求学过程中民族语没有之前使用频繁，难免呈现出弱化的趋势。再看图2－8中，调查对象中，有两成人是没有本民族文字的，熟练掌握本民族文字的也只有两成多；总体上看掌握了本民族文字的人占了45.7%，不及一半，而不会本民族文字的人占了33.9%。可以推算，中华民族园内工作人员中，在有本民族文字的人群里，文字普及率约为57%，相对汉族人的文字普及率而言是较低的。然后将图2－8中得出的结论与图2－6调查对象的民族语水平对比可以看出民族文字的掌握水平低于民族语掌握水平。就这一现象可以推断：这部分调查对象虽然说的是民族语，可能是样本中文化程度较低的或最先接触的文字是汉字的人群，导致只会说民族语不会写民族文字。最后看图2－7中被调查人来京后民族语水平变化情况，没有变化的占74.6%，提高了的占20%，下降了的仅占5.1%。说明民族园内工作人员可能由于和本民族人在一个民族村寨接触较多，用民族语交流机会多，为了更好地展示本民族风俗，甚至强化了对本民族语的表达，导致部分民族园内工作人员民族语水平有一定的提升。总体上看，调查对象来京后的民族语水平变化不大。

综上所述，中华民族园内的个人语言使用呈现出为以民族语为母语，掌握较为熟练，但民族文字普及率相对汉字普及率而言不高，来京后民族语水平变化不明显等特征。

从调查对象工作中同本民族、外民族交流语言选择情况角度，分析讨论社区工作语言使用情况；

先看图2－9，调查对象里倾向于只用或多用民族语的共有45.8%，倾向于只用或多用汉语共有38.5%，因此可以看出调查对象在工作中和本民族交流语言选择并没有呈现出大部分使用民族语一边倒的情况。再看图2－10，调查对象在工作中和外民族交流使用的语言，选择只用汉语的比例高达 84.7%。总体上看，和外民族交流倾向于多用汉语和只用汉语的人数达到近九成之多。故而推知在中华民族园内，调查对象和非本民族人都倾向于把汉语当做族际交流的语言，和其他少数民族、汉族进行交流。说明在中华民族园内形成了一个以汉语为强势的族际交流语言的包围圈，各个民族内成员选择使用自己的民族语互相交流。

从来京后听懂北京话情况、适应北京话的时间、未来是否打算回家等角度讨论个人语言适应情况；

先看图 2 – 11，调查对象中来京后容易听懂北京话情况占八成多，从该图中可以看出调查对象来京后还是容易听懂北京话的。具体看来由于我国主要社会语言环境是现代汉语（普通话和方言），而普通话正是以北京话为标准音的，故而北京话是方言里与普通话最接近的，与书面语最贴合的。凡是有一定的当地汉语方言基础和汉字基础的少数民族对听懂北京话都会相对容易。再看图 2 – 12，调查对象来京后适应北京话时间长短情况，八成以上的调查对象分布在两月以内，结合图 2 – 11 看，数据显示情况还是相对一致的，虽然北京话相对容易懂，适应时间大部分在两个月内，但具体时间长短上还是有一定区分度的。

最后看图 2 – 13，调查对象对于未来是回家乡，还是留在北京，近七成选择回家乡，11.9% 选择不回留在北京，18.6% 则犹豫未定。这一情况不光考虑到调查对象对北京话、北京生活、北京文化习俗等方方面面的适应性，更多要从其家庭成员所在地及其日后迁居意愿等因素考虑，而且大多数少数民族都是呈聚居状态，常年有自己语言文化习俗和生活环境。对于未来居住和工作地的选择，语言的适应只能作为其中一个影响因素。

从调查对象对本民族语的亲切程度、是否希望成为双语人、如何看待双语人以及族际通婚态度角度探求调查对象的语言态度。

先看图 2 – 14，调查对象中有七成多对本民族语感到亲切，两成多对本民族语感到激动，仅有 3.4% 的对本民族语表示无所谓。显然，总体上调查对象对本民族语是非常热爱的。结合调查过程中进行的简短访谈内容，民族语掌握熟练的调查对象会对自己的母语有强烈认同感和归属感，为游客讲解起来也非常地热情和自信，也很擅长展示本民族的舞蹈，日常生活文化习俗。部分民族语较差或者完全不会民族语的调查对象也会尝试着用汉语为游客展示本民族的文化历史及其现状，让大家尽可能多加深对本民族的了解和印象。而且不会民族语的调查对象对于未来是否愿意学习本民族语，态度也是非常积极，并表示民族语会加深他们的民族认同感。再看图 2 – 15 和图 2 – 16，调查对象近九成人是希望成为双语人的（兼通民族语和汉语），极少部分人对此无所谓或不希望；调查对象就如何看待双语人，近六成的调查对象对此表示羡慕，三成多对此没什么感觉。从这两项调查数据来看，绝大多数调查对象都希望成为双语人，在看待成为双语人方面也有相当一部分人对此并没有特别的感觉，因此可以理解为作为少数民族，成为一个双语人已经是自然而然的行为，因为大部分少数民族一旦走出本民族聚居区域，进行其他生产或其他买卖交易活动，自然会习得其他民族的语言成为双语甚至多语人。而汉语作为人口最多、经济最发达、生活水平较高的群体使用的语言在各民族谋求生存发展中频繁接触，自然会被吸收、掌握。故而在看待双语人态度方面，更多地认定成为双语人是一个趋势。在调查过程中，调查对象只有部分不会本民族语的的，很少有完全不会汉语的，大多数都是民汉兼通的双语人。最后看图 2 – 17，调查对象对族际通婚持反对意见仅占 5.1%；表示支持的占 11.9%；对此无所谓的占 18.6%；对此表示应当尊重的占 64.4%。总体上看，调查对象对族际通婚的态度是较为尊重族人个人意愿的。对于这一现象，可以从两方面探讨：一方面是随着社会的发展，受经济、政治和文化的影响，民族间的融合加深，对彼此的文化习俗也更为包容，语言方面也因接触频繁更加沟通更加顺畅，因此对于族际婚姻相对而言没有以前保守；另一方面由于样本的主要特征是年轻化，乐于接受新鲜事物，自由婚姻的观念也是非常认同，更注重结婚对象的人品，彼此是否有共同的价值观和生活理念。

四、结　语

此次调查的北京中华民族园内少数民族语言适应情况主要是社会语言环境、社区语言环境共同作用的结果。根据以上调查数据分析，综上所述，由于调查对象有着较好的母语基础和深厚的民族情感，而且较为年轻化，故而调查对象呈现出对本民族语言、传统的热爱和强烈的民族认同感；同时，又容易接受和适应外民族的语言、传统和新鲜事物，族际通婚态度较为开放这一复杂现象。透过现象看本质，运用浑沌学理论分析，语言适应状态呈现出的非线性、自适应性、复杂性等特点。

北京中华民族园羌族语言适应个案分析

唐鸿妍

一、概　述

（一）调查对象简介

羌族是一个具有悠久历史的民族，在3000多年前的殷代就有关于羌族的记载，他们自称尔玛、尔麦，有“本地人”之意。现今的羌族只是古羌族的一个分支，主要分布在中国四川省阿坝藏族羌族自治州、甘孜藏族自治州、绵阳地区、云南省的文山州，甘肃省的岩昌县等地。本文的调查对象为北京中华民族园内的羌族，他们大多来自阿坝藏族羌族自治州。羌族作为一个古老的民族，有自己的语言即羌语，但并没有与羌语相对应的文字。语言文字是传承民族文化的重要载体，一个民族有语言却缺乏文字，会很难记录他们的历史文化，语言变化情况也会与有文字的少数民族语言的变化情况有所不同。并且，羌族与藏族、回族和彝族有杂居的现象，语言使用变得更加多元化。

（二）调查方法

本项调查主要采用了被调查者自填问卷为主，兼以深度专访的方法。为力求客观反映北京少数民族流动人口的语言使用情况，在依据调查材料为基础之上进行表格统计，并采取文献查证和文化阐释的方法进行分析。

（三）本论题研究的价值

北京这个兼容并包的城市，一直都居住着各地的少数民族，在北京这个大环境下生活着的少数民族与本民族交往的机会并不多，但在中华民族园内的少数民族的语言使用情况与之不同，调查数据显示民族园内的少数民族对语言资料的使用更加多变，他们与本民族和外民族的交流机会相对均衡。羌族却在这种相对均衡中显出了特别之处，他们的语言使用情况更为多变。本文立足浑沌学理论探究羌语多元化的成因。

二、调查样本数据统计

（一）调查样本构成情况

调查问卷分布情况

由于在京少数民族流动人口分布不均，无法对全北京市少数民族流动人口准确数据进行统计，本次调查发放问卷主要在中华民族园内对各少数民族进行调查专访。通过对中华民族园羌族地区人员的调查进行数据分析，并同总体数据进行对比，可以在一定程度上反映出民族园内作为流动人口的羌族人使用多语交际的情况及其成因。本次在民族园共调查了十五个民族，共59份问卷，其中羌族问卷为9份，男性2份，女性7份。

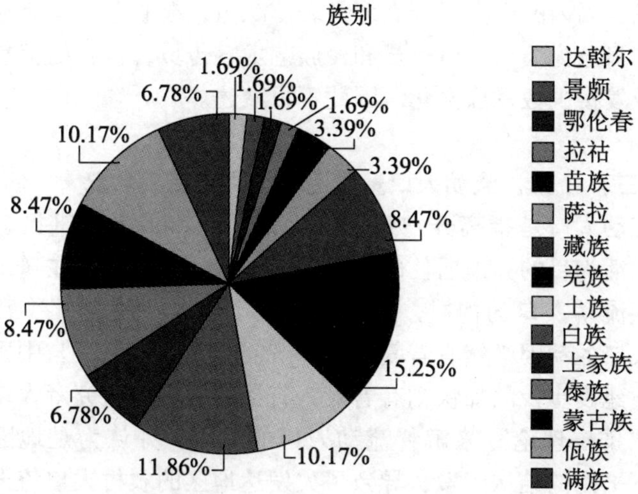

（二）调查对象的基本特征

性别和年龄及文化程度

	调查总体	羌族
性别	男 44%　女 56%	男 22%　女 78%
年龄	16－30 岁：76%　46－60：10% 31－45 岁：10%　60 以上：4%	16－30 岁：67% 31－45 岁：33%
婚姻	已婚：22%　未婚：78%	已婚：33%　未婚：67%
文化程度	小学：9%　初中：49% 高中：27%　大专及以上：15%	初中：89% 大专及以上：11%

根据表中数据显示，民族园内被调查者女性比例略大于男性，而羌族据点的男女比例相差较大，羌族男性比例未达到民族园内调查总体男性比例的均值。所调查的年龄层，不论是民族园总体还是羌族点都是以 16—30 岁之间为主，未婚人数也远大于已婚人数。被调查者的文化程度大多集中为初中学历。

民族园内的少数民族大多是表演队伍，在职业上没有显著性差异，只分为演员、讲解员和民族艺术宣传员，其目的都是为了宣传及发扬少数民族文化。因此不再赘述。

（三）个人，流动人口聚居区语言文字使用状况

流动人口是指离开户籍所在地的县、市或者市辖区，以工作、生活为目的异地居住的成年育龄人员。拉毛才让在《试论少数民族流动人口的构成、分布特点及动因》中提到“少数民族流动人口的动因必然有着复杂的经济文化因素，但是与中国目前现代化建设步伐的加快则有着最为直接的联系。研究者大多应用的是“推拉理论”来解释流动人口的动因，并认为是地区经济发展不平衡的结构因素，导致了欠发达地区的农村人口流向发达地区和城市。具体到特定的民族和特定的个体流动的动因可能更为复杂并具有个人生活特色。”少数民族流动人口的迁移受到经济因素的制约。由于地区经济发展不平衡，人们更倾向于向发达或较发达的地区流动，在那里少数民族可以获得较高的收入。

少数民族的流动人口占总流动人口的很大比例，不同少数民族的流动人口所用语言也各不相同。因此对少数民族流动人口的语言使用情况进行调查是十分必要的。

1. 个人语言使用状况

（1）本民族语水平

语言使用情况	调查总体	羌族
来京前民族语水平	熟练：65%　一般：17% 比较差：16　完全不会 2%	熟练：44%　一般：56%
来京后民族语水平	提高：20%　降低：5% 没变化 75%	提高：44%　降低 12% 没变化 44%

羌族本民族语使用水平，有 56% 的被调查者选择“说的一

般”，有44%的人选择民族语“说的很熟练”。与整个民族的情况相比，属于民族语保持情况持中等水平。民族园中有65%的少数民族选择民族语“运用熟练”，17%的人选择民族语“说的一般”，选择“比较差”的人有16%，“完全不会”民族语的人只有2%。虽然羌族没有人选择民族语运用的比较差和完全不会的，但是与选择运用民族语熟练的人数相比选择运用一般的人数更多。

需要特别说明的是，总体调查问卷中，有四份问卷是对满族人的调查，满语作为一种死语言只有文字，所以满族的民族语水平的改变情况为“无变化”。

（2）在工作中语言使用情况

语言使用情况	调查总体	羌族
工作中与本民族使用的语言	只用本民族语：37% 只用汉语：31% 两者都用：17% 民族语多于汉语：8% 汉语多于民族语：7%	只用本民族语：22% 只用汉语：33% 两者都用：12% 民族语多于汉语：0% 汉语多于民族语：33%
工作中与外民族使用的语言	只用本民族语：0% 只用汉语：87% 两者都用：10% 民族语多于汉语：2% 汉语多于民族语：3%	只用本民族语：0% 只用汉语：78% 两者都用：11% 民族语多于汉语：0% 汉语多于民族语：11%

民族园内的少数民族在工作中使用的语言分为两类，一类为与本民族交流时使用语言。与总体数据相比，羌族人只使用民族语人数相对较低，且没有使用民族语多于汉语的情况，总体数据中则有8%的人与本民族交流时用民族语多于用汉语。在此类中，羌族在工作中与本民族交流时使用汉语多于民族语的情况所占比例远高于总体数据。另一类为与外民族交流时使用语言。从上表中显示，不论总体数据还是羌族数据，工作中与外民族交流

时使用的语言均没有本民族语。除羌族使用汉语多于民族语一项数据大于总体数据外，其他三项比例均互相接近。

2. 流动人口居住区语言使用状况

语言使用情况	调查总体	羌族
居住区与本民族使用的语言	只用本民族语：39% 只用汉语：25% 两者都用：17% 民族语多于汉语：12% 汉语多于民族语：7%	只用本民族语：22% 只用汉语：11% 两者都用：22% 民族语多于汉语：11% 汉语多于民族语：34%
居住区与外民族使用的语言	只用本民族语：2% 只用汉语：86% 两者都用：3% 民族语多于汉语：0% 汉语多于民族语：9%	只用本民族语：0% 只用汉语：56% 两者都用：11% 民族语多于汉语：0% 汉语多于民族语：33%

在居住区少数民族使用的语言情况分为两类。第一类，与本民族交流使用语言情况。调查数据显示，调查总体在居住区只使用本民族语为交际用语的人数最多，而羌族只用本民族语的人数比例比总体数据低 17%，未达到总体数据均值。羌族在交际时民汉语通用，且汉语使用频率多于民族语，与总体数据相比差距较大。第二类，与外民族交际时语言使用情况。不论总体数据还是羌族数据，在交际中均没有民族语多于汉语的情况。在与外民族交流时，大部分的少数民族均选用只用汉语与外民族交流。

需要说明的是，问卷选项并未标出在与本民族人交流时会用方言，但民族园内的羌族提出了这项问题。他们在与四川人或与会四川方言的人交流时使用四川方言。

3. 语言态度

语言态度	调查总体	羌族
在京使用多种语言	很好，很适应现在社会发展：76% 没什么感觉：12% 其他：12%	很好，很适应现在社会发展：78% 没什么感觉：0% 其他：22%
是否希望成为双语人	希望：88% 无所谓：9% 不希望：3%	希望：89% 无所谓：11% 不希望：0%
如何看待双语人	很羡慕：58% 没什么感觉：32% 其他：10%	很羡慕：78% 没什么感觉：11% 其他：11%

对民族园内语言使用态度进行调查分为三项。第一项，对在京使用多种语言的人的态度。调查总体和羌族均显示出，在京使用多种语言这一现象很适应现在社会发展。第二项，是否希望成为双语人。总体数据和羌族数据均显示出希望自己成为双语人的比例远大于持无所谓态度的人，且羌族没有人不希望成为双语人。第三项，如何看待双语人。总体数据和羌族数据显示，多数人羡慕可以使用双语的人，只有少部分人选择没有什么感觉。

三、讨　论

（一）数据分析

年轻化，学历低是现在少数民族流动人口的一个显著特点，究其原因有三点，第一点，少数民族地区的教育水平与城市相比较为落后；第二点，青壮年的少数民族希望在年轻时可以见识更广阔的世界；第三点，调查对象多为演员，这个职业对年龄要求的限制使民族园内少数民族年龄分布呈年轻化趋势。民族园是一个颇具特点的调查点，在民族园内工作的少数民族大多是少数民族地区的演艺团队，来京进行民族文化宣传。

据调查数据，羌族的本民族语保持水平为中等。尽管没有完全不会民族语的情况，但是来京后，经过长时间的语言接触造成民族语水平下降的人数还是占据了一定的比例，高于总体数据的比例。造成羌族民族语下降的原因，首先是自身民族语水平和普通话水平相差不大，来到北京后受到普通话这个大语言环境的影响，运用普通话的机会要多于民族语，自身也更偏向于使用普通话。其次，在工作中由于外族人听不懂本民族的语言和自身想要提高汉语水平，少数民族工作人员没有选择用民族语与外族人交流。再次，在居住区中，羌族用汉语交流的情况比民族园内其他民族用汉语交流的情况要多。不仅说明了羌族的语言适应能力强，还说明了羌族有着开放的语言态度，让他们可以接纳并吸收不同于自己的语言，顺应时代发展潮流。

少数民族在语言使用上的语言态度，不管是民族园内的总体数据还是羌族点的数据都显示出使用双语和多语是适应现代社会的发展趋势，多数人希望自己可以成为双语人，而选择对双语现象没有什么感觉的人，主要有两个原因。第一个原因是自己本身是双语人或者多语人，可以流利的使用本民族语、汉语或其他语言，对于使用双语、多语的现象已被认为理所应当，并不会觉得羡慕。第二个原因是与自己接触的人多为双语人或多语人，对于双语现象已经见怪不怪。在大部分羌族聚居地大多是多民族杂居，可以看到很多羌族人同时会说羌语、藏语、地方方言和普通话。

（二）羌族语言状况

语言接触会有四种结果，分别为浅层次的语言影响，较深层次的语言影响，深层次语言影响和语言混合。根据调查数据显示，民族园内不同少数民族相互接触，大多会造成前三种影响结果。经分析，造成的不同影响结果大致有四点原因。

1. 家庭成员语言复杂性

语言具有复杂性的特点，家庭成员的复杂性会导致语言的复杂性。由于家庭成员所操语言不同，会使其在交流时使用的语言产生变化。

少数民族方言，民族语和普通话三种语言相互接触会对说话人母语产生影响。家庭成员语言的复杂性会造成个人语言使用的复杂性。羌族调查点中，一名被调查者和她的丈夫虽然同为羌族人，但是被访者住在镇子中，但其丈夫住在山上的羌族村中，镇子上的羌语保持的没有羌族村寨中的羌语保持的好，因此，她与丈夫单独交流时使用的是四川方言。但是到丈夫家，由于夫家整个家族羌语保持得很好，所以在夫家与丈夫聊天时用羌语。但是被调查者说的羌语，夫家中其他人听起来会觉得发音有些奇怪。此例属于民族语和方言之间相互影响而造成的语音变化。同一个民族的人生活在村寨和生活在城镇使用的语言会产生差异。村寨所处地区较为偏远，流动人口十分有限，并多为从村寨向城镇流动，地区民族和民族成员较为单一，民族成员的单一性使民族语的保持更为稳定。两族通婚使各自民族语使用情况发生变化。在羌族据点，被调查者表示由于饮食习惯不同不愿与回族通婚外，对于与其他民族通婚持尊重的态度。家庭成员会有藏羌通婚和羌汉通婚的情况。这种通婚现象使家庭语言使用更为多元。

2. 人口流动频繁影响

人口流动频繁是造成语言使用复杂性的一个原因。民族语使用者会受到当地口音的影响造成语言使用上的变化。被调查人吴菊霞表示，由于四川内各地区的羌语有差异，所以在家乡以外的地方遇到羌族人会用四川方言来交流，但是在外地打工，居住在外地的时间久了，就会受到外地方言语音的影响。回老家后，遇到去不同地方打工的本族人，会有听不懂那个人羌语的情况。她还提到羌语的变化主要是在词汇上，语音声调的差别不大。

3. 教育因素影响

教育政策的制约。推广普通话政策的大力执行，对民族语的保持和发展是一项很严峻的挑战。在59名调查者中只有五人不是在汉语学校中从小学一、二年级学习普通话。尽管在民族语的大环境下成长，但是学校的教育为他们铺垫了良好的汉语基础，同时使各少数民族流动人员可以很快适应在不同城市生活。与此相对，普通话的普及使民族语的使用受到限制。社会环境对语言的习得有很大影响。不同的语言环境，语言习得状况也会不同。在对已婚羌族进行调查时，她向我们介绍了羌族孩子的语言使用情况，孩子在北京读书上学，一直学习的是汉语普通话，并不会说羌语，但是假期回家乡以后居住在羌族村寨的奶奶家中，接触到纯羌语的语言环境，很快的学会了羌语并流利的与家人交流。推广普通话政策是把双刃剑，可以引领羌族儿童走出去，但是对本民族的语言保持却存在着威胁。

4. 地理环境影响

本文所调查的人群主要分布在阿坝州藏族羌族自治州的茂县和松潘县。根据阿坝藏族羌族自治州所处地理位置的复杂性造成居住在哪里的羌族人的语言使用的复杂性。地处阿坝州的羌族大部分可以同时操羌语、四川话和藏语三种语言，一部分人的普通话也很熟练。调查问卷显示，多语的羌族人在与本族人和外族人交流的时候偶尔会增加一些新词汇，这些新词汇是由羌语翻译过去的，他们自己表示这种情况不能说明他们的语言发生了改变。

但笔者认为这恰恰说明羌语受到了外语言的影响。羌语翻译的新词汇本就属于一种语言变化，尤其受到电视、广播、手机互联网等传播媒介的影响，语言交流变得更加频繁，在交际过程中产生语言变化在所难免。在调查者中也有一人提出在说羌语时，有一时想不起如何用羌语表达的情况，在这种时候会用方言（四川话）代替。

语言具有自适应性，民族语与其他有别于自己的语言相接触时，尤其是长时间接触，民族语本身会借用借词来补充民族语，并在交际时运用，适应大语言环境。在被调查者的家乡很大一部分人会说藏语，多是因为与藏族人杂居有贸易往来，言语交际是族与族之间商业发展的必要条件，因此在与藏族交际时羌族会使用藏语或是羌语中带有藏语借词。羌语并没有记录自己语言的文字，虽然羌族在近代也创制了自己的文字，但是并未推广开来，与有自己文字的少数民族语言对比，更不容易保存并且更加容易受到其他语言的影响。

不同语言功能造成不同的语言选用结果。语言功能之间有博弈，是此消彼长的关系，在语言功能进行竞争的环境下大环境是汉语，羌语这个语言集团是小环境。被调查者多数是汶川地震以后来京务工，并准备在京工作 1－3 年的时间。所调查的羌族人主要是居住在四川阿坝藏族羌族自治州，是旅游业发达的地区，由于受到汶川地震的影响，家乡的自然景观遭到破坏，旅游业急转直下，使羌族人的生活来源受到影响，部分羌族人选择来京务工，根据来京时间的久暂对他们的语言使用产生的影响不同。来京时间越长，语言的选用越偏向汉语。

（三）面临问题

羌族语言使用的多元化，使本民族语的保持和发展受到威胁。尽管羌族和民族园内其他少数民族，他们出于对自己民族的热爱，希望下一代可以学会本民族语，但是因为社会发展，民族语使用范围狭窄，普通话成为语言使用的主流这几个因素的影响，使他们不得不选择跟随时代的步伐前进，学习更为大众的普通话。这一现状令民族语的保持和发展受到严峻挑战，如何才能在顺应时代潮流的同时保护好民族语？让民族语永葆生命力成为了现今民族语发展的一项重要课题。这就要求民族语使用者既要开放的接受他种语言，也要以严谨的态度对待自己的民族语。

北京中华民族园白族、蒙古族语言适应个案分析

白阿茹娜

一、概　述

（一）调查对象简介

1. 北京市中华民族园

中华民族园坐落在北京亚运村西南，占地约40余公顷，是集中国少数民族的传统建筑、民俗风情、歌舞表演、工艺制作以及民族美食为一体的大型民族文化基地。园内建有36个民族村寨，分成南、北两园，均采用1∶1的比例，亭楼屋寨依山傍水错落有致，按少数民族风格，真实再现出各个民族的文化遗存。本次在综合调研的基础上选取了南园的白族和北园的蒙古族进行了个案分析。

2. 白族

白族是我国西南边疆的一个少数民族。自称“白子”、“白尼”等，为唐宋“白蛮”的后裔。主要分布在云南省大理白族自治州、丽江、碧江、保山、南华、元江、昆明、安宁等地。贵

州毕节、四川凉山、湖南桑植县等地亦有分布。[①] 2010 年第六次全国人口普查统计，白族人口数 193 万人，占全国人口的 0.145%。

白族所使用的白语，属汉藏语系藏缅语族，绝大部分白族人操本族语，通用汉语文。元明时使用过“僰文”（白文），即“汉字白读”，使用汉字书写。白族有自己的语言，无本民族文字，文学艺术形式非常的丰富多彩。

3. 蒙古族

蒙古族自称“蒙古”。“蒙古”这一名称较早记载于《旧唐书》和《契丹国志》，蒙语/mŋg + gal/的合音，其意为“永恒之火”，又称“马背民族”。蒙古族发祥于额尔古纳河流域，史称“蒙兀室韦”、“萌古”等。公元 840 年，回鹘汗国崩溃后，该部大部西迁，逐渐与留在蒙古高原的突厥语族后代融合。12 世纪时，这部分人繁衍、分布于今鄂嫩河、克鲁伦河、土拉河上游和肯特山以东一带，组成部落集团。当时，同在蒙古高原上的还有三个使用蒙古语言的部落和三个信奉景教的蒙古化的突厥部落。出现阶级分化后，蒙古贵族经过不断的权力之争，到 12 世纪，出现了包括蒙古的五大对抗集团。蒙古部族的首领铁木真统一蒙古诸部后，于 1206 年被推为蒙古大汗，号成吉思汗，建立蒙古汗国。[②] 从此，蒙古地区诸部逐渐融合为一个新的民族共同体——蒙古族。

全世界蒙古族人约为 1000 万人，中国的蒙古族人口为 598 万人，占全国人口的 0.45%（2010 年第六次人口普查），在中国少数民族人口中排名第六。主要分布在内蒙古自治区、东北三省、新疆、河北、青海，其余散布于河南、四川、贵州、北京和

---

① 丁石庆：《社区语言与家庭语言》，第 231 页，民族出版社，2007 年。
② 丁石庆：《社区语言与家庭语言》，第 65 页，民族出版社，2007 年。

云南等地。鄂温克族（30875 人，占比 0.0023%）和土族（289565 人，占比 0.0217%）有时也被认为是蒙古人的分支。

4. 克什克腾旗

中华民族园内的蒙古族主要是来自内蒙古克什克腾旗。“克什克腾”蒙语译为“亲兵卫队”，是世界地质公园的家，素有“物华天宝，人杰地灵”、“草原明珠”之誉的克什克腾旗位于赤峰市西北部，地处内蒙古高原与大兴安岭南端山地和燕山余脉七老图山的交汇地带，南北长 207 公里，东西宽 170 公里，总面积 20673 平方公里。那里蒙古风情比较浓郁，民族感情深厚，可以说是蒙古族的一个缩影。

（二）调查方法

此次调查采用实地调查和发放调查问卷，并由调查员询问被调查者情况，调查员如实填写问卷的方法。基于调查材料基础上的分析研究则主要采用表格统计、文献查证和文化阐释的方法。

二、调查数据统计

（一）调查样本构成情况

1. 调查问卷分布情况

此次调查中，在白族村寨发放问卷 7 份，回收问卷 7 份，回收率 100%，有效问卷 7 份。蒙古族问卷主要在克什克腾旗蒙古族部落，发放问卷 6 份，回收问卷 5 份，回收率 80%，有效问卷 5 份。

2. 调查对象的基本特征

（1）性别与年龄

被调查人性别

族别	性别	人数	百分比
白族	男	4	57.14%
白族	女	3	42.86%
蒙古族	男	3	60%
蒙古族	女	2	40%

被调查人年龄

族别	年龄	人数	百分比
白族	16－30岁	6	86%
白族	31－45岁	1	14%
蒙古族	16－30岁	5	100%
蒙古族	31－45岁	无	

总的来看，所调查对象，男性稍多于女性，男性人数是女性的1.4倍。从年龄看，年轻人占很大比例，基本上是20—30岁的青年。

（2）文化程度

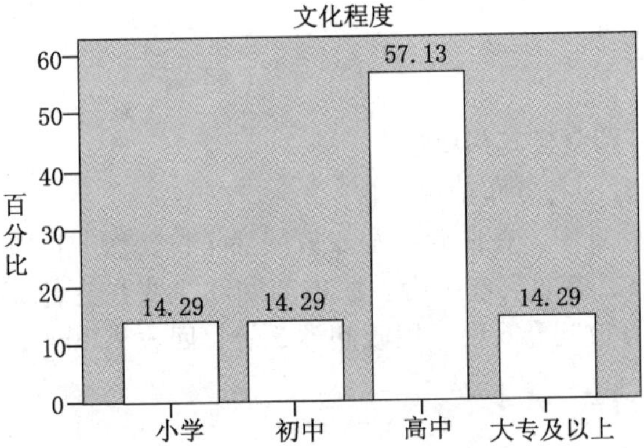

图1－1 白族被调查人文化程度

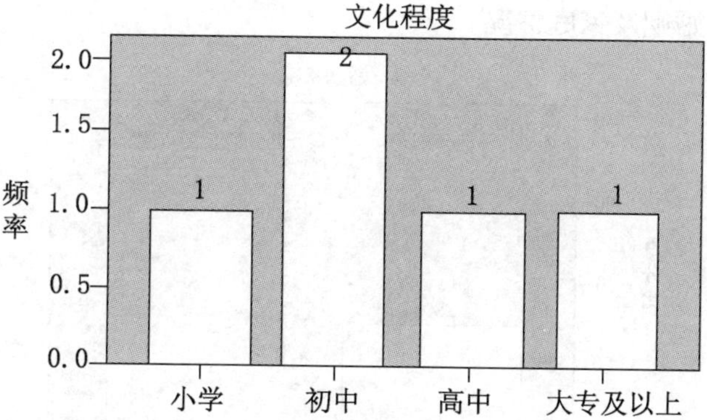

图 1－2 蒙古族调查人文化程度

图 1－1、1－2 所示，白族高中文化比例占了 57.13%，小学、初中和大专以上学历各占了 14.29%。蒙古族被调查的 5 人中，有 2 名是初中学历，小学、高中和大专及以上各有 1 名。总体来看，中华民族园内蒙古族、白族流动人口文化程度以中学为主，文化素质不是很高。

（3）职业

民族园内的各少数民族都从事着舞蹈演员、歌唱演员之类的工作。例如白族 40 岁的男性被调查者是导演，也是排练这些演员的职业。

3. 在京时间和在京原因

（1）被调查人在京居住时间

据调查，在中华民族园工作的大部分演员来京还不到 5 年，蒙古族的数据表明这些蒙古族演员来京都不到 5 年。而白族的数据表示白族被调查者在京居住时间还比较长，5 年之内的有 4 人，5 年至 10 年的有 2 人，其中有位 40 岁的导演来京已 30 余年，已经成了北京人。

（2）在京原因

这些少数民族工作者大都来自民族地区，甚至偏远山区，千里迢迢来到北京，为了寻求生计的同时也肩负着宣传和发扬民族文化的重任。

4. 婚姻及家庭情况

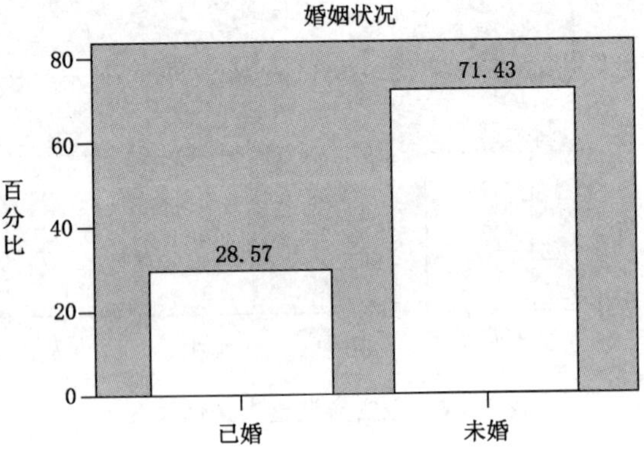

图 1－3　白族被调查人婚姻状况示意图

从图 1－3 数据看，被调查者大部分未婚，占总人数的 71.43%，而在有配偶并且填写配偶民族的 2 名白族中，配偶为本民族的一人，为汉族的一人。相对而言，蒙古族被调查者均为未婚者。不难看出年轻人是主体，人口流动性较强。

（二）个人和流动社区语言使用情况

1. 来京前语言使用情况

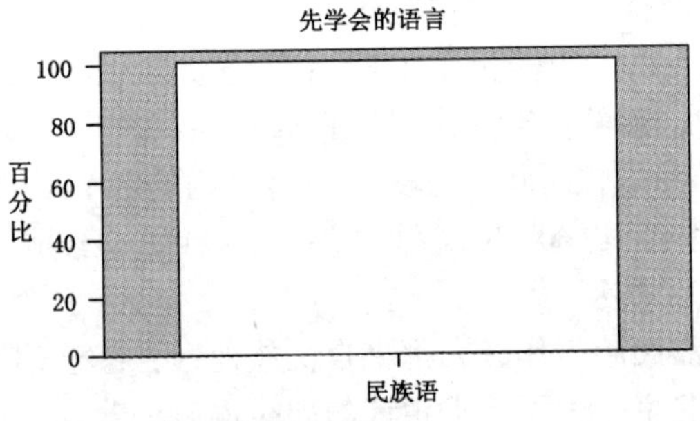

图 1－4　白族被调查人最先学会的语言

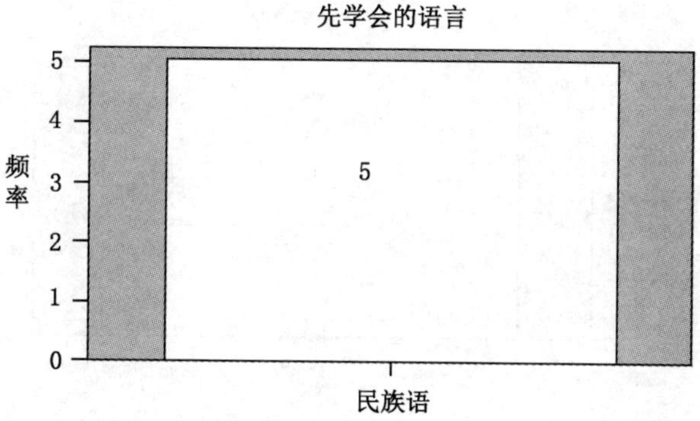

图 1-5　蒙古族被调查人最先学会的语言

总体来看，被调查者最先学会的语言均为本民族语，比例是100%，白族和蒙古族无一例外，汉语是其熟练使用的第二语言。这也表明，绝大多数学校中，汉语普及教育工作做得很好，充分显示了汉语交际环境对语言习得的影响。由此看来，调查对象属于典型的掌握双语的群体。调查者的民族文化背景和目前的工作性质决定了其使用双语的特点。

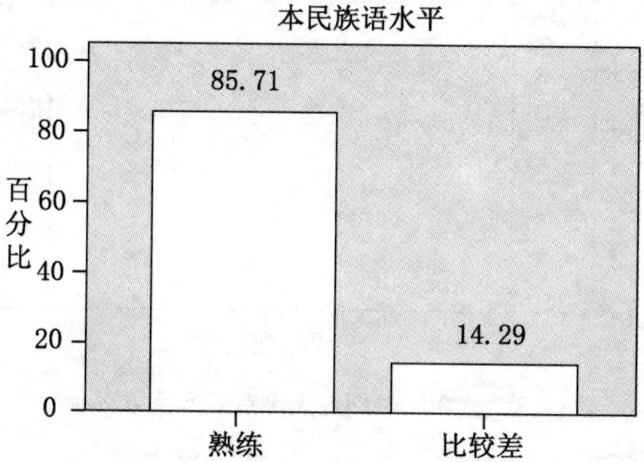

图 1-6　白族被调查者本民族语水平

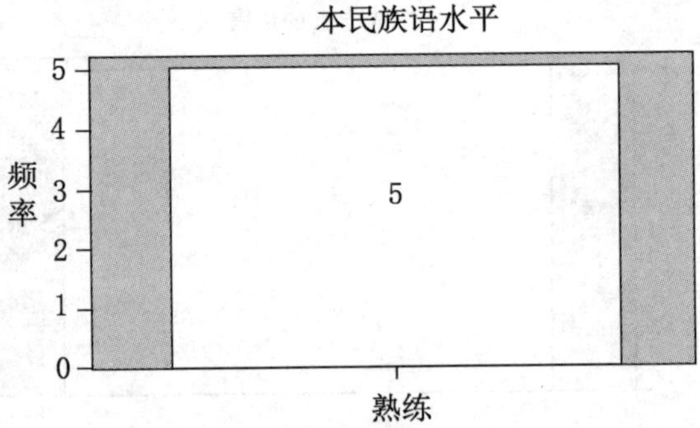

图 1－7 蒙古族被调查者本民族语水平

如上图所示，中华民族园内白族演员，熟练掌握民族语的占85.71%，比较差的占到了14.29%；而蒙古族被调查者的民族语水平较高，普遍熟练蒙古语，比例为100%。

2. 来京后语言使用情况

(1) 被调查人来京后本民族语水平

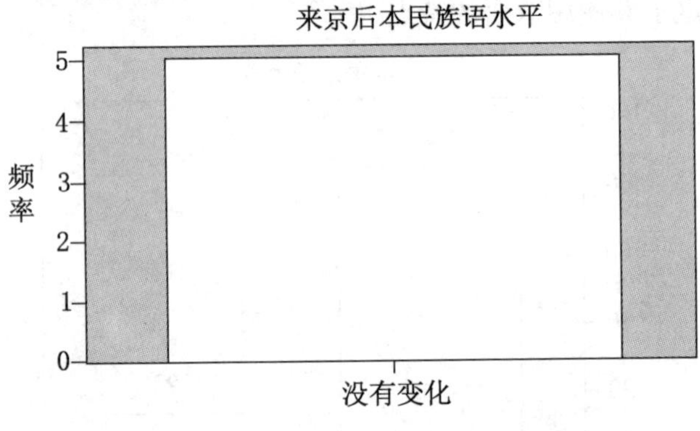

图 1－8 蒙古族被调查人来京后本民族语水平

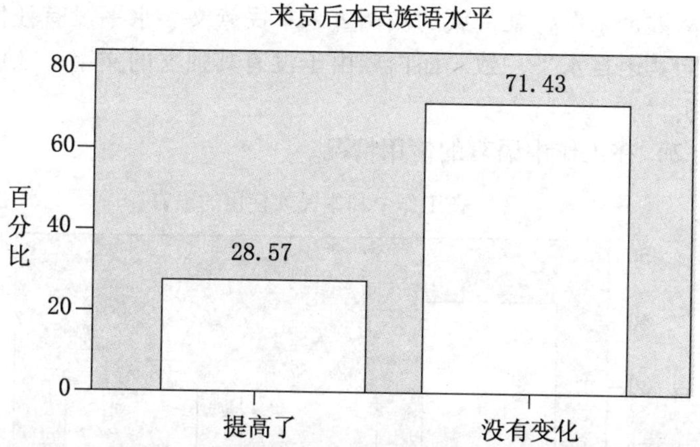

图1-9　白族被调查人来京后本民族语水平

从数据看，蒙古族被调查人的民族语水平没有变化。而白族被调查人的情况有所不同，认为提高的占了28.57%，认为没有变化的占了大部分，达到了71.43%。总体来看，没人认为民族语水平下降。这说明中华民族园内蒙古族和白族的民族语水平较高，它不会因地域、环境或时间的影响而在短期内有明显的退步。

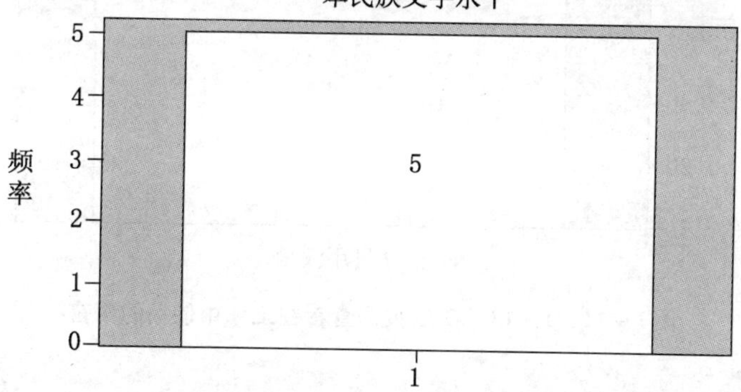

图1-10　蒙古族被调查者来京后的本民族文字水平

从数据来看，蒙古族的被调查者本民族文字水平没有任何变化，同其语言水平一致。而白族由于没有其独立的文字，在此未做分析。

（2）在工作中语言的使用情况

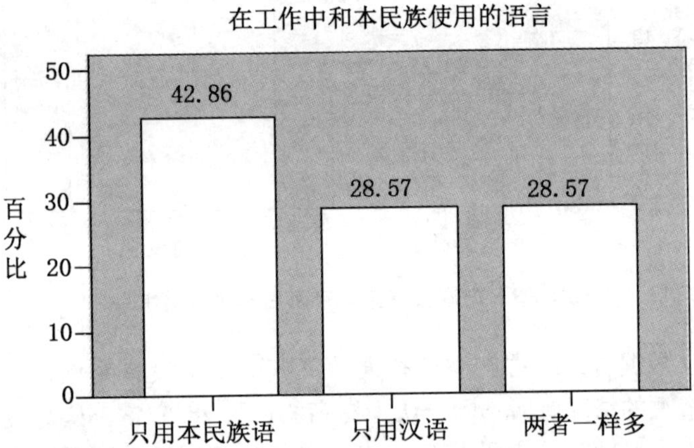

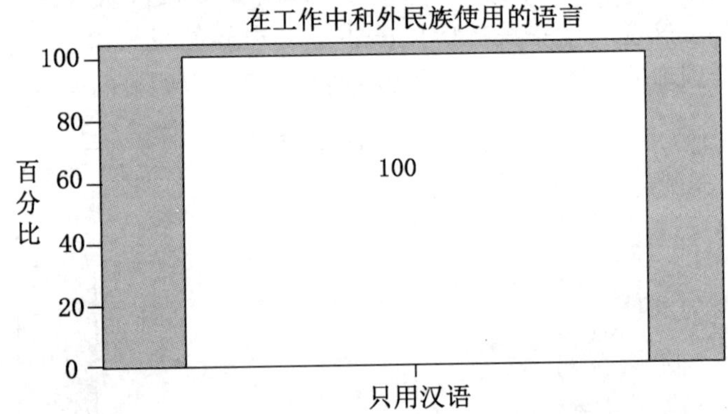

图1-11、1-12　白族被调查者在工作中使用的语言

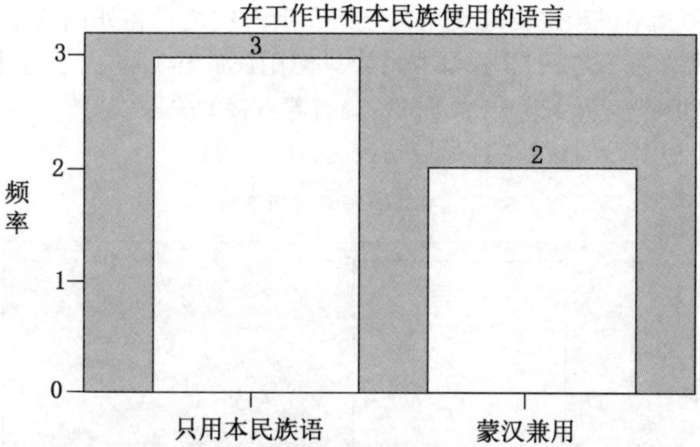

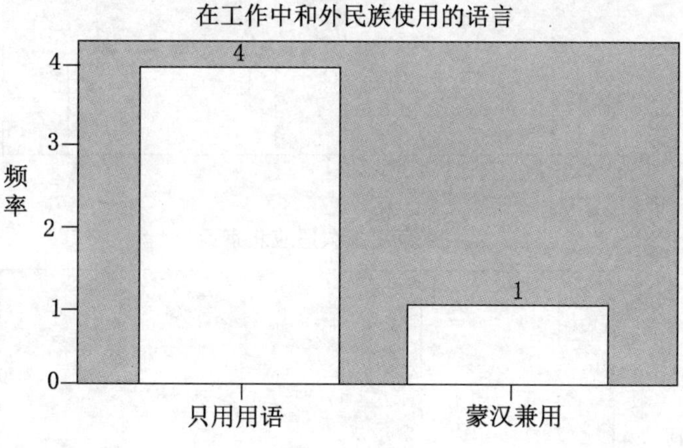

图 1-13、1-14 蒙古族被调查者在工作中使用的语言

如上图所示，在工作中，7 名白族被调查者在工作中与本族只用民族语的占了 42.86%，只用汉语的占 28.57%，两者兼用的占 28.57%；而和外民族均只使用汉语。在 5 名蒙古族被调查者中，和本族只用民族语的是 3 人，蒙汉兼用的是 2 人；和外民族只用汉语的是 4 人，蒙汉兼用的是 1 人。由此可以得知，白族和蒙古族在工作中和本民族主要是使用民族语，汉语次之；和外民族主要使用汉语。那么在工作中和本民族只使用民族语言的占了近半数，这也对其来京后民族语水平的提高有着直接的关系。

（3）流动社区语言适应情况

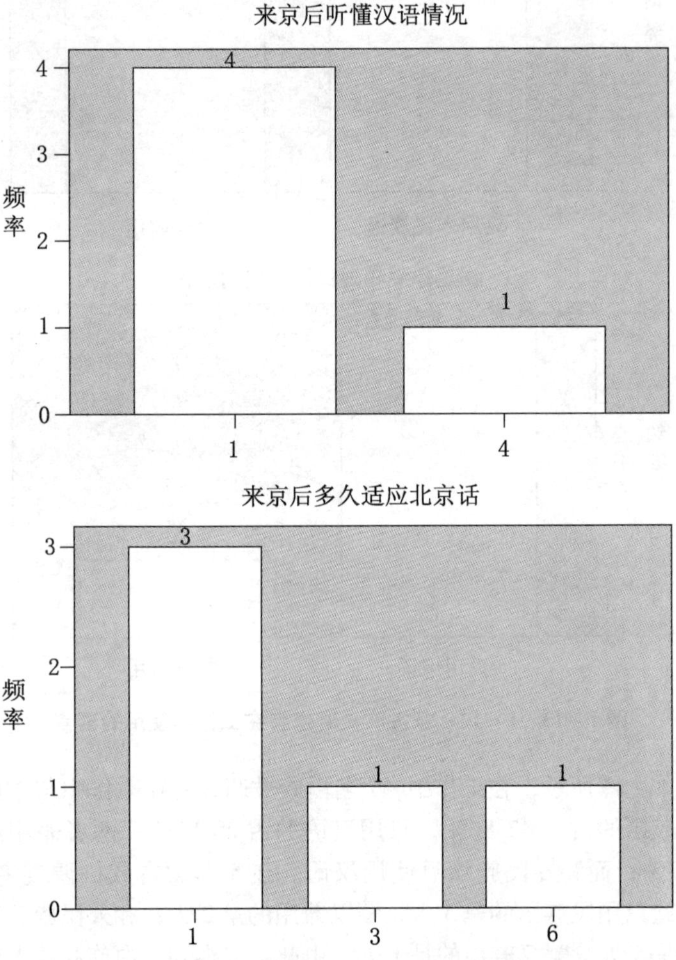

图 1－15、1－16　蒙古族被调查者语言适应情况

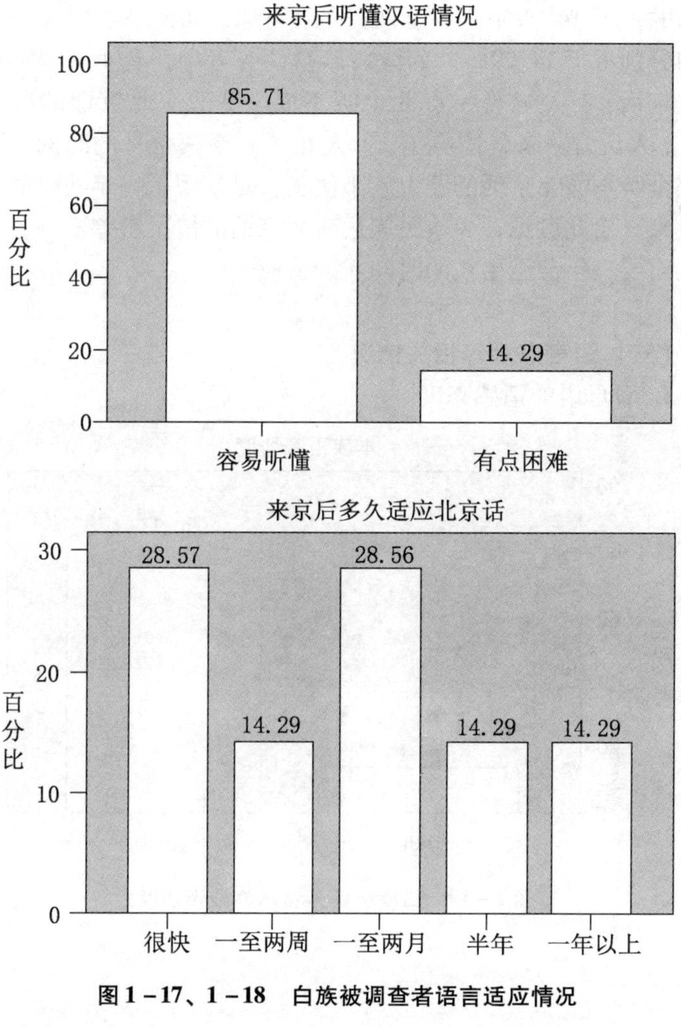

图 1-17、1-18 白族被调查者语言适应情况

从数据看，白族被调查者，很容易听懂北京话的占了85.71%，有点困难的占了14.29%，没有完全听不懂的现象。同样，其来京后适应北京话方面，很快适应的占了28.57%，一到两周的占了 14.29%。一至两月的占了 28.56%，半年及一年以上的分别占了 14.29%。而蒙古族被调查者中，有 4 人很容易听懂北京话，1 人觉得一点儿也听不懂。其适应北京话的时间方面，3 人认为一来就适应了，1 人花了一至两个月的时间。而那个完全听不懂北京话的蒙古族小伙子，足足用了一年的时间才适应过来。由此可见，少数民族适应北京话的情况参差不齐，个别的人需要一年甚至更长的时间才能适应过来。

（三）语言态度等相关情况

1. 对母语的情感态度

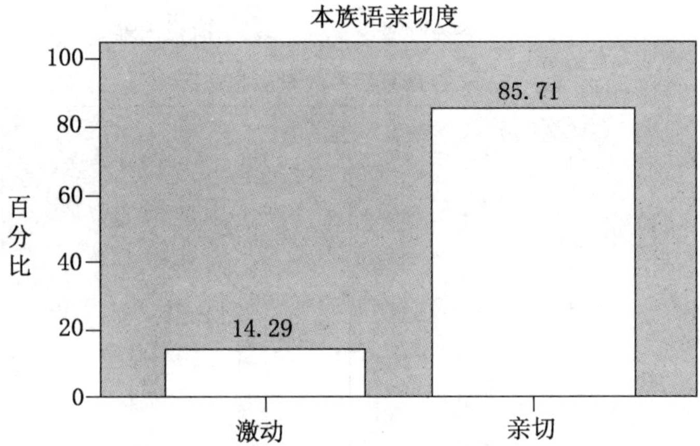

图 1－19　白族被调查者本族语亲切度

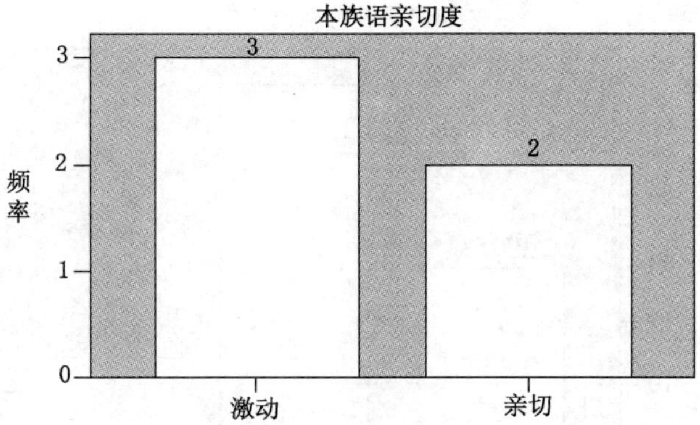

图 1－20　蒙古族被调查者本族语亲切度

如图 1－19、1－20 所示，中华民族园内白族被调查者中，只有 14.29% 的人感到非常激动，85.71% 的人感到亲切。而蒙古族对本民族语的亲切度要比白族高，其中有 3 人感到很激动，剩余 2 人感到亲切，此结果可能与其母语语言使用情况及母语保留状况有关。蒙古语有自己独立的文字，并传承千年，代代相传，已形成自己的语言体系和文化价值观。

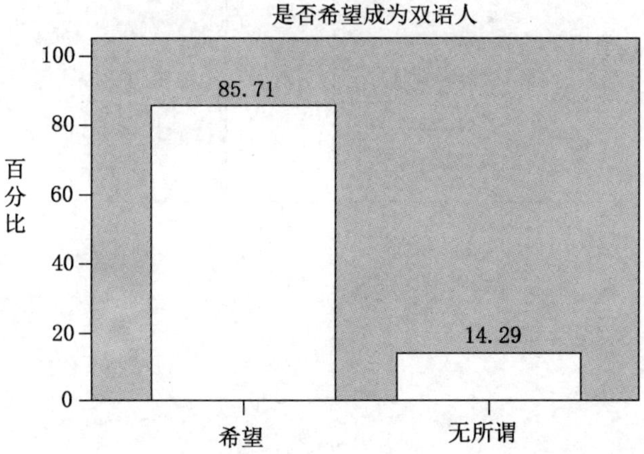

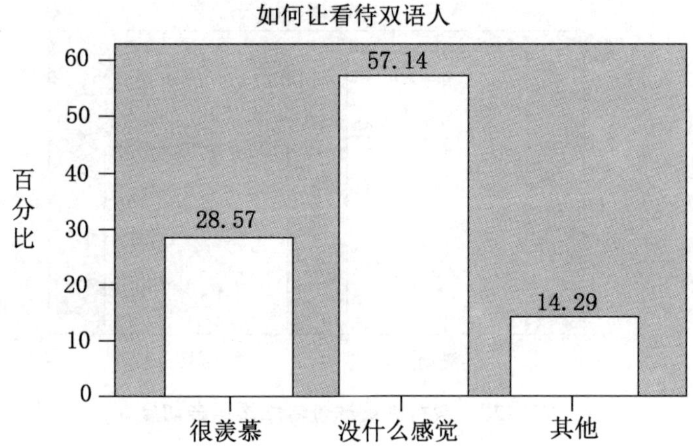

图1-21、1-22　白族被调查者语言态度情况

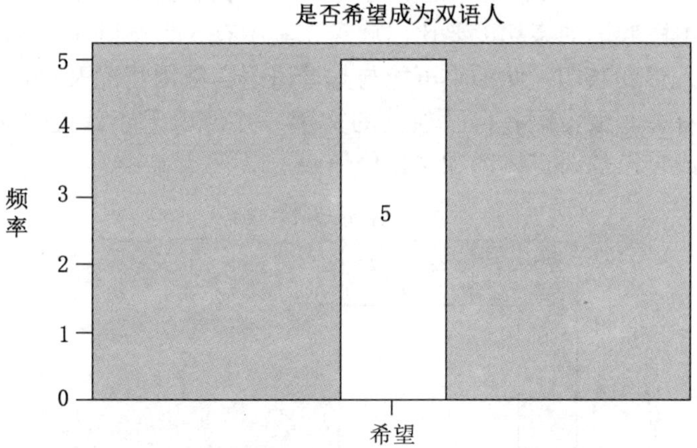

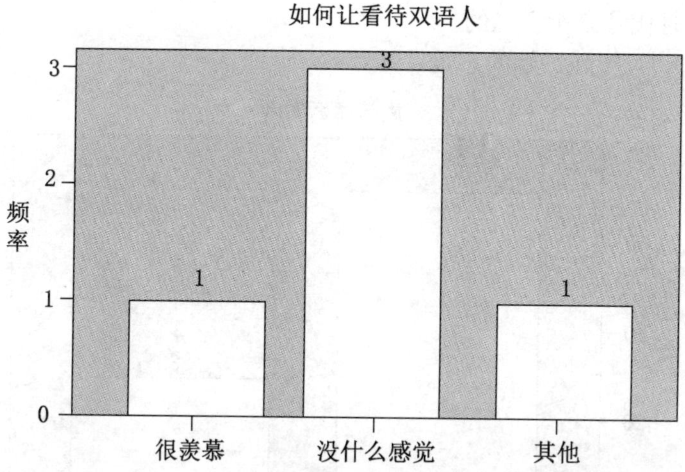

图 1－23、1－24　蒙古族被调查者语言态度情况

从上图中可知，白族希望成为双语人的占 85.71%，无所谓的占 14.29%，而问及如何看待双语人时 57.14% 的人觉得没有任何感觉，只有 28.57% 的人很羡慕。相比之下，蒙古族希望成为双语人的占 100%，没有例外，而问及如何看待双语人时有 3 人很羡慕，只有 1 人觉得没有任何感觉。

从调查数据上看，被调查人对自己的母语有着深厚的感情，尤其蒙古族被调查者均希望成为双语人。对民族认同感的调查能够从一个侧面了解民族心理，而这也是影响民族语言发展的重要因素。他们的态度表明，他们对本民族语和本民族文化有着深厚的感情。

2. 对汉语的态度

从调查中发现，中华民族园内白族和蒙古族，虽然对自己的民族语有着深深的眷恋，但对于保留母语也同样存在着困惑。由于社会环境所迫，不得不重视汉语，希望以汉语为重，民族语会说，能用就行了。这种情况的产生主要是由汉语的实用功能和当今的时代背景所引起的。

3. 对族际婚姻的态度

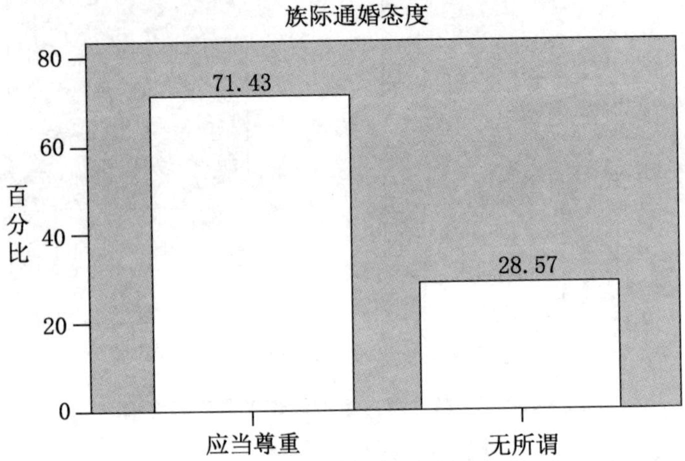

图 1－25　白族被调查者族际婚态度

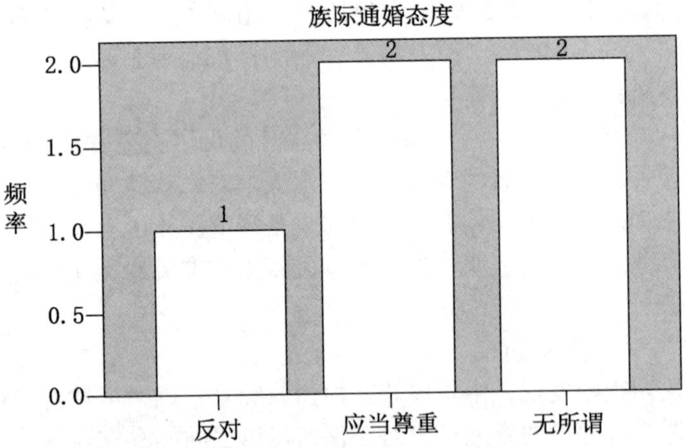

图 1－26　蒙古族被调查者族际婚态度

从数据中可以看出，白族的被调查者中，对族际婚姻持有应当尊重的占71.43%，认为无所谓的占28.57%；在5名蒙古族被调查者中，有1名坚决反对通婚，持有应当尊重和无所谓态度的各有2人。图1－25、1－26表明，民族因素在大部分被调查者对自己及子女的婚姻态度中不构成影响，但蒙古族的传统文化观念和民族意识较白族更强。

三、讨　论

本课题主要以北京流动社区白族和蒙古族为调查对象，以中华民族园白族和蒙古族的相关调查数据为依据。从图表可以看出，被调查者普遍很年轻，都是来自各少数民族地区的20岁至30岁的青年为主体，学历以中学为主，可以说是北京市流动社区白族和蒙古族的典型代表，因此这些被调查者对问卷中问题的态度和回答极具代表性。

1. 语言使用情况探讨

语言是一个社会群体表情达义、传递信息的工具，也是社会群体历史发展、文化积淀的产物。“语言维系着一个民族的人际感情，包蕴着该民族的文化、历史和对世界的看法，形成一种民族亲和力。”①

我们一般认为来到北京后，在北京话这样大的语言环境下，各少数民族的民族语水平会有所下降或者没什么变化。但从数据来看，白族来京后民族语水平，不但没有下降反而有所提高。这说明北京流动社区语言小集团对民族语的记忆和恢复起到了一定

① 申小龙：《社区文化与语言变异——社会语言学纵横谈》，第233页，吉林教育出版社，1991年。

的作用。具体到此次调查的中华民族园内白族和蒙古族，由于工作原因，少数民族个体集中在一起形成了自己独特的语言环境，同民族的人经常在一起，从而形成了以本民族语作为主要交际用语的语言环境。这说明即便被调查人在北京这样的大语言环境下，仍旧经常使用本民族语言。

图1－11、图1－13在工作中和本民族使用的语言的数据也对园内少数民族在工作社区语言环境中经常使用本民族语给予了数据上的支持。

2. 来京后语言适应情况探讨

语言是人类社会交往和交流的工具。社会语言学家认为，语言作为一种信息系统在社会的交际活动中起着重大的作用。法国学者拉法格（Paul Lafargue）在分析法国资产阶级革命前后法语变化时曾指出："语言反映人的变化以及人在发展中所依存的环境的变化所发生的影响。人们生活的改变……以及政治生活上的大事件，都会在语言上留下印记。政治和社会现象急剧发展的那些民族，很迅速的修改他们的语言，而在缺乏历史大事件的民族中，方言土语停滞不变。"而作为流动社区的少数民族，在其语言适应方面有着既不同于在京居住的少数民族也不同于聚居区少数民族的特点。

从数据来看，白族和蒙古族适应北京话需要一定的时间，从图1－15、图1－16可以看出30%的人认为需要半年至一年的时间来适应北京话。这说明作为少数民族，汉语是他们的第二语言，加上他们原本的家庭环境和成长环境都是民族语，短时间内无法适应北京话。除此之外，北京话跟普通话比起来，语速更快，儿化音较多，还有吞字儿现象，比如，公交车上，下一站，王府井（吞字儿"府"）……因此适应起来也需要一定的时间。

3. 本民族语言态度问题探讨

语言态度是指双语和多语的语言环境中，由于社会或民族认同、情感、目的和动机、行为倾向等因素的影响，人们会对一种语言或文字的社会价值形成一定的认识或做出一定的评价。语言态度是与民族情感密切相关的。这种认同心理与该民族的经济没有直接的关系，而是表现出更多的主观性。任何一个民族的人都对自己的文化和自己独有的文明有着一种天生的自豪感，对作为文化的载体和传播工具的语言更是有一种自然的认同，对于任何一个民族的人来说，他自己的语言是最美的。“语言作为一种交际工具的同时，又是一种民族文化的团体认同符号，它跟民族的社会结果、价值体系有十分密切的关系。双语人在交际中选择哪一种语言，对母语的忠诚和放弃，以及对母语和第二语言的社会态度同双语人的语言观息息相关。①

民族园内白族和蒙古族对母语有深厚的感情，民族认同感较强，但他们对不懂民族语以及与双语人交流时对方使用汉语都表示了高度的理解和包容。

4. 对族际婚的态度探讨

可以说，白族被调查者们完全尊重族际婚姻，其中一位已婚男士的配偶为其他民族，这些都体现了他们对其他文化并不采取排斥的态度。蒙古族被调查者中有位 23 岁的来自呼伦贝尔的小伙子布布欣坚决反对族际婚姻现象。这也表明，语言态度与其成长的家庭环境和生存环境、经济发展状况、历史发展进程等很多因素相关。

一个民族有什么样的文化或文化传统就会形成什么样的文化观念。② 一个文化的历史越长，文化的特色就越鲜明，越有文化优越感的民族其文化价值观也越根深蒂固、越保守，不太轻易接受异质文化。所以被调查者布布欣的通婚态度，是其背后的文化

① 丁石庆：《双语文化论纲》，第 167 页，中央民族大学出版社，1999 年。
② 陈华文：《文化学概念》，第 60 页，上海文艺出版社，2001 年。

相关因素起作用的结果，从而使他形成了这种较为保守的文化观念。即使是在京蒙古族高层知识分子，他们虽尊重和其他民族通婚，但在内心深处，他对本民族也是深深眷恋的。这也更多地体现出一种对本民族文化的维护意识。

而相比之下，白族的通婚态度，却很明朗，没有反对的倾向，均持有尊重和无所谓的态度，这与整个白族的历史发展和文化传承有关系。从历史上看，白族就是个开放的民族，是一个善于学习和吸纳的民族。在文化交流方面，在以汉文化为主流文化的环境中，白族能吸纳汉文化来发展自己，体现了突出的开放性和包容性。从族源上说，很多学者认为，白族是一个多源同流的民族共同体，是由洱海地区的土著居民融合南下的氐羌族群的一支，明代以来融合了大量汉族移民而形成的。这种多源的民族来源，是促成白族的开放包容的性格和善于学习其他民族文化的重要原因。

四、结　语

从整体来看，此次调查的北京流动社区白族和蒙古族的语言使用情况是由社会语言环境和流动社区语言环境共同作用的结果。这两方面还影响到他们的语言使用偏好以及对使用民族语的态度。而且，这两个语言环境也不是一成不变的封闭系统，它们均属动态系统，会不断变化的，从而影响各自的作用力，所以由它们共同作用的北京市中华民族园内白族和蒙古族的语言使用情况也是处于不断变化之中的。

从目前来看，此次调查的北京市流动社区白族、蒙古族处于以汉语普通话为主要交际语的社会语言环境、以本民族语（蒙语、白语）为主要交际语的社区语言环境当中。从这两层语言环境作用的范围来看，民族语和汉语的作用力相当；从被调查人及其家人的主要交际语来看民族语为主要的交际语。

从总体来看，蒙古族比白族更倾向于使用本民族语言文字，蒙古族作为人口较多的少数民族，其民族情感更深，民族认同感更强。这说明整个民族的人数，民族语言环境，对民族认同感有一定影响。

本书主要参考文献

[德] 黑格尔：《美学》(中译本) 第二卷，商务印书馆，1979。

[俄] 史禄国、吴有刚、赵复兴、蒙克译：《北方通古斯的社会组织》，内蒙古人民出版社，1984 年。

[美] C·恩伯、M·恩伯：《文化的变异》，国际文化出版公司，1988 年。

《鄂伦春族简史》编写组编：《鄂伦春族简史》，内蒙古人民出版社，1983 年。

《民族问题五种丛书》内蒙古自治区编委会编：《鄂伦春族社会历史调查（第二集)》，内蒙古人民出版社，1984 年。

E. N. 洛仑兹（美)：《浑沌的本质》，气象出版社，1997 年。

I. 普里戈金（比)：《从混沌到有序》，上海译文出版社，2005 年。

Keroeber, Alfred, "Classificatory Systems of Relationship," Journal of the Royal Anthropological Institute 39 (1909), pp. 77 – 84.

曹道巴特尔：《蒙汉历史接触与蒙古语言文化变迁》，辽宁民族出版社，2010 年。

曹道巴特尔：中国蒙古语言现状与发展趋势，载《中国民族（蒙古文)》，2013 年第 2 期。

陈保亚：论语言符号的模糊与所指，载《思想战线》，1989 年第 4 期。

陈赟："浑沌之死"与"轴心时代"的中国思想的基本问题，载《中山大学学报》(哲社版) 2010 年第 6 期。

茨维坦·托多罗夫：《象征理论》，商务印书馆，2005 年。

丁石庆：《达斡尔语言与社会文化》，中央民族大学出版社，1998 年。

丁石庆：《双语族群语言文化的调适与重构——达斡尔族个案研究》，中央民族大学出版社，2006 年。

丁石庆：论语言保持—以北方人口较少民族语言调查材料为例，载《中南民族大学学报》，2008 年第 4 期。

丁石庆：《双语文化论纲》，中央民族大学出版社，1999 年。

丁石庆主编：《莫旗达斡尔族语言现状与发展趋势》，商务印书馆，2009 年。

丁石庆主编：《社区语言与家庭语言——北京少数民族社区与家庭语言情况调查研究之一》，民族出版社，2007 年。

丁石庆主编：《社区语言与家庭语言及相关分析——北京少数民族社区与家庭语言情况调查研究之二》，民族出版社，2012 年。

丁石庆主编，申慧淑著：《城市朝鲜族语言适应研究——以北京市朝鲜族流动人口为例》，民族出版社，2013 年。

鄂温克族自治旗志编纂委员会：《鄂温克族自治旗志》，中国城市出版社，1997 年。

高丽琴、张新武等：《新疆的语言状况及推广普通话方略研究》，北京语言大学出版社，2005 年。

高丽琴：新疆的屯垦移民与新疆汉语，载《语言与翻译》，2004 年第 3 期。

高永安：驻马店方言音系，载《南阳师范学院学报》，2010 年第 1 期。

关于外语思维和外语学习的关系，http：//q. 163. com/greatmrhu/poster/6775105/。

桂诗春：《心理语言学》，上海外语教育出版社，1985 年。

韩国阿尔泰语学会：《阿尔泰濒危语言实地调查》，韩国：

大学社，2006 年。

韩星："沉默"的语用功能及文化差异，载《聊城大学学报(社会科学版)》，2008 年第 2 期。

洪堡特著，姚小平译：《论人类语言结构的差异及其对人类精神发展的影响》，商务出版社，2002 年。

黄青龙：论英汉思维模式，载《山东外语教学》，2003 年第 2 期。

贾伟、李臣玲：新疆撒拉族历史迁徙与文化变迁，新疆师范大学学报，2010 年第 6 期。

金红卫：语言变迁的文化透视，载《山东社会科学》，2011 年第 1 期。

金青龙：《韩国语敬语法词汇现状研究小议》，中央民族大学硕士论文，2007 年。

蓝庆元：状语方言颜色词考源，载《民族语文》，2007 年第 5 期。

李凤琴："沉默"的话语意义，载《外语学刊》，2010 年第 6 期。

李兰霞：动态系统理论与第二语言发展，载《外语教学与研究（外国语文双月刊)》，2011 年第 3 期。

李文中：中国英语与中国式英语，载《外语教学与研究》，1993 年第 4 期。

李增祥、买提热依木、张铁山：《回鹘文文献语言简志》，新疆大学出版社，1999 年。

林钧昌：《城市化进程中的城市民族问题研究》，中央民族大学出版社，2009 年。

刘丹青，现代汉语基本颜色词的数量及序列，载《南京师大学报（社会科学版)》，1990 年第 3 期。

刘宏丽：明清敬谦语的空间文化思维走势，载《山东大学学报》，2010 年第 6 期。

刘虹：《会话结构分析》，北京大学出版社，2004 年。

刘运同：《会话分析概要》，学林出版社，2007 年。

陆效用：母语对二语习得的正面影响，载《外语界》，2002 年第 4 期。

罗常培、王均：《普通语音学纲要》，1981 年。

洛克［英国］，人类理解论（谭善明著，徐文秀编译），陕西人民出版社，2007 年 5 月。

芈一之：《撒拉族史》，四川民族出版社，2004 年。

苗东升、刘华杰：《浑沌学纵横论》，中国人民大学出版社，1993 年。

内蒙古大学蒙汉辞典编写组：《蒙汉辞典》，内蒙古人民出版社，1976 年。

内蒙古社会科学院汉蒙词典编写组：《汉蒙词典》，内蒙古人民出版社，1983 年。

内蒙古自治区编辑组，《中国少数民族社会历史调查资料丛编》修订编辑委员会：《鄂伦春族社会历史调查（一）》，民族出版社，2009 年。

潘成菊：《另类的姿态：新感觉派创作特色新论》，载《渝西学院学报（社会科学版）》，2002 年第 9 期。

奇车山：新疆察布查尔锡伯自治县锡伯族语言文字使用现状，载《满语研究》，2002 年第 2 期。

曲东升：《系统科学精要》，中国人民大学出版社，1998 年 5 月。

沈林等：《中国城市民族工作的理论与实践》，民族出版社，2001 年。

沈林等：《中国城市民族工作的理论与实践》，民族出版社，2001 年。

史国东：论音位和普通话音位系统，载《巢湖学院学报》2002 年第 2 期。

司建国：沉默的交际功能和文体意义——pinter 剧本《沉默侍者》的文本分析，载《广东外语外贸大学学报》，2007 年第 6 期。

宋学锋：复杂性、复杂系统与复杂性科学，载《中国科学基金》，2003 年第 5 期。

孙晓青：外语思维和母语思维，载《外语界》，2002 年第 4 期。

唐清涛：思维与言语的关系及二者的同一性问题——梅洛－庞蒂表达现象学研究，载《厦门大学学报》，2011 年第 5 期。

王国安、王小曼：《汉语词语的文化透视》，汉语大词典出版社，2003 年。

王平，羌族语言与文化的现状、保护与传承，载《社会科学家》，2010 年第 4 期。

王宇枫，语言接触中的莫语颜色词，载《民族语文》，2008 年第 2 期。

吴世雄、陈维振：中国模糊语言学：回顾与前瞻，载《外语教学与研究》，2001 年第 1 期。

伍铁平，谈颜色词及其模糊性，载《语言教学与研究》，1986 年第 2 期。

徐敬明：《意象图式：汉语敬谦辞的认知分析》，北京工业大学硕士论文，2008 年。

徐志民：《欧美语言学简史》，学林出版社，2005 年。

杨群艳：汉字“大”的隐喻认知分析及英译，《河南广播电视大学学报》，2011 年第 4 期。

杨书俊：浑沌理论与地方普通话，载《浑沌学与语言文化研究》，中央民族大学出版社，2005 年。

姚小平，基本颜色词理论评述—兼论汉语基本颜色词的演变史，载《外语教学与研究》，1988 年第 1 期。

张公瑾、丁石庆：《文化语言学教程》，教育科学出版社，2004 年。

张公瑾、丁石庆：《浑沌学与语言文化研究》，中央民族大学出版社，2005 年。

张公瑾、丁石庆：《浑沌学与语言文化研究新视野》，中央民族大学出版社，2008 年。

张公瑾、丁石庆：《浑沌学与语言文化研究新进展》，中央民族大学出版社，2009 年。

张公瑾、丁石庆：《浑沌学与语言文化研究新收获》，中央民族大学出版社，2010 年。

张公瑾、丁石庆主编：《浑沌学与语言文化研究新探索》，中央民族大学出版社，2011 年。

张公瑾、丁石庆：《浑沌学与语言文化研究新动态—国外相关研究译文集》，中央民族大学出版社，2011 年。

张公瑾、丁石庆主编：《浑沌学与语言文化研究新起点》，中央民族大学出版社，2013 年。

张公瑾：《文化语言学发凡》，云南大学出版社，1998 年。

张公瑾：浑沌学与语言研究，载《语言教学与研究》，1997 年第 3 期。

张公瑾：语言的生态环境，载《民族语文》，2001 年第 1 期。

张继焦：《城市的适应——迁移者的就业与创业》，商务印书馆，2004 年。

张克定：空间关系及其语言表达的认知语言学阐释，河南大学学报，2008 年第 1 期。

张铁山，回鹘文献语言的结构和特点，中央民族大学出版社，2005 年。

张新武：新疆石河子总场“准河南话”使用情况调查及推普方略研究，载《语言与翻译》，2005 年第 1 期。

张洋：新疆汉语方言的中原文化之根，载《新疆大学学报》，2006 年第 6 期。

赵德远：关于模糊理论及其来源的哲学思考，载《外语与外语教学》，2001 年第 12 期。

赵艳芳：《认知语言学概论》，上海外语教育出版社，2007 年。

中共鄂温克族自治旗委党校《鄂温克族自治旗要览》编辑部：《鄂温克族自治旗要览》，内蒙古自治区新闻出版局，2003 年。

中国都市人类学会编：《城市中的少数民族》，民族出版社，2001 年。

中国科学院少数民族语言研究所主编：《布依语调查报告》，科学出版社，1959 年。

中国论文联盟：《语言、文化、思维模式的互动关系与外语学习》，http://www.lwlm.com/yuyanwenhua/201209/665513.htm。

中国社会科学院现代汉语词典编写组：《现代汉语词典》，商务印书馆，1996 年。

中国社会科学院语言研究所：《方言调查字表》，商务印书馆，1981 年。

周大鸣、马建钊：《城市化进程中的民族问题研究》，民族出版社，2005 年。

周国炎：《布依—汉词典》，贵州民族出版社，2011 年。

周磊：新疆维吾尔自治区的中原官话（稿），载《方言》2007 年第 2 期。

朱和双、谢佐主编，马伟副主编：《撒拉族（青海循化县石头坡村调查）》，云南大学出版社，2004 年。

《中国人口较少民族经济和社会发展研究丛书》编委会：

《中国人口较少民族经济和社会发展调查报告》，民族出版社，2007 年。

서정수 국어문법 한양대학교출판사. 1996 년1 월. 992。